새로운 도서, 다양한 자료
동양북스 홈페이지에서 만나 보세요!

홈페이지 활용하여 외국어 실력 두 배 높이기!

홈페이지 이렇게 활용해보세요!

1 도서 자료실에서 학습자료 및 MP3 무료 다운로드!

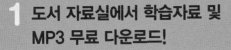

❶ 도서 자료실 클릭
❷ 검색어 입력
❸ MP3, 정답과 해설, 부가자료 등
   첨부파일 다운로드

* 원하는 자료가 없는 경우 '요청하기' 클릭!

2 동영상 강의를 어디서나 쉽게! 외국어부터 바둑까지!

500만 독자가 선택한

가장 쉬운
독학 일본어 첫걸음
14,000원

가장 쉬운
독학 중국어 첫걸음
14,000원

가장 쉬운
독학 베트남어 첫걸음
15,000원

가장 쉬운
독학 스페인어 첫걸음
15,000원

가장 쉬운
독학 프랑스어 첫걸음
16,500원

가장 쉬운
독학 태국어 첫걸음
16,500원

가장 쉬운
프랑스어 첫걸음의 모든 것
17,000원

가장 쉬운
독일어 첫걸음의 모든 것
18,000원

가장 쉬운
스페인어 첫걸음의 모든 것
14,500원

첫걸음 베스트 1위!

가장 쉬운 러시아어
첫걸음의 모든 것
16,000원

가장 쉬운 이탈리아어
첫걸음의 모든 것
17,500원

가장 쉬운 포르투갈어
첫걸음의 모든 것
18,000원

버전업! 가장 쉬운
베트남어 첫걸음
16,000원

가장 쉬운 터키어
첫걸음의 모든 것
16,500원

버전업! 가장 쉬운
아랍어 첫걸음
18,500원

가장 쉬운 인도네시아어
첫걸음의 모든 것
18,500원

버전업! 가장 쉬운
태국어 첫걸음
16,800원

가장 쉬운 영어
첫걸음의 모든 것
16,500원

버전업! 굿모닝
독학 일본어 첫걸음
14,500원

가장 쉬운 중국어
첫걸음의 모든 것
14,500원

가장 쉬운 독학
중국어 첫걸음

가장 쉬운 독학
일본어 첫걸음

오늘부터는
팟캐스트로 공부하자!

팟캐스트 무료 음성 강의

▶1
iOS 사용자

Podcast 앱에서
'동양북스' 검색

▶2
안드로이드 사용자

플레이스토어에서 '팟빵' 등
팟캐스트 앱 다운로드,
다운받은 앱에서
'동양북스' 검색

▶3
PC에서

팟빵(www.podbbang.com)에서
'동양북스' 검색
애플 iTunes 프로그램에서
'동양북스' 검색

◉ **현재 서비스 중인 강의 목록** (팟캐스트 강의는 수시로 업데이트 됩니다.)

- 가장 쉬운 독학 일본어 첫걸음
- 페이의 적재적소 중국어
- 가장 쉬운 독학 중국어 첫걸음
- 중국어 한글로 시작해
- 가장 쉬운 독학 베트남어 첫걸음

매일 매일 업데이트 되는 동양북스 SNS! 동양북스의 새로운 소식과 다양한 정보를 만나보세요.

blog.naver.com/dymg98　　instagram.com/dybooks　　facebook.com/dybooks　　twitter.com/dy_books

일단 합격
하고 오겠습니다

정반합 新HSK

2급

전략서

동양북스

정반합 新 HSK **2**급 전략서

초판 2쇄 | 2019년 3월 10일

지 은 이 | 张雯, 孙春颖
해   설 | 진윤영
발 행 인 | 김태웅
편 집 장 | 강석기
마 케 팅 | 나재승
제   작 | 현대순
기획 편집 | 양정화
편   집 | 정지선, 김다정
디 자 인 | 방혜자, 김효정, 서진희, 강은비

발 행 처 | (주)동양북스
등   록 | 제 2014-000055호(2014년 2월 7일)
주   소 | 서울시 마포구 동교로22길 12(04030)
구입문의 | 전화 (02)337-1737 팩스 (02)334-6624
내용문의 | 전화 (02)337-1762 dybooks2@gmail.com

ISBN 979-11-5768-240-9 14720
ISBN 979-11-5768-233-1 (세트)

张雯, 孙春颖 主编 2015年
本作品是浙江教育出版社出版的《新汉语水平考试教程》。韩文版经由中国・浙江教育出版社授权
DongYang Books于全球独家出版发行，保留一切权利。未经书面许可，任何人不得复制、发行。

이 도서의 국립중앙도서관 출판예정도서목록(CIP)은 서지정보유통지원시스템 홈페이지(http://seoji.nl.go.kr)와
국가자료공동목록시스템(http://www.nl.go.kr/kolisnet)에서 이용하실 수 있습니다.
(CIP제어번호:CIP2017002166)

머리말

新HSK 시험은 국제한어능력 표준화 시험으로 제 1언어가 중국어가 아닌 수험생이 생활과 학습, 업무상에서 중국어를 사용하여 교제하는 능력을 중점적으로 평가합니다.

이에 수험생들이 시험을 보기 전, 짧은 시간 내에 新HSK 각 급수의 시험 구성과 문제 유형에 익숙해지고, 신속하게 응시 능력과 성적을 향상할 수 있도록 《新汉语水平考试大纲》에 의거하여 문제집을 만들게 되었습니다.

정말**반**드시**합**격한다

본 교재는 新HSK 1~6급까지 총 6권으로 구성된 시리즈이며, 新HSK 시험을 처음 접하는 학습자일지라도 누구나 쉽게 도전할 수 있도록 구성하였습니다. 또한 기초를 학습한 후 고득점으로 합격할 수 있게 많은 문제를 다루었습니다.

《정.반.합. 新HSK》 시리즈는

1. 시험의 중점 내용 및 문제 풀이 방법 강화

본 책의 집필진은 《新汉语水平考试大纲》, 《国际汉语能力标准》과 《国际汉语教学通用课程大纲》을 참고하여 新HSK의 예제와 기출 문제의 유형적 특징을 심도 있게 연구하였습니다. 이를 통해 수험생은 시험의 출제 의도 및 시험에서 중점적으로 다루는 내용을 파악할 수 있고 더불어 시험 문제 풀이 방법까지 제시하여 수험생으로 하여금 더욱 빠르고 정확하게 문제를 풀 수 있도록 하였습니다.

2. 문제 유형 분석 및 높은 적중률

본 책은 수년간의 기출 문제를 바탕으로 시험에 자주 나오는 문제 유형을 꼼꼼히 분석, 실제 시험과 유사한 문제를 집필하였습니다. 이에 수험생은 실제 시험에서도 당황하거나 어려움 없이 시험에 응시할 수 있으며, 이 책의 문제와 실제 시험이 유사하다는 것을 느낄 수 있을 것입니다.

3. 강의용 교재로, 독학용으로도 모두 적합

본 책은 영역별 예제 및 해설, 실전 연습 문제, 영역별 실전 테스트 외 3세트의 모의고사로 구성되어 있어 교사가 학생과 수업하기에도 학생이 독학으로 시험을 준비하기에도 모두 적합합니다.

新HSK 도전에 두려움을 겪거나 점수가 오르지 않아 어려움을 겪고 있는 모든 분들이 이 책을 통해 고득점으로 합격하기를 희망합니다!

저자 张雯, 孙春颖

新HSK 소개

新HSK는 국제 중국어능력 표준화 시험으로, 중국어가 모국어가 아닌 수험생의 생활, 학습과 업무 중 중국어를 이용하여 교제를 진행하는 능력을 중점적으로 측정한다.

1. 구성 및 용도

新HSK는 필기 시험과 구술 시험으로 나누어지며, 각 시험은 서로 독립되어 있다. 또한 新HSK는 ① 대학의 신입생 모집 · 분반 · 수업 면제 · 학점 수여, ② 기업의 인재채용 및 양성 · 진급, ③ 중국어 학습자의 중국어 응용능력 이해 및 향상, ④ 중국어 교육 기관의 교육 성과 파악 등의 참고 기준으로 사용할 수 있다.

필기 시험	구술 시험
新HSK 6급 (구 고등 HSK에 해당)	HSKK 고급
新HSK 5급 (구 초중등 HSK에 해당)	
新HSK 4급 (구 초중등 HSK에 해당)	HSKK 중급
新HSK 3급 (구 기초 HSK에 해당)	
新HSK 2급 (신설)	HSKK 초급
新HSK 1급 (신설)	

※ 구술 시험은 녹음 형식으로 이루어진다.

2. 등급

新HSK 각 등급과 〈국제 중국어 능력 기준〉, 〈유럽 언어 공통 참고규격(CEF)〉의 대응 관계는 아래와 같다.

新HSK	어휘량	국제 중국어 능력 기준	유럽 언어 공통 참고 규격(CEF)
6급	5,000 이상	5급	C2
5급	2,500		C1
4급	1,200	4급	B2
3급	600	3급	B1
2급	300	2급	A2
1급	150	1급	A1

新HSK 1급 매우 간단한 중국어 단어와 문장을 이해하고 사용할 수 있으며, 구체적인 의사소통 요구를 만족시키고 진일보한 중국어 능력을 구비한다.

新HSK 2급 익숙한 일상 화제에 대해 중국어로 간단하고 직접적인 교류를 할 수 있으며, 초급 중국어의 우수 수준이라 할 수 있다.

新HSK 3급 중국어로 일상생활 · 학습 · 업무 등 방면에서 기본 의사소통이 가능하며, 중국에서 여행할 때 대부분의 의사소통이 가능하다.

新HSK 4급 비교적 넓은 영역의 화제에 대해 중국어로 토론할 수 있으며, 원어민과 비교적 유창하게 대화할 수 있다.

新HSK 5급 중국어로 신문과 잡지를 읽고 영화와 TV 프로그램을 감상할 수 있으며 중국어로 비교적 완전한 연설을 할 수 있다.

新HSK 6급 중국어로 된 정보를 가볍게 듣고 이해할 수 있으며, 구어체 또는 서면어의 형식으로 자신의 견해를 유창하게 표현할 수 있다.

3. 접수

① **인터넷 접수**: HSK 홈페이지(www.hsk.or.kr)에서 접수
② **우편 접수**: 구비서류(응시원 서(사진 1장 부착) + 반명함판 사진 1장 + 응시비 입금 영수증)를 동봉하여 HSK한국사무국으로 등기 발송
③ **방문 접수**: 서울공자아카데미에서 접수
　　　　　　[접수 시간] 평 일 - 오전 9시 30분~12시, 오후 1시~5시 30분 / 토요일 - 오전 9시 30분~12시
　　　　　　[준비물] 응시원서, 사진 3장(3×4cm 반명함판 컬러 사진, 최근 6개월 이내 촬영)

4. 시험 당일 준비물

수험표, 2B 연필, 지우개, 신분증
※유효한 신분증:
　　18세 이상- 주민등록증, 운전면허증, 기간만료 전의 여권, 수민능복증 발급신청 확인서
　　18세 미만- 기간만료 전의 여권, 청소년증, HSK 신분확인서
　　주의! 학생증, 사원증, 국민건강보험증, 주민등록등본, 공무원증은 인정되지 않음

5. 성적 조회, 성적표 수령

　　시험일로부터 1개월 후 중국고시센터 홈페이지(www.hanban.org)에서 개별 성적 조회가 가능하며, 성적표는 시험일로부터 45일 이후 발송된다.

新HSK 2급 소개

1. 新HSK 2급 소개

- **단어 수**: 300개
- **수준**: 중국어로 간단하게 일상생활에서 일어나는 화제에 대해 이야기할 수 있으며 초급 중국어의
  상위 수준이라 할 수 있다.
- **대상**: 매주 2~3시간씩 2학기 정도의 중국어를 학습하고 300개의 필수 단어 및 관련 어법지식을
  가지고 있는 학습자를 대상으로 한다.

2. 시험 구성

시험 과목	문제 형식	문항 수		시간
듣기	제1부분	10	35	약 25분
	제2부분	10		
	제3부분	10		
	제4부분	5		
듣기 답안지 작성 시간				3분
독해	제1부분	5	25	22분
	제2부분	5		
	제3부분	5		
	제4부분	10		
합계		60		약 50분

※총 시험 시간은 55분이다.(개인정보 작성 시간 5분 포함)

3. 영역별 문제 유형

듣기	제1부분 (10문제)	**사진과 녹음 내용이 일치하는지 판단하기** 녹음 속 문장을 듣고 시험지에 제시된 사진과 일치하는지 판단한다. (新HSK 2급은 녹음을 두 번씩 들려준다)
	제2부분 (10문제)	**대화 내용과 알맞은 사진 선택하기** 녹음 속 대화를 듣고 시험지에 제시된 6장의 사진 중 녹음 내용과 가장 알맞은 사진을 선택한다. (新HSK 2급은 녹음을 두 번씩 들려준다)
	제3부분 (10문제)	**짧은 대화를 듣고 질문에 알맞은 보기 선택하기** 녹음 속 남녀가 주고받는 짧은 대화를 듣고 이어서 들려주는 질문에 가장 알맞은 답을 시험지에 제시된 3개의 보기 중에 선택한다. (新HSK 2급은 녹음을 두 번씩 들려준다)

	제4부분 (5문제)	4~5문장의 대화를 듣고 질문에 알맞은 보기 선택하기 녹음 속 남녀가 주고받는 4~5문장의 대화를 듣고 이어서 들려주는 질문에 가장 알맞은 답을 시험지에 제시된 3개의 보기 중에 선택한다. (新HSK 2급은 녹음을 두 번씩 들려준다)
독 해	제1부분 (5문제)	문장 내용과 알맞은 사진 선택하기 시험지에 제시된 6장의 사진 중 문장 내용과 관련이 깊은 사진을 선택한다.
	제2부분 (5문제)	문장 속 빈칸에 들어갈 알맞은 단어 선택하기 사진 없이 제시된 문장 내용을 근거로 빈칸에 들어갈 알맞은 단어를 시험지에 제시된 보기에서 선택한다.
	제3부분 (5문제)	문장 내용을 근거로 옳고 그름 판단하기 시험지에 첫 문장이 제시되고 그 내용을 바탕으로 한 짧은 ★ 표 문장이 바로 아래 제시된다. 이 두 문장 내용이 서로 일치하는지 판단한다.
	제4부분 (10문제)	문장 내용에 이어지는 알맞은 보기 선택하기 문제의 문장 내용과 연관된 알맞은 내용을 시험지에 제시된 보기에서 선택하여 두 문장이 하나의 내용으로 이어지도록 한다.

4. 성적

성적표는 듣기, 독해 두 영역의 점수 및 총점이 기재되며, 총점이 120점을 넘어야 합격이다.

	만점	점수
듣기	100	
독해	100	
총점	200	

※新HSK성적은 시험일로부터 2년간 유효하다.

이 책의 구성 및 특징

新HSK 시험 형식에 맞춰 듣기, 독해 두 개의 영역으로 나뉘어 있으며, '유형 익히기 → 유형 확인 문제 → 실전 연습 1,2 → 영역별 실전 테스트'의 순으로 학습할 수 있도록 구성하였습니다.

기초다지기

기초 다지기를 통해 新HSK 2급에 필요한 필수 공략 포인트를 확인 할 수 있습니다.

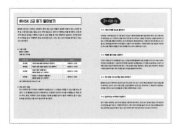

알아보기

영역별로 알아보기를 제시해 新HSK의 시험 시간, 문제 수 및 구성을 파악하고 나서, 고득점 Tip으로 문제 푸는 방법을 익힐 수 있습니다.

미리보기

미리보기를 통해 앞으로 학습할 문제 유형에 대해 미리 확인할 수 있습니다.

특별 부록

실전 모의고사 1, 2, 3회

실전 모의고사 3회분 제공

해설서

다양한 Tip과 자세한 해설 제공

색인

2·1급 필수 단어

300개 필수 단어 및 MP3 음원 제공

고득점을 향한 3단계

step 1

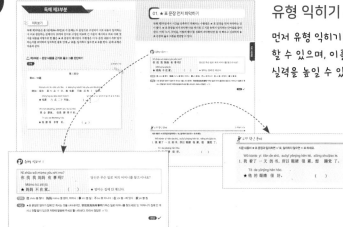

유형 익히기 & 유형 확인 문제

먼저 유형 익히기를 통해 新HSK의 초보자도 문제 유형을 파악할 수 있으며, 이를 적용하여 바로 유형 확인 문제를 풀어 보면 실력을 높일 수 있습니다.

① 유형 익히기로 워밍업 하고
⇩
② 유형 확인 문제로 연습하자!

step 2

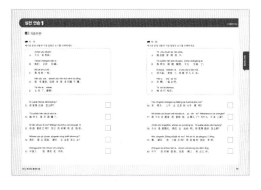

실전 연습 1, 2

유형 익히기 & 유형 확인 문제를 통해 연습한 내용을 각 부분이 끝나면 실전 연습 1, 2를 통해 복습할 수 있습니다.

step 3

영역별 실전 테스트

듣기, 독해 두 개 영역의 학습이 끝나면 영역별 실전 테스트를 통해 실력을 점검할 수 있습니다.

목차

기초 다지기

듣기

新HSK
2급

기초다지기

✓ 新HSK 2급 공략 포인트

(1) 주의할 단어
- 新HSK 2급 사진 문제에 새로 추가된 핵심어

(2) 기본 문장 구조 및 주요 문형 파악하기
- 新HSK 2급에 추가된 주요 문형

(3) 상용 문장 파악하기
- 新HSK 2급에 추가된 주제별 상용어구

✓ 新HSK 2급 공략 포인트

(1) 주의할 단어

新HSK 2급에서 다루는 단어는 300개이다. 듣기 영역의 앞 제1·2부분과 독해 영역의 제1부분의 문제는 모두 사진을 참고하여 푸는 문제이다. 따라서 사진 형식으로 표현할 수 있는 단어들을 주의 깊게 봐야 하며, 실제적 의미를 가진 명사, 동사와 형용사, 그리고 이로 구성된 간단한 단어의 결합, 동사구, 안부 인사, 기본적인 지시어 등은 반드시 파악하고 있어야 한다.

▶ **新HSK 2급 사진 문제에 추가된 핵심어** 🎧 W01

명사	장소	회사 公司 gōngsī, 공항 机场 jīchǎng, 교실 教室 jiàoshì, 방 房间 fángjiān
	직업	종업원 服务员 fúwùyuán
	물체	물고기 鱼 yú, 양고기 羊肉 yángròu, 우유 牛奶 niúnǎi, 달걀 鸡蛋 jīdàn, 수박 西瓜 xīguā, 커피 咖啡 kāfēi, 버스 公共汽车 gōnggòng qìchē, 눈 雪 xuě, 약 药 yào, 휴대전화 手机 shǒujī, 손목시계 手表 shǒubiǎo, 눈 眼睛 yǎnjing, 신문 报纸 bàozhǐ, 문 门 mén, 표 票 piào
동사	동작 행위	달리다 跑步 pǎobù, 입다 穿 chuān, 씻다 洗 xǐ, 찾다 找 zhǎo, 웃다 笑 xiào, 일어나다 起床 qǐchuáng, 노래하다 唱歌 chànggē, 춤추다 跳舞 tiàowǔ, 여행하다 旅游 lǚyóu, 병나다 生病 shēngbìng, 수영하다 游泳 yóuyǒng, 축구하다 踢足球 tī zúqiú, 농구하다 打篮球 dǎ lánqiú, 팔다 卖 mài
형용사	성질	높다 高 gāo, 멀다 远 yuǎn, 가깝다 近 jìn, 길다 长 cháng
	상태	즐겁다 快乐 kuàilè, 맑다 晴 qíng, 흐리다 阴 yīn

(2) 기본 문장 구조 및 주요 문형 파악하기

수험생은 단어의 의미 파악 외에도 문장에서 핵심어를 찾을 수 있어야 한다. 新HSK 2급에 나오는 문장들은 일반적으로 간단한 구나 일상적 대화이며, 전치사, 조사 등의 문법 기능을 담당하는 단어들도 포함된다. 따라서 중국어의 기본 문장 구조 및 문형, 그리고 이 문장 안에 있는 핵심 정보를 파악한다면 좀 더 쉽고 빠르게 문제를 풀 수 있다.

▶ **중국어의 기본 문장 구조** 🎧 W02

① 기본 구조

주어 + 술어 + 목적어
我　　吃　　东西。
Wǒ　　chī　　dōngxi.

② 확장 구조

(관형어) + 주어 + (부사어) + 술어 + (보어) + (관형어) + 목적어
我　　妹妹　　昨天　　买　　到了　给妈妈的　礼物。
Wǒ　　mèimei　zuótiān　mǎi　dàole　gěi māma de　lǐwù.

▶ **新HSK 2급에 추가된 주요 문형** 🎧 W03

문형	구조	예문 및 기능 설명
동사 술어문	주어 + 시간 부사어 + 동사구	我 每 天 晚上 十 点 睡觉。 Wǒ měi tiān wǎnshang shí diǎn shuìjiào. 저는 매일 밤 10시에 잠을 잡니다. ＊ 어떤 시간에 어떤 활동을 함을 설명
	주어 + 在 + 장소	我 在 家 看 书。Wǒ zài jiā kàn shū. 저는 집에서 책을 봅니다. ＊ 어떤 장소에서 어떤 활동을 함을 설명
	주어 + 범위 부사 + 동사구	我们 都 喜欢 唱歌。Wǒmen dōu xǐhuan chànggē. 우리는 모두 노래하는 것을 좋아합니다. ＊ 활동 발생 범위와 내용을 설명
	의문대명사. 의문문	你 去 哪儿? Nǐ qù nǎr? 당신은 어디에 가나요? ＊ 시간, 장소, 사물 등을 질문
'离' 자문	A지점 + 离 + B지점 + 远 / 近 lí　　　　　yuǎn jìn	学校 离 我 家 很 远。Xuéxiào lí wǒ jiā hěn yuǎn. 학교는 우리집에서 멉니다. ＊ 둘 사이의 거리를 설명
동사 중첩	주어 + 동사 중첩 + 기타 or yíxià 주어 + 동사 + 一下 + 기타	我 想 在 家 休息 休息。Wǒ xiǎng zài jiā xiūxi xiūxi. 저는 집에서 좀 쉬고 싶습니다. 你 看 一下 这 本 书。Nǐ kàn yíxià zhè běn shū. 당신 이 책 좀 보세요. ＊ 동작의 지속 시간이 짧음을 설명, 어떤 활동을 시도해보는 것을 　설명, 동작이 비교적 가벼움을 설명

(3) 상용 문장 파악하기

新HSK 2급에서는 기본적이고도 비교적 간단한 9가지 자주 사용되는 문장을 파악하고 이해해야 한다. 각각의 문장들은 모두 기본적으로 특정한 표현 형식을 지니고 있고 어떠한 내용을 전달한다. 따라서 상용 문장이 전달하고자 하는 핵심 정보 혹은 핵심어를 이해한다면 빠르게 문제의 정답을 찾을 수 있다.

▶ **新HSK 2급에 추가된 주제별 항목 및 상용어구** W04

주제별		상용어구	핵심 정보 or 핵심어
순서 표현		这是我第一次来北京。 Zhè shì wǒ dì-yī cì lái Běijīng. 이번이 저의 첫 번째 베이징 방문입니다.	수사
시간 표현		上个月5号是星期六。 Shàng ge yuè hào shì xīngqīliù. 지난달 5일은 토요일이었습니다. 我下星期去上海旅游。 Wǒ xià xīngqī qù Shànghǎi lǚyóu. 저는 다음 주에 상하이로 여행갑니다. 过两天是我的生日。 Guò liǎng tiān shì wǒ de shēngrì. 이틀 뒤면 제 생일입니다. 每个月他都去北京。 Měi ge yuè tā dōu qù Běijīng. 매달 그는 베이징에 갑니다.	시간명사 : 现在 xiànzài 지금 每个 měi ge ～마다 上个月 shàng ge yuè 지난달 下个月 xià ge yuè 다음 달 上个星期 shàng ge xīngqī 지난주 下个星期 xià ge xīngqī 다음 주
간단한 묘사	크기	中国太大了。Zhōngguó tài dà le. 중국은 매우 큽니다.	크기를 나타내는 형용사
	수량	我有很多书。Wǒ yǒu hěn duō shū. 저는 많은 책이 있습니다.	수량을 나타내는 단어
	감정	我今天很高兴。Wǒ jīntiān hěn gāoxìng. 저는 오늘 매우 기쁩니다.	감정을 나타내는 형용사
	색	我喜欢白色。Wǒ xǐhuan báisè. 저는 흰색을 좋아합니다.	색에 관한 단어
	맞다/ 틀리다	你这样做是不对(错)的。 Nǐ zhèyàng zuò shì bú duì(cuò) de. 당신이 이렇게 하는 건 옳지 않습니다.	对，不对(错)

질문과 대답	진찰	A : 医生，我 今天 头 很 疼。 Yīshēng, wǒ jīntiān tóu hěn téng. 의사 선생님, 제가 오늘 머리가 매우 아파요. B : 你 感冒 了。Nǐ gǎnmào le. 당신은 감기에 걸렸습니다.	증상
	운동	A : 爸爸 喜欢 打 篮球 吗? Bàba xǐhuan dǎ lánqiú ma? 아빠는 농구 하는 것을 좋아하시나요? B : 喜欢。Xǐhuan. 좋아하세요.	운동 종류
	오락	A : 妈妈 会 唱歌 吗? Māma huì chànggē ma? 엄마는 노래 부를 줄 아시나요? B : 妈妈 会 唱歌。/ 会。Māma huì chànggē./ Huì. 엄마는 노래 부를 줄 아세요. / 할 줄 아세요.	
간단한 감정, 관점 표현		我 真 的 很 不 喜欢 这样 的 人! Wǒ zhēn de hěn bù xǐhuan zhèyàng de rén! 저는 이런 사람을 정말 좋아하지 않아요! 我 觉得 明天 会 下 雨。 Wǒ juéde míngtiān huì xià yǔ. 제 생각에 내일 비가 올 것 같아요.	심리 활동 동사 및 대상
상대방의 의견 구하기		你 觉得 中国 菜 好吃 吗? Nǐ juéde Zhōngguó cài hǎochī ma? 당신은 중국요리가 맛있다고 생각하나요? 你 觉得 去 哪儿 旅游 好 呢? Nǐ juéde qù nǎr lǚyóu hǎo ne? 당신은 어디로 여행 가는 게 좋다고 생각하나요?	상대의 의견
허가		你 可以 去 中国 学习 汉语。 Nǐ kěyǐ qù Zhōngguó xuéxí Hànyǔ. 당신은 중국에 가서 중국어를 공부해도 됩니다.	허가 내용
비교		他 比 我 高。Tā bǐ wǒ gāo. 그는 저보다 큽니다.	형용사
원인		我 今天 不 能 打 篮球 了，因为 我 生病 了。 Wǒ jīntiān bù néng dǎ lánqiú le, yīnwèi wǒ shēngbìng le. 저는 오늘 농구를 할 수 없어요. 왜냐하면 제가 아파서요.	원인을 나타내는 단어

听力

新HSK 2급 듣기 알아보기

新HSK 2급 듣기 영역은 수험생이 개인 혹은 일상 생활과 밀접한 관련이 있는 간단한 대화 및 그에 따른 질문, 대답, 요구, 부탁 등을 듣고 얼마나 이해하는지를 평가한다. 또한 화자의 태도와 감정을 이해하고 있는지, 일상 생활 중 다른 상황에서 상용되는 간단한 문장과 인사말을 듣고 이해하며 문장 속에 관련 숫자, 시간, 장소 등의 정보를 찾아낼 수 있는지도 평가한다.

● **기본 사항**

문제수 : 35문제

시험 시간 : 약 25분

문제 구성	문제 유형	문제 수
제1부분	사진과 녹음 내용이 일치하는지 판단하기	10문제 (1-10번)
제2부분	녹음의 대화 내용과 알맞은 사진 선택하기	10문제 (11-20번)
제3부분	녹음의 짧은 대화를 듣고 질문에 알맞은 보기 선택하기	10문제 (21-30번)
제4부분	녹음의 4~5문장의 대화를 듣고 질문에 알맞은 보기 선택하기	5문제 (31-35번)

* 듣기 영역에 대한 답안 작성 시간 : 3분

● **주요 평가 내용**

듣기 영역의 평가 목적은 수험생이 녹음을 듣고 그 내용을 이해할 수 있는지를 보는 데 있다. 그 중 新HSK 2급 듣기 영역에서는 수험생이 단어의 의미를 이해했는지, 핵심 정보 파악, 예상, 제외하기 등의 방법을 이용해 문제를 얼마나 빨리 이해하고 풀 수 있는 능력을 갖추었는지를 보다 중요하게 평가한다.

듣기 고득점 Tip

▶▷ 시험 전 빠른 속도로 훑어보기

수험생은 시험지를 받은 후 시험 설명 시간을 이용해 문제를 빨리 훑어봐야 한다. 듣기 제1부분과 제2부분은 보기 사진에서 인물 외에 가장 잘 두드러지는 사물은 무엇인지, 인물의 동작과 상태는 어떠한지를 재빨리 파악한다. 듣기 제3부분과 제4부분에서는 시험지에 제시된 텍스트 보기를 보고 관련성을 파악하여 어떤 질문이 나올지 미리 예상한다. 이렇게 하면 녹음 내용과 사진 혹은 텍스트를 재빨리 연결할 수 있어 문제를 푸는 속도가 빨리질 수 있다.

▶▷ 적절한 풀이 방법 사용하기

시험이 시작한 후 각 문제를 풀고 남는 시간을 최대한 활용해 다음 문제를 미리 보고 녹음 내용이 무엇일지 유추해 본다. 가능한 한 첫 번째 녹음에서 문제를 풀고, 두 번째 녹음에서는 자신이 선택한 정답이 맞는지 확인하도록 한다. 이때 문제와 정답 예상하기, 핵심 정보 파악하기, 확실히 이해한 문제부터 풀기 등의 적절한 풀이 방법을 활용하도록 한다.

▶▷ 주요 문장 구조 및 핵심 정보 파악하기

新HSK 2급 듣기 영역에서 중요한 것은 바로 문장 구조 및 그 안의 핵심어를 찾아 녹음 내용을 빨리 파악하는 것이다. 단어 조합, 문형, 일상교제용어 안에 있는 핵심어와 그 핵심어가 등장하는 위치를 파악하고 있으면 문제를 좀 더 빨리 정확하게 풀 수 있다.

▶▷ 답안카드는 마지막에 작성하기

듣기 시험이 진행되는 동안 우선 정답을 시험지에 표시하고, 모든 듣기 문제가 끝난 이후 답안카드에 정답을 옮겨 적는다. 이렇게 하면 듣기 시험 시간에 정답을 옮겨 적느라 다음 문제를 놓쳐버리는 안타까운 일을 방지할 수 있다. (듣기 영역의 경우 따로 답안 작성 시간 3분이 주어진다.)

듣기 听力

제1부분

사진과 녹음 내용이 일치하는지 판단하기

01. 보기 사진 보고 나올 단어 예상하기

듣기 제1부분

듣기 제1부분은 총 10문제(1~10번)이다. 각 문제 당 사진 1장으로 총 10장의 사진이 제시된다. 녹음을 통해 각 사진에 대한 간단한 문장을 들려주면, 수험생은 녹음을 통해 들은 단어가 사진의 내용과 일치하는지를 판단하면 된다. 일치할 경우 오른쪽 빈칸에 ✔ 표를 하고, 일치하지 않을 경우에는 ✕ 표를 한다. 듣기 영역은 두 번씩 들려주며 문제 유형은 다음과 같다.

🔔 제1부분 – 사진과 녹음 내용이 일치하는지 판단하기

문제   🎧 MP3-01   >> 해설서 6p

第一部分

第1-10题   일치하면 ✔ 표, 일치하지 않으면 ✕ 표 하세요.

例如:

녹음

Tā zài hē niúnǎi.
她 在 喝 牛奶。

Wǒ měi tiān zuò gōnggòng qìchē shàngbān.
我 每 天 坐 公共 汽车 上班。

01. 보기 사진 보고 나올 단어 예상하기

듣기 제1부분은 사진을 보면서 짧은 문장을 듣고 문장 안의 단어와 사진의 내용이 일치하는지를 판단하는 문제이다. 듣기 제1부분의 사진과 관련된 핵심어는 주로 명사, 동사, 그리고 일상 대화 등 세 가지 유형이 있다.

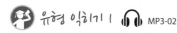 유형 익히기 1 🎧 MP3-02

| Tā hé péngyou qù fàndiàn chī fàn le. | |
| 他 和 朋友 去 饭店 吃 饭了。 | 그와 친구는 식당에 밥을 먹으러 갔습니다. |

단어 和 hé 젭 ~와, ~과 | 朋友 péngyou 명 친구 | 去 qù 동 가다 | 饭店 fàndiàn 명 식당 | 吃 chī 동 먹다 | 饭 fàn 명 밥, 식사

해설 사진을 통해 녹음 내용이 상태, 장면 혹은 동작 행위에 대한 묘사임을 예상할 수 있다. 사진에서 보여지는 '병원 医院 yīyuàn'과 연관하여 생각할 수 있는 단어와 문장은 '의사 医生 yīshēng', '병원에 가다 去 医院 qù yīyuàn', '진찰을 받다 看病 kànbìng' 등 일 수 있다. 따라서 녹음에서 이 단어들이 들리는지 주의 깊게 들어야 한다. 녹음은 '그와 친구는 식당에 밥을 먹으러 갔습니다'이고 여기서 핵심어는 '饭店(식당)', '吃饭(밥을 먹다)' 이므로 병원과는 전혀 관련 없는 단어들이다. 따라서 정답은 X다.

정답 X

 유형 확인 문제 🎧 MP3-03

>> 해설서 6p

녹음 내용이 사진과 일치하면 ✓표, 일치하지 않으면 ✕표 하세요.

25

📖 제1부분 🎧 MP3-04

⚫⚫ 1 – 5.
녹음 내용이 사진과 일치하면 ✓ 표, 일치하지 않으면 ✕ 표 하세요.

1.		
2.		
3.		
4.		
5.		

6.		
7.		
8.		
9.		
10.		

📖 제1부분 🎧 MP3-05

◐◑ 1 – 5.

녹음 내용이 사진과 일치하면 ✓ 표, 일치하지 않으면 ✕ 표 하세요.

1.		
2.		
3.		
4.		
5.		

6.		
7.		
8.		
9.		
10.		

제2부분

녹음의 대화 내용과 알맞은 사진 선택하기

듣기 제2부분

 미리보기

듣기 제2부분은 총 10문제(11~20번)로 5문제씩 두 세트로 구성된다. 시험지에는 총 11장의 사진(1장은 예시용)이 주어지며 각 문제는 20자 내의 간단한 대화로 이루어져 있다. 수험생은 녹음 속 대화를 듣고 묘사하는 내용과 알맞은 사진을 제시된 보기에서 선택하면 된다. 듣기 영역은 두 번씩 들려주며 문제 유형은 다음과 같다.

🔔 **제2부분 – 녹음의 대화 내용과 알맞은 사진 선택하기**

문제 🎧 MP3-06 　　　　　　　　　　　　　　　　　　 〉〉 해설서 12p

녹음

例如：女：你 喜欢 什么 运动？
Nǐ xǐhuan shénme yùndòng?

男：我 最 喜欢 踢 足球。
Wǒ zuì xǐhuan tī zúqiú.

01. 보기 사진으로 핵심어 예상하기

들기 제2부분은 남녀의 짧은 대화로 시험지에는 문제 5개에 해당하는 보기 사진이 한꺼 번에 나와 있다는 것에 주의해야 한다. 따라서 녹음을 듣기 전 사진을 미리 살펴보고 대 화에서 나올 수 있는 관련 인물·사물·장소·시간 등의 핵심어는 어떤 것들이 있는지 예상 해 보는 것이 좋다.

유형 익히기 | 🎧 MP3-07

A

B

C

D

E

男 :	Nǐ de qiānbǐ shì xīn de ma? 你 的 铅笔 是 新 的 吗?	남 : 당신의 연필은 새것인가요?
女 :	Shì de, shì péngyou sòng de. 是 的, 是 朋友 送 的。	여 : 네, 친구가 준 거예요.

단어 铅笔 qiānbǐ 몡 연필 | 新 xīn 혱 새롭다, 새것이다 | 朋友 péngyou 몡 친구 | 送 sòng 동 주다, 보내다

해설 미리 5장의 사진을 보고 각 사진에서 가장 눈에 띄는 사물 혹은 동작과 연관된 단어를 생각해보자. 이를테면 A는 '연 필, 쓰다', B는 '기차, 기차를 타다', C는 '차, 찻잔, 차를 마시다', D는 '영화, 영화관, 영화를 보다', E는 '약, 병이 나다' 등 을 예상 할 수 있다. 녹음의 '당신의 연필은 새것인가요?'라는 문장에서 핵심어인 '연필'을 듣고 정답이 A라는 것을 쉽 게 판단할 수 있다.

정답 A

02. 확실히 이해한 문제부터 풀기

듣기 제2부분은 녹음 내용에 적합한 사진을 보기에서 선택하는 문제이다. 이때 헷갈리는 문제가 있다면 문제 옆에 녹음 내용 중 핵심어(사람, 물체, 장소, 시간 등)를 메모해 두고 다음 문제 먼저 풀도록 하자. 이렇게 확실히 이해한 문제부터 풀고 남은 사진 중에 풀지 못했던 문제의 정답 사진을 찾으면 오답을 선택할 확률을 줄일 수 있다.

유형 익히기 1   🎧 MP3-08

1-2

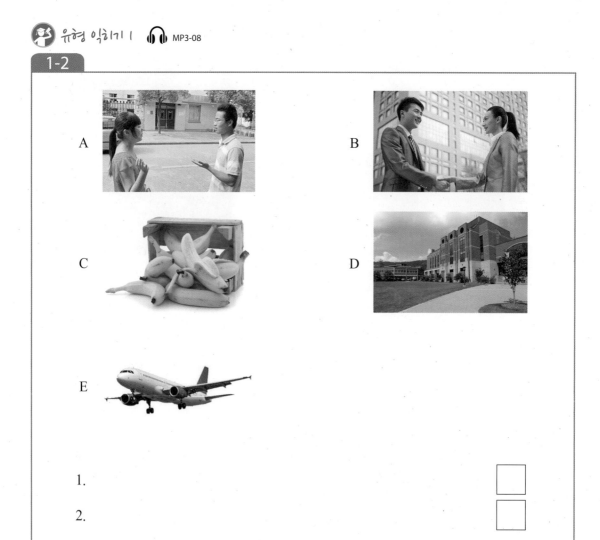

1

男: Nǐ yào jiè gěi wǒ de shū ne?
你 要 借给 我 的 书 呢?

남 : 저한테 빌려주기로 한 책은요?

女: Duìbuqǐ, wǒ fàng zài xuéxiào le, méiyǒu dài.
对不起, 我 放 在 学校 了, 没有 带.

여 : 미안해요, 학교에 놓고 안 가져 왔어요.

단어 要 yào 조동 ~하려고 하다 | 借 jiè 통 빌리다 | 给 gěi 개 ~에게 | 书 shū 명 책 | 对不起 duìbuqǐ 통 미안합니다 | 放 fàng 통 놓다 | 在 zài 개 ~에 | 学校 xuéxiào 명 학교 | 没有 méiyǒu 통 없다, 가지고 있지 않다 | 带 dài 통 가지다, 지니다

해설 보기 사진 A, B 모두 남녀가 대화하는 사진이라 헷갈릴 수 있으나, 남자가 여자에게 책에 대해 물었고 여자는 이에 대해 '미안하다'라고 하였으므로 악수하는 사진 B와는 거리가 멀다. 만약 사진 B와 헷갈린다면 문제 옆에 녹음 속 핵심어를 메모해 두고 다음 문제부터 풀도록 하자.

정답 A

2

女: Rènshi nín hěn gāoxìng, wǒ jiào Wáng Lì.
认识 您 很 高兴, 我 叫 王 丽.

여 : 만나서 반갑습니다, 저는 왕리라고 합니다.

男: Nín hǎo, huānyíng lái wǒmen gōngsī.
您 好, 欢迎 来 我们 公司.

남 : 안녕하세요, 저희 회사에 오신걸 환영합니다.

단어 认识 rènshi 통 알다, 인식하다 | 高兴 gāoxìng 형 기쁘다 | 叫 jiào 통 ~라고 부르다 | 欢迎 huānyíng 통 환영하다 | 来 lái 통 오다 | 公司 gōngsī 명 회사

해설 대화 첫 마디 '만나서 반갑습니다'를 근거로 여자와 남자가 처음 만났음을 알 수 있다. 또한 '회사'를 언급한 것으로 보아 이들은 회사 일로 만났음도 예상할 수 있다. 따라서 정장을 입고 남녀가 악수하는 사진 B가 정답이다. 이렇게 하면 앞서 남겨두었던 1번 문제의 정답은 A가 확실하게 된다.

정답 B

📖 제2부분 🎧 MP3-09

● 11 – 15.
녹음의 대화 내용과 가장 알맞은 사진을 선택하세요.

A

B

C

D

E

11. ☐

12. ☐

13. ☐

14. ☐

15. ☐

● 16-20.

녹음의 대화 내용과 가장 알맞은 사진을 선택하세요.

A

B

C

D

E

16.

17.

18.

19.

20.

📖 제2부분 🎧 MP3-10

⬤⬤ 11 - 15.

녹음의 대화 내용과 가장 알맞은 사진을 선택하세요.

A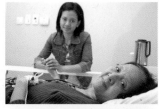

B

C

D

E

11. ☐

12. ☐

13. ☐

14. ☐

15. ☐

● 16-20.

녹음의 대화 내용과 가장 알맞은 사진을 선택하세요.

A

B

C

D

E

16. ☐

17. ☐

18. ☐

19. ☐

20. ☐

듣기 听力

제3·4부분

녹음의 대화를 듣고 질문에 알맞은 보기 선택하기

01. 보기로 문제 예상하기
02. 핵심 정보 파악하기
03. 관련 없는 보기부터 제외하기

듣기 제3·4부분

 **미리보기**

듣기 제3·4부분은 앞 제1·2부분과는 다르게 사진이 없고 각 문제당 텍스트 보기만 주어진다. 수험생은 먼저 녹음의 대화 내용을 듣고 시험지에 주어진 보기와 비교, 대조하여 가장 적합한 것을 선택하면 된다. 제3부분은 총10문제(21~30번)이고, 제4부분은 총5문제(31~35번)로 남녀의 대화를 듣고 뒤이어 들려주는 질문에 알맞은 보기를 선택하는 문제이다. 형식은 같지만, 제3부분은 남녀가 각각 한 번씩 주고받는 짧은 대화로 이루어진 반면 제4부분은 남녀가 각각 두 번씩 주고받는 보통 4~5문장의 대화로 이루어진 점이 다르다. 듣기 영역은 두 번씩 들려주며 문제 유형은 다음과 같다.

🔔 제3부분 – 짧은 대화를 듣고 질문에 알맞은 보기 선택하기

문제 🎧 MP3-11 　　　　　　　　　　　　　　　　　　　　　》 해설서 20p

第三部分

第21–30题　　　　　　　　　　　　　선택한 보기 우측에 ✔ 표 하세요.

　　　　　tā yě qù　　　　　　　　　tā bú qù　　　　　　　　　　tā qùguo le
21. A 她 也 去　　　　　B 她 不 去 ✔　　　　C 她 去过 了

녹음

　　　　　　　Wǎnshang wǒmen yào qù kàn diànyǐng. Nǐ qù ma?
例如：男：晚上　　我们 要 去 看 电影。你 去 吗?

　　　　　　　Wǒ bú qù, míngtiān yào kǎoshì.
　　　女：我 不 去, 明天 要 考试。

　　　　　　　Nǚ de shì shénme yìsi?
　　　问：女 的 是 什么 意思?

🔔 제4부분 – 4~5문장의 대화를 듣고 질문에 알맞은 보기 선택하기

문제　🎧 MP3-12　　　　　　　　　　　　　　　　　》 해설서 20p

第四部分

선택한 보기 우측에 ✔ 표 하세요.

第31–35题

　　　　　　　sān kuài　　　　　　　　　　　sān kuài wǔ　　　　　　　　sì kuài
31. A 三 块 ✔　　　　　　B 三 块 五　　　　　　C 四 块

녹음

例如：男：
Píngguǒ zěnme mài?
苹果 怎么 卖?

女：
Sān kuài wǔ yì jīn.
三 块 五 一 斤。

男：
Wǒ mǎi sān jīn, néng piányi yìdiǎnr ma?
我 买 三 斤, 能 便宜 一点儿 吗?

女：
Sān kuài qián yì jīn ba.
三 块 钱 一 斤 吧。

问：
Nǚ de mài gěi nán de píngguǒ duōshao qián yì jīn?
女 的 卖 给 男 的 苹果 多少 钱 一 斤?

01. 보기로 문제 예상하기

듣기 제3·4부분은 녹음을 듣기 전에 먼저 시험지에 제시된 보기를 보고 관련성을 찾아내어 질문으로 나올 수 있는 내용을 예상해야 한다.

주의할 점은 新HSK 2급이 新HSK 1급과는 다르게 듣기 영역의 제3·4부분에 나오는 보기 내용이 반드시 대화에 직접적으로 언급되는 건 아니라는 것이다. 따라서 문제를 풀 때 녹음의 대화 내용을 듣고 전반적으로 이해할 필요가 있다.

보기 유형에 따른 문제 예상

보기 유형		예상 문제		핵심어 및 정보
장소/ 장소 명사		어디로 가는가 去 哪儿 qù nǎr, 去 哪里 qù nǎlǐ 어디에 있는가 在 哪儿 zài nǎr, 在 哪里 zài nǎlǐ		상점 商店 shāngdiàn 옷을 사다 买 衣服 mǎi yīfu 과일을 사다 买 水果 mǎi shuǐguǒ 병원 医院 yīyuàn 진찰받다 看病 kànbìng 의사 医生 yīshēng
사물 명사		무슨 물건 什么 东西 shénme dōngxi		사물 명사
시간 명사	구체적인 시간	몇 시 几 点 jǐ diǎn	언제 什么 时候 shénme shíhou	□시 □분 □点 □分 □diǎn □fēn
	요일	무슨 요일 星期 几 xīngqī jǐ		□요일 星期□ xīngqī□
	연, 월, 일 年, 月, 日 nián, yuè, rì	몇 월 几 月 jǐ yuè 며칠 几 号 jǐ hào		□년 □월 □일 □年 □月 □日 □nián □yuè □rì
	오늘, 내일 今天, 明天 jīntiān, míngtiān	어떤 날짜		알고 있는 날 날짜 추측하기
숫자		몇 살 几 岁 jǐ suì / 多大 duōdà 얼마나 多少 duōshao 중량		□세 □岁 □suì □위안 □块 □kuài / □块钱 kuàiqián □근 □斤 □jīn
관계 명사 or 사람 이름		누구 谁 shéi		아빠 爸爸 bàba, 엄마 妈妈 māma 딸 女儿 nǚ'ér, 아들 儿子 érzi 형 哥哥 gēge, 남동생 弟弟 dìdi 누나 姐姐 jiějie, 여동생 妹妹 mèimei
형용사 (형태, 상황)		어떠한가 怎么样 zěnmeyòng		날씨 天气 tiānqì, 좋다 很 好 hěn hǎo, 형태, 상황을 설명하는 단어
교통수단		어떻게 가는가 怎么 去 zěnme qù		타다 坐 zuò + 교통수단

| 동사 (동작 행위) | (배워서) ~할 수 있다 숲 huì

(능력) ~할 수 있다 能 néng

좋아하다 喜欢 xǐhuan

~하고 싶다 想 xiǎng

~을 하고 있는 중이다
在 做 什么 zài zuò shénme

어디에 있는가 在 哪儿 zài nǎr

무엇을 하나
做 什么 的 zuò shénme de | 동작 행위가 발행할 수 있는
시간, 장소, 활동에 참여하는
인물 및 인물의 관계 |

유형 익히기 1 – 제3부분 🎧 MP3-13

yīn A 阴	yǔ B 雨	qíng C 晴	A 흐리다	B 비	C 맑다

단어 阴 yīn 형 흐리다 | 雨 yǔ 명 비 | 晴 qíng 형 맑다

女 : Jīntiān tiānqì zhēn hǎo, 今天 天气 真 好, wǒmen chūqù wán ba. 我们 出去 玩 吧。 男 : Hǎo a! 好 啊! 问 : Jīntiān tiānqì zěnmeyàng? 今天 天气 怎么样?	여 : 오늘 날씨 정말 좋아요, 　　우리 밖으로 놀러 나가요. 남 : 좋아요! 문 : 오늘 날씨는 어떠한가?

단어 今天 jīntiān 명 오늘 | 天气 tiānqì 명 날씨 | 真 zhēn 부 진짜로, 정말로 | 出去 chūqù 동 나가다 | 玩 wán 동 놀다 | 吧 ba 조 ~합시다(제안) | 怎么样 zěnmeyàng 대 어떠하다, 어떻다

해설 보기 A, B, C 모두 날씨 표현으로 질문이 날씨와 관련 있음을 예상할 수 있다. 따라서 녹음 속 대화 내용 중 날씨와 관련된 어떤 단어가 등장하는지 주의해서 들어야 한다. 여자가 '날씨가 정말 좋다'고 하였으므로 정답은 C다.

정답 C

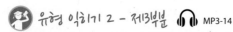
	yīyuàn		shāngdiàn		fàndiàn	A 병원	B 상점	C 식당
A	医院	B	商店	C	饭店			

단어 医院 yīyuàn 몡 병원 | 商店 shāngdiàn 몡 상점 | 饭店 fàndiàn 몡 식당

男：	Xiǎojiě, 小姐, zhè jiàn yīfu　nǐ chuān hěn piàoliang, 这 件 衣服 你 穿 很 漂亮, jiàgé yě piányi. 价格 也 便宜。	남 : 아가씨, 　　이 옷을 당신이 입으니 매우 예뻐요, 　　가격도 저렴하고요.
女：	Kě wǒ juéde yǒu diǎnr dà. 可 我 觉得 有 点儿 大。	여 : 하지만 제 생각엔 조금 큰 것 같아요.
问：	Tāmen kěnéng zài nǎr? 他们　可能　在 哪儿？	문 : 그들은 어디에 있을까?

단어 小姐 xiǎojiě 몡 아가씨 | 件 jiàn 양 벌, 개 | 衣服 yīfu 몡 옷 | 穿 chuān 동 입다, 신다 | 漂亮 piàoliang 혱 아름답다, 예쁘다 | 价格 jiàgé 몡 가격 | 便宜 piányi 혱 싸다 | 可 kě 접 그러나 | 觉得 juéde 동 느끼다, 생각하다 | 有点儿 yǒudiǎnr 믱 조금 | 大 dà 혱 크다 | 可能 kěnéng 조동 아마도 ~일 것이다 | 在 zài 동 ~에 있다 | 哪儿 nǎr 대 어디

해설 보기를 보고 먼저 '장소'와 관련된 질문이 나올 것을 예상할 수 있다. 좀 더 나아가 각각의 장소 A 병원에서는 진료하고, B 상점에서는 물건을 사고, C 식당에서 식사하는 상황까지도 유추해 볼 수 있다. 대화 중 '이 옷을 당신이 입으니 매우 예뻐요.'라는 말을 근거로 옷을 사고파는 장소, 즉 상점에서 대화가 이루어지고 있음을 알 수 있다.

정답 B

02. 핵심 정보 파악하기

듣기 제3·4부분에서는 녹음을 듣고 대화 속 내용 중 재빨리 핵심 정보를 파악하는 것이 중요하다. 다시 말해 단어 조합, 문형, 일상교제용어 안에서 등장하는 핵심어와 핵심 정보의 위치를 미리 알고 있으면 좀 더 빨리 정답을 선택 할 수 있다.

핵심어와 핵심 정보의 위치

핵심어	핵심 정보의 위치
是 shì	'是' 뒤의 목적어 : 사람 이름, 관계 명사, 직업 명사, 사물 명사 등 '是……的' 사이 : 시간, 장소, 방식
在 zài	방위사 단어 결합 동작 행위
去 qù	'去' 뒤의 목적어 : 장소 명사
有 yǒu	수사 사물 명사
很 hěn	형용사 (형용사 술어구)
동작 동사	부사 및 동작
会 huì, 能 néng	동작 동사, 동작 대상
喜欢 xǐhuan, 爱 ài, 想 xiǎng	'喜欢, 爱, 想' 뒤의 내용 (목적어)
希望 xīwàng, 觉得 juéde	'希望, 觉得' 뒤의 내용 (목적어)
知道 zhīdào	'知道' 뒤의 내용 (목적어)

유형 익히기 I - 제4부분 MP3-15

Běijīng A 北京	Shànghǎi B 上海	Zhōngguó C 中国	A 베이징	B 상하이	C 중국

단어 北京 Běijīng 고유 베이징, 북경 | 上海 Shànghǎi 고유 상하이, 상해 | 中国 Zhōngguó 고유 중국

Wǒmen yìqǐ qù lǚyóu ba. 男 : 我们 一起 去 旅游 吧。	남 : 우리 같이 여행가요.
Qù nǎr ne? 女 : 去 哪儿 呢?	여 : 어디로 갈까요?
Wǒ xiǎng qù Shànghǎi. 男 : 我 想 去 上海。	남 : 저는 상하이에 가고 싶어요.
Hǎo de, 女 : 好 的,	여 : 좋아요,
wǒmen cóng Běijīng zuò fēijī qù ba. 我们 从 北京 坐 飞机 去 吧。	우리 베이징에서 비행기 타고 가요.
Tāmen qù nǎr lǚyóu? 问 : 他们 去 哪儿 旅游?	문 : 그들은 어디로 여행을 가는가?

단어 一起 yìqǐ 凰 함께 | 去 qù 图 가다 | 旅游 lǚyóu 图 여행가다 | 吧 ba 图 ~합시다(제안) | 哪儿 nǎr 땜 어디 | 想 xiǎng 조동 ~하고 싶다 | 好的 hǎo de 좋아, 됐어 | 从 cóng 게 ~부터 | 坐 zuò 图 앉다, 타다 | 飞机 fēijī 멤 비행기

해설 서로의 의견을 구하는 대화에서 남자가 '저는 상하이에 가고 싶어요'라고 대답한 문장 속 핵심 정보는 '想(하고 싶다)' 과 '去(가다)'다. '去 + 목적어' 결합 문장에서 핵심어는 보통 장소 명사, 즉 '상하이'로 보기 지문 중에도 '上海(상하이)' 가 있으므로 정답은 B. 이어 나오는 문장에서 '베이징'을 언급하고 있어 혼동할 수 있지만 이 문장 속 핵심 정보는 '从(~에서)'과 '坐(타다)'이기 때문에 질문의 '去 哪儿(어디로 가다)'에 맞지 않는다.

정답 B

03. 관련 없는 보기부터 제외하기

듣기 제3·4부분에서 주어진 보기 중 녹음의 대화 내용과 관련 없는 보기는 먼저 제외하
도록 하자. 확실한 부분을 먼저 제외하고 나면 문제를 풀 때 혼동의 여지를 줄여 오답을
선택하지 않고 보다 빠르고 정확하게 정답에 가까워 질 수 있기 때문이다.

유형 익히기 ! - 제4부분 🎧 MP3-16

báisè A 白色	hēisè B 黑色	hóngsè C 红色	A 흰색	B 검정색	C 빨간색

단어 白色 báisè 명 흰색 | 黑色 hēisè 명 검은색 | 红色 hóngsè 명 빨간색

女 :	Qǐngwèn zhè jiàn yīfu zěnme mài? 请问 这 件 衣服 怎么 卖?	여 : 실례지만 이 옷은 어떻게 파나요?
男 :	kuài. 80 块。	남 : 80위안입니다.
女 :	Yǒu hēisè de ma? 有 黑色 的 吗?	여 : 검정색 있나요?
男 :	Duìbuqǐ, wǒmen zhǐyǒu báisè de. 对不起, 我们 只有 白色 的。	남 : 죄송합니다, 저희는 흰색만 있어요.
问 :	Nǚ de xiǎng mǎi shénme yánsè de yīfu? 女的 想 买 什么 颜色 的 衣服?	문 : 여자는 무슨 색상의 옷을 사고 싶어 하는가?

단어 请问 qǐngwèn 동 말씀 좀 묻겠습니다 | 件 jiàn 양 벌, 개 | 衣服 yīfu 명 옷 | 怎么 zěnme 대 어떻게 | 卖 mài 동 팔다 | 块 kuài 양 위안(중국 화폐 단위) | 对不起 duìbuqǐ 동 미안합니다, 죄송합니다 | 只 zhǐ 부 단지, 오로지 | 想 xiǎng 조동 ~하고 싶다 | 买 mǎi 동 사다 | 颜色 yánsè 명 색깔

해설 제시된 보기 모두 색상 표현으로 질문이 색상과 관련될 것을 예상할 수 있다. 따라서 녹음을 들을 때 어떤 색이 나오는
지 주의해서 듣자. 보기 중 대화에서 언급되지 않은 '红色(빨간색)'를 제외한 나머지 '白色(흰색)'와 '黑色(검정색)' 중 여
자가 원하는 색상을 묻는 질문에 대한 정답은 B다.

정답 B

49

📖 제3부분 🎧 MP3-17

⬤⬤ 21-30.

대화를 듣고 이어서 들려주는 질문에 가장 알맞은 지문을 선택하세요.

21. A 病了 bìng le   B 累了 lèi le   C 睡觉了 shuìjiào le

22. A 看电视 kàn diànshì   B 看报纸 kàn bàozhǐ   C 看书 kàn shū

23. A 走路 zǒulù   B 回家 huí jiā   C 看电影 kàn diànyǐng

24. A 上班 shàngbān   B 起床 qǐchuáng   C 睡觉 shuìjiào

25. A 贵 guì   B 便宜 piányi   C 漂亮 piàoliang

26. A 旅游 lǚyóu   B 工作 gōngzuò   C 看电影 kàn diànyǐng

27. A 要上课 yào shàngkè   B 要上班 yào shàngbān   C 要休息 yào xiūxi

28. A 骑车 qí chē   B 坐公共汽车 zuò gōnggòng qìchē   C 走路 zǒulù

29. A 一个 yí ge   B 两个 liǎng ge   C 三个 sān ge

30. A 学习 xuéxí   B 唱歌 chànggē   C 运动 yùndòng

📖 **제4부분** 🎧 MP3-18

● 31−35.
대화를 듣고 이어서 들려주는 질문에 가장 알맞은 지문을 선택하세요.

	zìjǐ jiā		péngyou jiā		fàndiàn
31.	A 自己 家	B	朋友 家	C	饭店

	lěng		rè		xià xuě
32.	A 冷	B	热	C	下 雪

	dà		guì		piányi
33.	A 大	B	贵	C	便宜

	kǎoshì		shàng xīnkè		xiūxi
34.	A 考试	B	上 新课	C	休息

	bù gāoxìng		xià yǔ		bù xǐhuan
35.	A 不 高兴	B	下 雨	C	不 喜欢

📖 제3부분 🎧 MP3-19

◖◗ 21 – 30.

대화를 듣고 이어서 들려주는 질문에 가장 알맞은 지문을 선택하세요.

21. A 七点半 (qī diǎn bàn)　　B 八点 (bā diǎn)　　C 八点半 (bā diǎn bàn)

22. A 六月二日 (liù yuè èr rì)　　B 六月三日 (liù yuè sān rì)　　C 六月四日 (liù yuè sì rì)

23. A 商店 (shāngdiàn)　　B 火车站 (huǒchēzhàn)　　C 家 (jiā)

24. A 学习 (xuéxí)　　B 工作 (gōngzuò)　　C 考试 (kǎoshì)

25. A 牛奶 (niúnǎi)　　B 咖啡 (kāfēi)　　C 茶 (chá)

26. A 三个 (sān ge)　　B 四个 (sì ge)　　C 五个 (wǔ ge)

27. A 前面 (qiánmiàn)　　B 后面 (hòumiàn)　　C 旁边 (pángbiān)

28. A 坐船 (zuò chuán)　　B 坐飞机 (zuò fēijī)　　C 坐火车 (zuò huǒchē)

29. A 三斤 (sān jīn)　　B 两斤 (liǎng jīn)　　C 一斤 (yì jīn)

30. A 一个月 (yí ge yuè)　　B 一年 (yì nián)　　C 两年 (liǎng nián)

📖 제4부분 🎧 MP3-20

🔴 31-35.
대화를 듣고 이어서 들려주는 질문에 가장 알맞은 지문을 선택하세요.

	shǒubiǎo		shǒubiǎo de yánsè		báisè
31.	A 手表	B	手表 的 颜色	C	白色

	qiánmiàn		hòumiàn		pángbiān
32.	A 前面	B	后面	C	旁边

	qī diǎn sānshí		qī diǎn sānshíwǔ		qī diǎn wǔshí
33.	A 七点 三十	B	七点 三十五	C	七点 五十

	piàoliang		dà		guì
34.	A 漂亮	B	大	C	贵

	yí ge yuè		liǎng ge yuè		méi xuéguo
35.	A 一个月	B	两 个月	C	没 学过

듣기 听力

실전 테스트

>> 해설서 37p

第 一 部 分

第1-5题

例如：		✓
		✗
1.		
2.		
3.		
4.		
5.		

第6-10题

6		
7		
8		
9		
10		

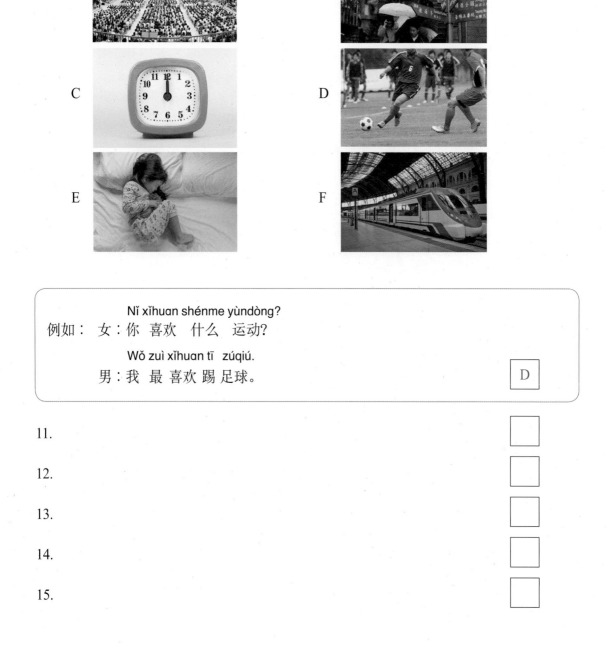

第 二 部 分

第11-15题

例如：
Nǐ xǐhuan shénme yùndòng?
女：你 喜欢 什么 运动?

Wǒ zuì xǐhuan tī zúqiú.
男：我 最 喜欢 踢 足球。　D

11.

12.

13.

14.

15.

第16－20题

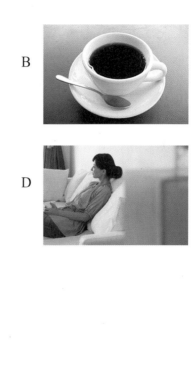

16. ☐

17. ☐

18. ☐

19. ☐

20. ☐

第 三 部 分

第21－30题

例如：男：
Wǎnshang wǒmen yào qù kàn diànyǐng. Nǐ qù ma?
晚上 我们 要 去 看 电影。你 去 吗？

女：
Wǒ bú qù, míngtiān yào kǎoshì.
我 不 去，明天 要 考试。

问：
Nǚ de shì shénme yìsi?
女 的 是 什么 意思？

tā yě qù
A 她 也 去

tā bú qù
B 她 不 去 ✓

tā qùguo le
C 她 去过 了

21.
A gōngzuò 工作　　　　　B xuéxí 学习　　　　　C kǎoshì 考试

22.
A kàn bàozhǐ 看 报纸　　　　B xuéxí 学习　　　　C gōngzuò 工作

23.
A yīfu 衣服　　　　　B shǒubiǎo 手表　　　　C shǒujī 手机

24.
A shàngkè 上课　　　　　B xiūxi 休息　　　　C wán 玩

25.
A chànggē 唱歌　　　　　B tiàowǔ 跳舞　　　　C yóuyǒng 游泳

26.
A diànnǎo 电脑　　　　　B cài 菜　　　　C shū 书

27.
A nǚrén 女人　　　　　B nánrén 男人　　　　C māo 猫

28.
A xuéxí 学习　　　　　B dǎ diànhuà 打 电话　　　　C kàn diànyǐng 看 电影

29.
A pǎobù 跑步　　　　　B dǎ lánqiú 打 篮球　　　　C yóuyǒng 游泳

30.
A fúwùyuán 服务员　　　　B yīshēng 医生　　　　C lǎoshī 老师

第 四 部 分

第31-35题

Píngguǒ zěnme mài?
例如：男：苹果　怎么　卖？

Sān kuài wǔ yì jīn.
女：三　块　五　一　斤。

Wǒ mǎi sān jīn, néng piányi yìdiǎnr ma?
男：我　买　三　斤，能　便宜　一点儿　吗？

Sān kuài qián yì jīn ba.
女：三　块　钱　一　斤吧。

Nǚ de mài gěi nán de píngguǒ duōshao qián yì jīn?
问：女　的　卖　给　男　的　苹果　多少　钱　一　斤？

	sān kuài	sān kuài wǔ	sì kuài
	A 三　块 ✓	B 三　块　五	C 四块

	chī fàn		yìqǐ wán		wèn wèntí
31.	A 吃饭	B	一起玩	C	问　问题

	yùndòng		lǚyóu		xuéxí
32.	A 运动	B	旅游	C	学习

	míngzi		shǒujī hàomǎ		dìzhǐ
33.	A 名字	B	手机　号码	C	地址

	chī fàn		kàn diànyǐng		kàn diànshì
34.	A 吃饭	B	看　电影	C	看　电视

	sì kuài		bā kuài		shí'èr kuài
35.	A 四块	B	八　块	C	十二　块

阅读

新HSK 2급 독해 알아보기

新HSK 2급 독해 영역에서 수험생은 新HSK 2급 기본 단어 및 해당 단어들로 구성된 짧은 문장과 글을 읽고 그 안에 담긴 정보를 얼마나 잘 이해할 수 있는지를 평가한다.

● **기본 사항**

문제 수 : 25문제

시험 시간 : 22분

문제 구성	문제 유형	문제 수
제1부분	문장 내용과 알맞은 사진 선택하기	5문제 (36–40번)
제2부분	문장 속 빈칸에 들어갈 알맞은 단어 선택하기	5문제 (41–45번)
제3부분	문장 내용을 근거로 옳고 그름 판단하기	5문제 (46–50번)
제4부분	문장 내용에 이어지는 알맞은 보기 선택하기	10문제 (51–60번)

＊독해 영역은 별도의 답안 작성 시간 없음

● **주요 평가 내용**

독해 영역의 평가 목적은 수험생의 이해 능력, 특히 단어의 이해 능력과 적절한 풀이 방법을 사용하여 문장을 빠르게 이해하고 문제를 푸는 능력을 파악하는 데 있다. 주요 평가 내용은 다음과 같다.

① 한어병음을 식별하고 한어병음에 근거하여 단어를 읽을 수 있고 더 나아가 뜻까지 파악하는가

② 개인 및 일상 생활과 관련된 간단한 글에서 주요 정보를 파악하는가

③ 일상 생활에서 자주 사용하는 안부 인사와 감사 표현, 요청 표현들을 이해하는가

④ 간체자를 보고 그 뜻을 이해하는가

⑤ 간체자로 이루어진 짧은 문장에서 핵심 정보를 찾아내는가

독해 고득점 Tip

▶▷ 적절한 풀이 방법 사용하기

독해 영역은 빠르면서도 정확하게 풀어야 한다. 그러기 위해서는 핵심어 찾기, 한어병음 충분히 활용하기, 확실한 정답은 먼저 제외하기, 모르는 건 우선 넘어가기 등의 풀이 방법을 적절히 사용해야 한다. 일부 문제의 경우에는 수험생이 스스로 예측하여 문제 풀이를 해야 하기도 한다.

▶▷ 사진 정보 파악하기

사진 속 묘사가 단순한 사물일 경우에는 그 사물을 나타내는 단어와 직접적으로 관련 있는 지문을 고르면 된다. 하지만 사진 속 묘사가 상황이나 장면, 동작일 경우 사진 속 인물·동물의 표정이나 분위기, 장소 등을 고려하여 '어디에서, 무엇을, 어떻게' 하고 있는지를 파악하는 것이 무엇보다 중요하다.

▶▷ 올바른 독해 습관 만들기

듣기 영역과 다르게 독해 영역에서는 문제가 시험지에 모두 제시되어 있다. 그래서 전체보다는 지문 내용을 빠른 시간 내에 독해하는 습관이 필요하다. 그러기 위해서는 문장 속 '시간, 장소, 인명' 등의 핵심어가 눈에 띄면 빠르게 밑줄로 표시해 두어야 이어서 나오는 질문의 정답을 쉽게 찾을 수 있다. 이것이 독해 시간을 단축하는 방법이다. 이때 주의할 점은 과도하게 단어에만 집중하지 말고 전체적인 의미를 파악하는 것이다.

▶▷ 답안카드는 부분별로 작성하기

독해 영역은 시험지 위에 먼저 정답을 표시하고 한 부분이 끝나면 답안카드에 옮겨 적도록 하자. 이렇게 하면 답안을 옮겨 적느라 문제 풀이의 흐름이 끊기는 일을 막을 수 있다. 또한, 마지막에 답안카드에 옮겨 적는 것을 잊거나 시간 부족으로 인해 아예 작성하지 못하는 일 등을 방지할 수 있다. 독해 영역의 경우 따로 답안카드 작성 시간이 주어지지 않기 때문에 필요한 경우 시험을 보기 전에 답안카드에 옮겨 적는 연습을 하기 바란다.

阅读

독해

제1부분

문장 내용과 알맞은 사진 선택하기

01. 문장 속 핵심어 찾기

독해 제1부분

미리보기

독해 제1부분은 총 5문제(36~40번)로 5문제가 한 세트로 이루어져 있다. 시험지에는 총 6장의 사진(1장은 예시용)이 제시되며 문제당 정답은 하나이다. 제1부분은 시험지에 제시된 짧은 문장을 읽고 문장 내용과 관련된, 혹은 핵심어가 나타내고자 하는 사물, 동작 등과 일치하는 사진을 선택하는 문제이며, 문제 유형은 다음과 같다.

제1부분 - 문장 내용과 알맞은 사진 선택하기

문제

>> 해설서 50p

第一部分

第36-40题

A

B

C

D

E

F

Měi ge xīngqītiān wǒ dōu qù pǎobù

선택한 보기의 기호를 써넣으세요.

例如 : 每 个 星期天 我 都 去 跑步。　　F

01. 문장 속 핵심어 찾기

독해 제1부분에는 일반적으로 10개 이내의 단어로 구성된 짧은 문장이 나온다. 수험생은 문장 속 핵심 정보의 위치를 통해 핵심어를 찾을 수 있고, 이 핵심어를 통해 문장 내용에 알맞은 사진을 좀 더 쉽게 찾을 수 있다. 따라서 문장 속 단어를 하나하나 이해하려고 하지 말고 전체 문장을 보고 이 문장이 어떠한 내용을 전달하려고 하고, 어떠한 문법 기능을 나타내는지 파악해야 한다.

🎓 유형 익히기 1

1-6

A

B

C

D

E

F

1

Wǒ zài wán diànnǎo yóuxì. 我 在 玩 电脑 游戏。		저는 컴퓨터 게임을 하고 있습니다.

단어 | 在 zài 🗐 ~하고 있다 | 玩 wán 🗐 놀다 | 电脑 diànnǎo 🗐 컴퓨터 | 游戏 yóuxì 🗐 게임

해설 | '컴퓨터 게임을 하고 있다'는 전체 내용을 이해하지 못하였더라도 핵심어인 '电脑(컴퓨터)' 뜻만 이해했다면 사진 F가 정답임을 쉽게 알 수 있다.

정답 F

69

2

Zhège wèntí wǒ bú huì,
这个 问题 我 不 会,
míngtiān wènwen lǎoshī.
明天　　问问 老师。

이 문제 저는 못 풀겠어요,

내일 선생님께 여쭤봐요.

단어 问题 wèntí 📖 문제 | 会 huì 조통 ~할 줄 안다 | 明天 míngtiān 📖 내일 | 问 wèn 통 물어보다 | 老师 lǎoshī 📖 선생님

해설 이 문제는 적합한 사진을 찾기가 쉽지 않다. 그렇다면 문장과 관련이 없는 사진을 먼저 제외하자. 인물이 나오지 않는 A, C, D를 먼저 제외하고 나면 남은 B, E, F 중 사진 E의 인물이 책을 보며 어려워하는 표정을 짓고 있으므로 문장의 내용을 가장 적절하게 묘사하고 있다.

정답 E

3

Jīntiān tài lèi le, wǒ yào zǎo diǎn shuìjiào.
今天 太 累 了, 我 要 早 点 睡觉。

오늘 너무 피곤해서 저는 일찍 자고 싶습니다.

단어 今天 jīntiān 📖 오늘 | 太 tài 🗣 지나치게, 매우 | 累 lèi 형 피곤하다, 힘들다 | 要 조통 ~하고 싶다 | 早 zǎo 형 이르다, 일찍이다 | 点 diǎn 양 조금 | 睡觉 shuìjiào 통 잠을 자다

해설 문장 속 핵심어는 '累(피곤하다)'와 '睡觉(잠자다)'다. 따라서 엎드려 잠을 자고 있는 사진 B가 가장 적합하다.

정답 B

4

Huǒchē tài màn le, wǒmen zuò fēijī qù.
火车 太 慢 了, 我们 坐 飞机 去。

기차는 너무 느려요, 우리 비행기 타고 가요.

단어 火车 huǒchē 📖 기차 | 太 tài 🗣 지나치게, 매우 | 慢 màn 형 느리다 | 坐 zuò 통 (교통수단을) 타다 | 飞机 fēijī 📖 비행기 | 去 qù 통 가다

해설 문장 속 '火车(기차)'와 '飞机(비행기)' 2개의 교통수단 중 문장 앞 '기차는 너무 느리다'는 부정적인 느낌의 단어로 문장 뒷부분의 내용을 뒷받침하기 위한 내용임을 알 수 있다. 따라서 이 문장의 핵심 정보 위치는 문장 뒷부분 '비행기를 타고 가요'다.

정답 C

5

Zhège bēizi hěn piàoliang,
这个 杯子 很 漂亮,
wǒ yě yǒu yí ge zhèyàng de.
我 也 有 一 个 这样 的。

이 컵은 매우 예뻐요,

저도 이와 같은 것이 있습니다.

단어 杯子 bēizi 📖 잔, 컵 | 漂亮 piàoliang 형 예쁘다 | 也 yě 🗣 ~도, 역시 | 有 yǒu 통 있다 | 这样 zhèyàng 때 이렇게, 이와 같다

해설 문장은 '杯子(컵)'와 관련된 설명을 하고 있으므로 정답 사진은 D다.

정답 D

6

Shàng ge xīngqī wǒmen zuò huǒchē qù lǚyóu, 上 个星期 我们 坐 火车 去旅游, hěn yǒu yìsi. 很 有 意思。	지난주에 우리는 기차를 타고 여행을 갔습니다, 매우 재미있었어요.

단어　**上个星期** shàng ge xīngqī 지난주 | **坐** zuò 동 (교통수단을) 타다 | **火车** huǒchē 명 기차 | **旅游** lǚyóu 동 여행하다 | **有意思** yǒu yìsi 형 재미있다

해설　문장 속 핵심어는 '坐火车(기차를 타다)'이므로 교통수단인 '火车(기차)'와 관련된 사진을 선택하면 된다. 확실한 정답을 우선 제외하는 방법을 통해서도 정답 사진을 선택할 수 있다.

정답　A

✚플러스 해설

독해 제1부분 유형의 문제는 순서대로 풀 필요 없이 수험생의 상황에 맞추어 풀기를 추천한다. 확실히 자신이 아는 익숙한 단어가 있는 지문부터 이해하고 이에 상응하는 사진을 찾아 보자.

📖 제1부분

36 – 40.

제시된 문장 내용과 가장 알맞은 사진을 선택하세요.

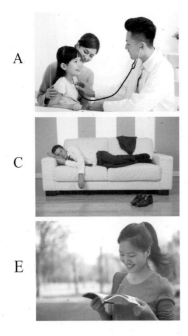

A

B

C

D

E

Tā tài lèi le, jiù zài shāfā shang shuìzháo le.
36. 他 太 累 了，就 在 沙发 上 睡着 了。

Wǒ huí jiā de shíhou, māma zhèngzài zuò cài.
37. 我 回 家 的 时候，妈妈 正在 做 菜。

Wǒ nǚ'ér shēngbìng le, wǒ yào dài tā qù yīyuàn.
38. 我 女儿 生病 了，我 要 带 她 去 医院。

Bié zǒulù de shíhou kàn shū, duì yǎnjing bù hǎo.
39. 别 走路 的 时候 看 书，对 眼睛 不 好。

Wǒ mǎile diànyǐng piào, jīntiān kàn diànyǐng ba.
40. 我 买了 电影 票，今天 看 电影 吧。

📖 제1부분

● 36–40.

제시된 문장 내용과 가장 알맞은 사진을 선택하세요.

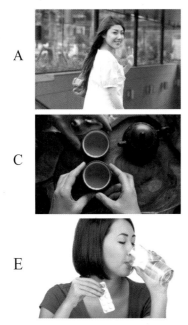
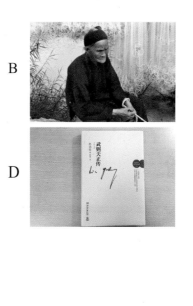

A

B

C

D

E

Tā xiàozhe shuō : "Míngtiān jiàn."

36. 她 笑着 说 : "明天 见。"

Zhè shì wǒ de shū, shì péngyou sòng de.

37. 这 是 我 的 书, 是 朋友 送 的。

Hē bēi chá ba, hē chá duì shēntǐ hǎo.

38. 喝 杯 茶 吧, 喝 茶 对 身体 好。

Nǐ shēngbìng le, zǎo diǎn xiūxi ba.

39. 你 生病 了, 早 点 休息 吧。

Tā yǐjing   suì le, dànshì shēntǐ hěn hǎo.

40. 他 已经 80 岁 了, 但是 身体 很 好。

독해 阅读

제2부분

문장 속 빈칸에 들어갈 알맞은 단어 선택하기

01. 한어병음 충분히 활용하기

독해 제2부분

독해 제2부분은 사진 없이 제시된 문장 내용을 근거로 빈칸에 알맞은 단어를 보기에서 선택하는 문제이다. 총 5문제(41~45번)로 보기 6개(1개는 예시용)가 주어지며 각각의 문제는 1~2문장으로 약 10개의 단어로 구성된 단문 또는 대화문이며 쇼핑, 시간, 장소, 인물과 관계 있는 일상용어 등으로 구성되어 있다. 문제 유형은 다음과 같다.

🔔 제2부분 – 문장 속 빈칸에 들어갈 알맞은 단어 선택하기

문제   》 해설서 54p

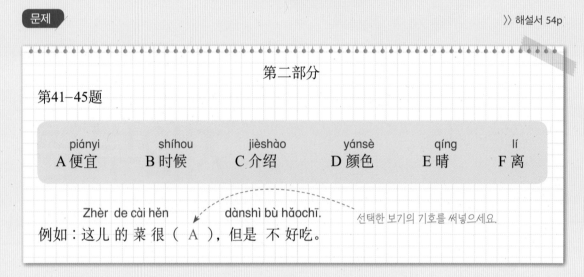

第二部分

第41-45题

piányi	shíhou	jièshào	yánsè	qíng	lí
A 便宜	B 时候	C 介绍	D 颜色	E 晴	F 离

Zhèr de cài hěn   dànshì bù hǎochī.   선택한 보기의 기호를 써넣으세요.

例如：这儿 的 菜 很 （ A ），但是 不 好吃。

01. 한어병음 충분히 활용하기

많은 수험생들이 간체자를 어려워하는 반면 한어병음은 상대적으로 쉽게 익힌다. 실제로 들을 때 중국어 문장의 뜻이 무엇인지 알아도 대응하는 간체자가 무엇인지 모르는 경우가 많다. 따라서 新HSK 2급 독해 지문에서 간체자 위에 표기된 한어병음을 활용해 단어 혹은 문장의 뜻을 이해할 수 있다면 문제를 좀 더 쉽게 풀 수 있다.

유형 익히기 1

1-2

piányi A 便宜	juéde B 觉得	cóng C 从	A 싸다	B ~라고 생각하다	C ~부터
bǐ D 比	lǚyóu E 旅游	gōngjīn F 公斤	D ~보다	E 여행하다	F 킬로그램

단어 便宜 piányi 형 싸다 | 觉得 juéde 동 느끼다, 생각하다 | 从 cóng 개 ~부터 | 比 bǐ 개 ~보다, ~에 비해 | 旅游 lǚyóu 동 여행하다 | 公斤 gōngjīn 양 킬로그램, kg

1

Píngguǒ	duōshao qián	yì		
苹果	多少	钱 一 (）?	사과는 1 (F 킬로그램) 에 얼마입니까?	

단어 苹果 píngguǒ 명 사과 | 多少 duōshao 대 얼마, 몇 | 钱 qián 명 화폐, 돈

해설 간체자 '苹果多少钱'의 뜻을 모르더라도 한어병음 'píngguǒ duōshao qián'을 통해 수험생은 중국어 문장을 이해하고 빈칸에 가장 알맞은 단어로 'gōngjīn 公斤'을 어렵지 않게 선택할 수 있다.

정답 F

2

Zhè jiā fàndiàn de cài　　　nà jiā hǎochī. 这 家 饭店 的菜 (）那家 好吃。	이 식당 요리는 저 식당(D 보다) 맛있습니다.

단어 这 zhè 대 이것 | 家 jiā 양 집·상점 등을 세는 단위 | 饭店 fàndiàn 명 식당 | 菜 cài 명 반찬, 요리 | 那 nà 대 그, 저 | 好吃 hǎochī 형 맛있다

해설 빈칸 앞에 주어, 빈칸 뒤는 주어와 비교하는 대상이므로 비교를 나타내는 개사 '比'가 정답임을 알 수 있다. 만약 D의 의미를 모른다 해도 한어병음으로 나머지 보기 단어의 뜻을 유추할 수 있으므로 정답을 어렵지 않게 선택할 수 있다.

정답 D

📖 제2부분

🔴 41 – 45.

제시된 문장 빈칸에 들어갈 알맞은 단어를 보기에서 선택하세요.

---

shíhou	jièshào	yánsè	qíng	lí
A 时候	B 介绍	C 颜色	D 晴	E 离

Jīntiān tiānqì hěn hǎo, shì   tiān.

41. 今天 天气 很 好，是（   ）天。

Nǐ shénme   qù shāngdiàn?   Wǒmen yìqǐ qù ba.

42. 你 什么（   ）去 商店？   我们 一起 去 吧。

Tā xǐhuan shénme   de yīfu?

43. 她 喜欢 什么 （   ）的 衣服？

Qǐngwèn, huǒchēzhàn   zhèr yuǎn ma?

44. 请问，   火车站 （   ）这儿 远 吗？

Wǒ lái   yíxià,   zhè shì wǒ mèimei.

45. 男：我 来（   ）一下，这 是 我 妹妹。

Hěn gāoxìng rènshi nǐ.

女：很 高兴 认识 你。

📖 제2부분

🔴 41-45.
제시된 문장 빈칸에 들어갈 알맞은 단어를 보기에서 선택하세요.

qīzi	juéde	cóng	bǐ	lǚyóu
A 妻子	B 觉得	C 从	D 比	E 旅游

zhèr dào xuéxiào yào zǒu wǔ fēnzhōng.
41. ( ) 这儿 到 学校 要 走 五 分钟。

Nàbiān dǎ diànhuà de shì wǒ de
42. 那边 打 电话 的 是 我 的 ( )。

Wǒ zhège wèntí hěn nán.
43. 我 ( ) 这个 问题 很 难。

Jīntiān zuótiān rè.
44. 今天 ( ) 昨天 热。

Wǒmen yìqǐ qù ba.
45. 女：我们 一起 去 ( ) 吧。

Hǎo de, wǒ xiǎng qù Shànghǎi.
男：好 的，我 想 去 上海。

독해 | 제2부분

79

제3부분

문장 내용을 근거로 옳고 그름 판단하기

01. ★ 표 문장 먼저 파악하기

독해 제3부분

미리보기

독해 제3부분은 총 5문제(46~50번)로 각 문제는 두 문장으로 구성되어 서로 내용이 일치하는 지 비교 판단하는 문제이다. 20개의 단어로 구성된 비교적 긴 지문이 제시되고 바로 아래 첫 지문 내용을 바탕으로 한 짧은 ★ 표 문장이 제시된다. 수험생은 이 두 문장 내용이 서로 일치하는지를 파악하여 일치하면 괄호 안에 ✔ 표를, 일치하지 않으면 ✘ 표를 한다. 문제 유형은 다음과 같다.

제3부분 – 문장 내용을 근거로 옳고 그름 판단하기

문제   >> 해설서 57p

第三部分

第46–50题

Xiànzài shì liù diǎn shí fēn, lí diànyǐng kāishǐ hái yǒu shí fēnzhōng.
例如：现在 是六点十分, 离 电影 开始 还有 十 分钟。

Diànyǐng liù diǎn èrshí kāishǐ.   일치하면 ✔ 표, 일치하지 않으면 ✘ 표 하세요.
★ 电影 六点 二十 开始。   (✔)

Wǒ huì yóuyǒng, dànshì yóu de bù hǎo.
我 会 游泳， 但是 游 得不好。

Tā yóu de fēicháng hǎo.
★ 他 游 得 非常 好。   (✘)

01. ★표 문장 먼저 파악하기

독해 제3부분에서 시간을 단축하기 위해서는 수험생은 ★ 표 문장을 먼저 파악하는 것이 좋다. ★ 표 문장을 먼저 파악한 다음 제시된 긴 지문 속에서 일치하는 단어들을 찾아낸다. 이때 '누가, 무엇을, 어떻게 했다'를 정확히 파악한다면 좀 더 빠르고 신속하게 ★ 표 문장의 옳고 그름을 판단할 수 있다.

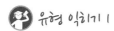 유형 익히기 1

| Nǐ zhǎo wǒ māma yǒu shì ma?
你 找 我 妈妈 有 事 吗? | 당신은 무슨 일로 저의 어머니를 찾으시나요? |
| Māma bú zài jiā.
★ 妈妈 不 在 家。　　　（　　） | ★ 엄마는 집에 안 계신다. |

단어 找 zhǎo 통 찾다 | 妈妈 māma 명 엄마, 어머니 | 事 shì 명 일 | 不 bù 부 아니다 | 在 zài 통 ~에 있다 | 家 jiā 명 집

해설 ★표 문장은 엄마가 집에 안 계시는 것을 나타내지만, '你找我妈妈有事吗? (무슨 일로 어머니를 찾으세요)'는 '어머니가 집에 안 계시니 전할 말이 있으면 저한테 말씀해 주세요'를 나타낸다. 따라서 정답은 √다.

정답 ✓

 유형 확인 문제　　　　　　　　　　　　　　　　　　　　　　　　　>> 해설서 57p

지문 내용이 ★표 문장과 일치하면 √표, 일치하지 않으면 × 표 하세요.

Wǒ kànle yì tiān de shū, suǒyǐ yǎnjing hěn lèi, xiǎng shuìjiào le.
1. 我 看了 一 天 的 书, 所以 眼睛 很 累, 想　睡觉 了。

Tā de yǎnjing hěn hǎo.
★他 的 眼睛 很 好。　　　　　　（　　）

83

📖 제3부분

● 46-50.

지문 내용이 ★표 문장과 일치하면 √표, 일치하지 않으면 ×표 하세요.

Wǒ jīntiān gōngzuò dào   diǎn,   hěn lèi,   yào zǎo diǎnr xiūxi.
46. 我 今天 工作 到 12 点, 很 累, 要 早 点儿 休息。

Jīntiān wán de hěn lèi.
★ 今天 玩 得 很 累。 　　　　　　　　（　　）

Tā nǚ'ér shēngbìng le,   zhàngfu zài shàngbān,   suǒyǐ yí ge rén sòng nǚ'ér qù yīyuàn.
47. 她 女儿 生病 了, 丈夫 在 上班, 所以 一 个 人 送 女儿 去 医院。

Tā zhàngfu yě shēngbìng le.
★ 她 丈夫 也 生病 了。 　　　　　　　　（　　）

Yīnwèi zuótiān shì wǒ shēngrì,   suǒyǐ wǒ de péngyou mǎile shǒubiǎo sòng gěi wǒ.
48. 因为 昨天 是 我 生日, 所以 我的 朋友 买了 手表 送 给 我。

Shǒubiǎo shì péngyou sòng de.
★ 手表   是 朋友 送 的。 　　　　　　　　（　　）

Wǒ dìdi fēicháng xǐhuan dǎ lánqiú, měi ge xīngqīliù dōu hé péngyou yìqǐ dǎ lánqiú.
49. 我 弟弟 非常 喜欢 打 篮球, 每 个 星期六 都 和 朋友 一起 打 篮球。

Dìdi měi ge xīngqī dǎ yí cì lánqiú.
★ 弟弟 每 个 星期 打 一 次 篮球。 　　　　　　　　（　　）

Wǒ shì nǐmen de Hànyǔ lǎoshī, yǒu bù dǒng de wèntí kěyǐ wèn wǒ.
50. 我 是 你们 的 汉语 老师, 有 不 懂 的 问题 可以 问 我。

Lǎoshī ràng xuésheng wèn wèntí.
★ 老师 让 学生 问 问题。 　　　　　　　　（　　）

📖 제3부분

● 46 – 50.

지문 내용이 ★표 문장과 일치하면 ✓표, 일치하지 않으면 ×표 하세요.

Zuótiān wǒ yào shàngbān, suǒyǐ méiyǒu hé péngyou yìqǐ qù lǚyóu.

46. 昨天 我要 上班, 所以 没有 和 朋友 一起去旅游。

　　Tā zuótiān hé péngyou yìqǐ qù lǚyóu.

★ 他 昨天 和 朋友 一起 去 旅游。　　　　　　　　（　　）

Wǒ shēngbìng le, suǒyǐ jīntiān méiyǒu qù shàngkè.

47. 我 生病 了, 所以 今天 没有 去 上课。

　　Jīntiān méiyǒu qù shàngkè le.

★ 今天 没有 去 上课 了。　　　　　　　　　　　（　　）

Wǒ jiā zài tā jiā de pángbiān, wǒmen měi tiān yìqǐ shàngkè, yìqǐ wán.

48. 我家在他家的 旁边, 我们 每 天 一起上课, 一起玩。

　　Tāmen zhù zài yìqǐ.

★ 他们 住 在 一起。　　　　　　　　　　　　　（　　）

Wǒ xīwàng míngtiān shì qíngtiān, yīnwèi wǒ xiǎng hé péngyoumen yìqǐ pǎobù.

49. 我 希望 明天 是 晴天, 因为 我 想 和 朋友们 一起跑步。

　　Míngtiān shì qíngtiān.

★ 明天 是 晴天。　　　　　　　　　　　　　　（　　）

Wǒ tīngjiàn yǒu rén jiào wǒ de míngzi, qù kāi mén, dànshì méiyǒu rén.

50. 我 听见 有 人 叫我的 名字, 去 开 门, 但是 没有 人。

　　Yǒu rén zài mén wài.

★ 有 人 在 门 外。　　　　　　　　　　　　　（　　）

제4부분

문장 내용에 이어지는 알맞은 보기 선택하기

01. 의문문이 주는 핵심 단서 활용하기

미리보기

독해 제4부분은 총 10문제(51~60번)로 5문제씩 두 세트로 구성된다. 총 11개의 보기(1개는 예시용)가 제시되며 수험생은 각 문제의 문장 내용과 연관된 알맞은 내용을 보기에서 선택하여, 두 문장이 하나의 내용으로 이어지도록 하면 된다. 문제 유형은 다음과 같다.

제4부분 – 문장 내용에 이어지는 알맞은 보기 선택하기

문제

>> 해설서 62p

第四部分

第51-60题

Wǒ xīwàng tā kuài diǎnr hǎo qǐlái.
A 我 希望 他 快 点儿 好 起来。

Tā bù néng tī zúqiú le, zhǐ néng zài jiàoshì li xuéxí.
B 他 不 能 踢足球了, 只 能 在 教室里 学习。

Duō hē kāfēi duì nǚrén bù hǎo.
C 多 喝 咖啡 对 女人 不好。

Wǒ yào mǎi yìxiē sòng gěi péngyou.
D 我 要 买一些 送 给 朋友。

Wǒ měi tiān zuò gōnggòng qìchē shàngxué.
E 我 每 天 坐 公共 汽车 上学。

Tā zài jiā xiūxi.
F 他 在 家 休息。

선택한 보기의 기호를 써넣으세요.

Tā zài nǎr ne? Wǒ jīntiān méi kànjiàn tā.
例如:他 在 哪儿 呢? 我 今天 没 看见 他。

F

01. 의문문이 주는 핵심 단서 활용하기

독해 제4부분에서 자주 사용되는 의문사와 의문문의 유형을 잘 파악해야 한다. 그 이유는 의문사 '什么, 哪儿, 几' 등이나 의문문에 쓰이는 '········吗'와 같은 단어 자체가 핵심적인 단서를 제공하기 때문이다. 따라서 의문사나 의문문에 쓰이는 단어에 대응되는 핵심어를 파악하고 있다면 더욱 빠르게 이어지는 문장을 보기에서 찾을 수 있다.

자주 등장하는 의문사, 의문문 유형과 대응하는 핵심어

의문사, 의문문 유형	대응하는 핵심어
어디 哪儿 nǎr / 哪里 nǎlǐ	장소 명사, 방위 조합, 국명, 지명
무엇 什么 shénme	사물 명사, 직업
몇 几 jǐ	10 이내의 숫자
얼마 多少 duōshao	10 이상의 숫자
언제 什么 时候 shénme shíhou	오늘 今天 jīntiān, 내일 明天 míngtiān, ～월 ～일 ······月 ······日 ······yuè ······rì
누구 谁 shéi	관계 관련 명사, 사람 이름
어떠한가 怎么样 zěnmeyàng	형용사, 날씨
어떻게 가는가 怎么 去 zěnme qù	坐 zuò + 교통수단
할 줄 안다 会 huì, 할 수 있다 能 néng, 좋아하다 喜欢 xǐhuan, ～하고 싶다 想 xiǎng, ～하고 있다＋무엇을 하다 在＋做 什么 zài + zuò shénme	동작을 나타내는 동사
～입니까? ······吗? ······ma?(의문문)	(不)是, (不)会, (不)能, (bú) shì, (bú) huì, (bù) néng (不)喜欢, (不)想, 好的 (bù) xǐhuan, (bù) xiǎng, hǎo de

✛ 플러스 해설

이 중 '······吗?' 의문문은 문장에서 동사가 무엇인지를 살펴봐야 한다. 동사 '会, 能, 喜欢, 想'이 있다면 답변에도 같은 동사가 들어가는 게 일반적이다. 이때 정답이 즉각적으로 떠오르지 않는 문제에 부딪히면 일단 보류하고 확실히 아는 문제부터 풀어가면 훨씬 더 쉽고 빠르게 해결할 수 있다.

1-5

Wǒ xīwàng tā kuài diǎnr hǎo qǐlái. A 我 希望 他 快 点儿 好 起来。	A 저는 그가 빨리 좋아지길 바랍니다.
Tā bù néng tī zúqiú le, B 他 不 能 踢足球 了,	B 그는 축구를 할 수 없습니다,
zhǐ néng zài jiàoshì li xuéxí. 只 能 在 教室 里 学习。	다만 교실에서 공부할 수 있을 뿐입니다.
Duō hē kāfēi duì nǚrén bù hǎo. C 多 喝咖啡 对 女人 不 好。	C 커피를 많이 마시면 여자에게 좋지 않습니다.
Wǒ yào mǎi yìxiē sòng gěi péngyou. D 我 要 买 一些 送 给 朋友。	D 저는 조금 사서 친구에게 주고 싶습니다.
Wǒ měi tiān zuò gōnggòng qìchē shàngxué. E 我 每 天 坐 公共 汽车 上学。	E 저는 매일 버스를 타고 등교합니다.

단어 希望 xīwàng 동 희망하다, 바라다 | 快 kuài 형 빠르다 | 点儿 diǎnr 양 조금 | 起来 qǐlái 동 (술어 뒤에 쓰여) ~하기 시작하다 | 能 néng 조동 ~할 수 있다 | 踢足球 tī zúqiú 동 축구를 하다 | 只能 zhǐnéng ~할 수밖에 없다, 다만 ~할 수 있을 뿐이다 | 在 zài 개 ~에서 | 教室 jiàoshì 명 교실 | 里 li 명 안, 속 | 学习 xuéxí 동 공부하다, 학습하다 | 多 duō 형 많다 | 喝 hē 동 마시다 | 咖啡 kāfēi 명 커피 | 对 duì 개 ~에 대하여 | 女人 nǚrén 명 여자 | 要 yào 조동 ~하고 싶다 | 买 mǎi 동 사다 | 一些 yìxiē 수량 약간, 조금 | 送 sòng 동 주다 | 给 gěi 개 ~에게 | 朋友 péngyou 명 친구 | 每天 měi tiān 매일 | 坐 zuò 동 (교통수단을) 타다 | 公共汽车 gōnggòng qìchē 명 버스 | 上学 shàngxué 동 등교하다

1

Píngguǒ hěn hǎochī, duì shēntǐ yě hǎo. 苹果 很 好吃，对 身体 也 好。	☐	사과는 매우 맛있고 몸에도 좋습니다.

단어 苹果 píngguǒ 명 사과 | 好吃 hǎochī 형 맛있다 | 对 duì 개 ~에 대하여 | 身体 shēntǐ 명 신체, 몸, 건강

해설 핵심어는 '苹果(사과)', '好吃(맛있다)', '对身体也好(몸에도 좋다)'로 보기 D의 동사 '买(사다)', '送(보내다)'만이 '苹果(사과)'와 의미상 관련성이 깊다. 이때 정답을 확신할 수 없으면 미루어 두고 다음 문제부터 풀어가도 좋다.

정답 D

2

Tā bìng le, xiànzài zài yīyuàn ne. 他 病 了，现在 在 医院 呢。	☐	그는 아파서 지금 병원에 있습니다.

단어 病 bìng 동 병나다 | 现在 xiànzài 명 현재, 지금 | 在 zài 동 ~에 있다 | 医院 yīyuàn 명 병원 | 呢 ne 조 진행의 어감을 강조

해설 핵심 내용은 '他病了(그가 병이 났다)'다. 보기 중에서 '希望他快点儿好起来(빨리 좋아지길 바랍니다)'만이 핵심 내용과 관련되는 문장으로 가장 적합하다.

정답 A

3

Míngtiān huì xià yǔ, 明天 会 下 雨, kěnéng bǐ jīntiān lěng. 可能 比 今天 冷。	내일은 비가 올 것입니다, 아마도 오늘보다 추울 것입니다.

단어 明天 míngtiān 몡 내일 | 会 huì 조동 ~일 것이다(미래의 추측) | 下雨 xiàyǔ 동 비가 오다 | 可能 kěnéng 뷔 아마도 | 比 bǐ 게 ~보다 | 今天 jīntiān 몡 오늘 | 冷 lěng 혱 춥다

해설 핵심어는 '下雨(비가 오다)'로 보기 B의 '不能踢足球(축구를 할 수 없다)'의 원인이 된다.

정답 B

4

Xuéxiào lí wǒ jiā hěn yuǎn. 学校 离我家很 远。	학교는 우리 집에서 멉니다.

단어 学校 xuéxiào 몡 학교 | 离 lí 게 ~로 부터, ~에서 | 家 jiā 몡 집 | 很 hěn 뷔 매우 | 远 yuǎn 혱 멀다

해설 핵심어는 '很远(매우 멀다)'이므로 보기 E의 '坐公共汽车上学(버스를 타고 등교하다)'와 문장 내용이 이어진다.

정답 E

5

Zhèr de kāfēi hěn hǎo hē, yě hěn piányi. 这儿 的咖啡 很 好喝,也 很 便宜。	여기 커피는 매우 맛있고 저렴합니다.

단어 这儿 zhèr 대 여기, 이곳 | 咖啡 kāfēi 몡 커피 | 好喝 hǎohē 혱 (음료 등이) 맛있다 | 便宜 piányi 혱 싸다

해설 핵심어는 '喝(마시다)'로 보기 C만이 '喝(마시다)'를 언급하고 있고, 순서대로 문제를 풀고 나면 마지막 남은 보기도 C 뿐이다.

정답 C

📖 제4부분

🔴 51 – 55.

제시된 문장 내용과 가장 알맞은 보기를 선택하세요.

A   Jīntiān yǒu kǎoshì.
今天 有 考试。

B   Tāmen zhèngzài wèn lù.
他们 正在 问路。

C   Wǒ yě chī yi chī.
我 也 吃 一 吃。

D   Hěn yǒu yìsi, dànshì yǒu hěn duō wèntí bù dǒng.
很 有意思，但是 有 很 多 问题 不 懂。

E   Tài hǎo le, xièxie!
太 好 了，谢谢！

Nǐ juéde Hànyǔ zěnmeyàng?
51. 你 觉得 汉语 怎么样？

Tā zuótiān hěn zǎo jiù shuì le.
52. 她 昨天 很 早 就 睡 了。

Nǐ hěn xǐhuan tā ma? Shēngrì de shíhou wǒ sòng gěi nǐ.
53. 你 很 喜欢 它 吗？ 生日 的 时候 我 送 给 你。

Wǒmen yào qù yīyuàn, qǐngwèn cóng zhèlǐ zěnme qù?
54. 我们 要 去 医院，请问 从 这里 怎么 去？

Zhōngguórén hěn xǐhuan chī yángròu.
55. 中国人 很 喜欢 吃 羊肉。

● ● 56-60.

제시된 문장 내용과 가장 알맞은 보기를 선택하세요.

A
Tā yīfu chuān de hěn shǎo.
她 衣服 穿 得 很 少。

B
Tā zuótiān hěn wǎn shuìjiào, jīntiān shēngbìng le.
他 昨天 很 晚 睡觉, 今天 生病 了。

C
Duìbuqǐ, màiwán le, nǐ yào zǎo jǐ tiān mǎi.
对不起, 卖完 了, 你 要 早 几 天 买。

D
Hǎo a, yìqǐ qù ba.
好 啊, 一起 去 吧。

E
Tā zài dǎ diànhuà.
她 在 打 电话。

Yǒu míngtiān shàngwǔ qù Běijīng de huǒchē piào ma?
56. 有 明天 上午 去 北京 的 火车 票 吗?

Wǒ jīntiān zài jiàoshì méi kàndào tā, qù nǎr le? Wèishéme bù lái shàngkè?
57. 我 今天 在 教室 没 看到 他, 去 哪儿 了? 为什么 不 来 上课?

Jīntiān shì xīngqītiān, wǒmen qù yùndòng ba. Nǐ juéde pǎobù zěnmeyàng?
58. 今天 是 星期天, 我们 去 运动 吧。你 觉得 跑步 怎么样?

Wéi, qǐngwèn Zhāng xiǎojiě zài ma? Wǒ shì tā de péngyou Lǐ Míng.
59. 喂, 请问 张 小姐 在 吗? 我 是 她 的 朋友 李明。

Zhōngwǔ de shíhou hěn rè, dànshì wǎnshang yǒu diǎnr lěng.
60. 中午 的 时候 很 热, 但是 晚上 有 点儿 冷。

📖 제4부분

● ● 51-55.

제시된 문장 내용과 가장 알맞은 보기를 선택하세요.

A
Tā zuò zài chūzūchē shang.
他 坐在 出租车 上。

B
Tā xiànzài hěn bù gāoxìng.
她 现在 很 不 高兴。

C
Tāmen zài fàndiàn chī fàn.
他们 在 饭店 吃饭。

D
Qiúyī wǒ lái xǐ ba, nǐ xiūxi xiūxi.
球衣 我 来 洗 吧，你 休息 休息。

E
Qù wènwen lǎoshī, wǒ yě bù dǒng.
去 问问 老师，我 也 不 懂。

51.
Wǒ bā diǎn cái qǐchuáng, méiyǒu chī zǎofàn jiù qù s.hàngxué le.
我 八点 才 起床，没有 吃 早饭 就 去 上学 了。

52.
Nǐ hǎo, wǒ yào qù jīchǎng, kěyǐ kuài diǎnr ma?
你好，我 要 去 机场，可以 快点儿 吗？

53.
Zhège wèntí wǒ bù dǒng, nǐ ne?
这个 问题我 不 懂，你 呢？

54.
Wǒ gāng tīwán qiú, juéde hěn lèi.
我 刚 踢完 球，觉得 很 累。

55.
Fúwùyuán xiàozhe wèn : "Nǐ xiǎng hē diǎnr shénme?"
服务员 笑着 问：“你 想 喝点儿 什么？”

● 56-60.

제시된 문장 내용과 가장 알맞은 보기를 선택하세요.

A

Zhè shì wǒ shēngrì shí péngyou sòng de.

这 是 我 生日 时 朋友 送 的。

B

Wǒmen qù kàn diànyǐng ba.

我们 去 看 电影 吧。

C

Jīntiān wǎnshang xuéxí dào diǎn ba.

今天 晚上 学习 到 12 点 吧。

D

Duō chī shuǐguǒ duì shēntǐ hǎo.

多 吃 水果 对 身体 好。

E

Jīntiān bǐ zuótiān lěng.

今天 比 昨天 冷。

Xiànzài xià yǔ ne, wǒmen bié chū mén le.

56. 现在 下雨呢，我们 别 出 门 了。

Jīntiān shì xīngqīliù, bú yòng shàngbān, tài hǎo le.

57. 今天 是 星期六，不用 上班，太 好 了。

Míngtiān wǒmen yǒu kǎoshì.

58. 明天 我们 有 考试。

Xīguā hěn piányi, yě hěn hǎochī, wǒ fēicháng xǐhuan.

59. 西瓜 很 便宜，也 很 好吃，我 非常 喜欢。

Nǐ de shǒubiǎo hěn piàoliang, shì xīn mǎi de ma?

60. 你的 手表 很 漂亮，是 新买 的 吗?

실전 테스트

>> 해설서 70p

第 一 部 分

第36–40题

A		B	
C		D	
E		F	

例如： Měi ge xīngqītiān wǒ dōu qù pǎobù.
每 个 星期天 我 都 去 跑步。 　F

36. Xuéxiào lí wǒ jiā hěn jìn, suǒyǐ wǒ zǒulù shàngxué.
学校 离我家很 近,所以 我 走路 上学。

37. Zhè běn shū tài yǒu yìsi le, wǒ dōu wàngle shàngkè de shíjiān.
这 本 书太 有 意思 了, 我 都 忘了 上课 的 时间。

38. Māma huí jiā de shíhou, wǒ zhèngzài kàn diànshì.
妈妈 回 家的时候, 我 正在 看 电视。

39. Wǒ de xiǎo māo shēngbìng le, tā shénme yě bù xiǎng chī.
我 的 小 猫 生病 了,它 什么 也 不 想 吃。

40. Lǎoshī wèn : "Zhège wèntí dǒng ma?"
老师 问 : "这个 问题 懂 吗? "

第 二 部 分

第41－45题

piányi	wèntí	fēijī	shēntǐ	kǎoshì	yào
A 便宜	B 问题	C 飞机	D 身体	E 考试	F 药

　　　　　Zhèr de cài hěn　　　　dànshì bù hǎochī.
例如：这儿 的 菜 很 （　A　），但是 不 好吃。

　　　Tā shì zuò　　　　　lái de.
41. 他 是 坐 （　　　）来 的。

　　　Wǒ jīntiān　　　　bù hǎo, xiǎng xiūxi xiūxi.
42. 我 今天 （　　　）不 好，想 休息 休息。

　　　Zhège　　　　wǒ bù dǒng, míngtiān wèn lǎoshī.
43. 这个 （　　　）我 不 懂， 明天 问 老师。

　　　Wǒ yào qù mǎi　　　　wǒ nǔ'ér bìng le.
44. 我 要 去 买 （　　　），我 女儿 病 了。

　　　Nǐ jīntiān de　　　　zěnmeyàng?
45. 男：你 今天 的 （　　　）怎么样？

　　　Yǒuxiē wèntí bú huì.
女：有些 问题 不会。

99

第 三 部 分

第46-50题

Xiànzài shì liù diǎn shí fēn, lí diànyǐng kāishǐ hái yǒu shí fēnzhōng.
例如： 现在 是六点 十分，离 电影 开始 还有 十 分钟。

Diànyǐng liù diǎn èrshí kāishǐ.
★ 电影 六点 二十 开始。 （ ✓ ）

Wǒ huì yóuyǒng, dànshì yóu de bù hǎo.
我 会 游泳， 但是 游 得 不好。

Tā yóu de fēicháng hǎo.
★ 他 游 得 非常 好。 （ × ）

Xiànzài xīguā hái tài guì, wǒmen mǎi diǎn píngguǒ bǎ.
46. 现在 西瓜还太贵，我们 买点 苹果 吧。

Xiànzài píngguǒ hěn guì.
★ 现在 苹果 很 贵。 （ ）

Jīntiān tiānqì bú tài hǎo, yǒu diǎn yīn, děng huìr kěnéng huì xià xuě.
47. 今天 天气不太好，有 点 阴， 等 会儿 可能 会 下雪。

Xiànzài zài xià xuě.
★ 现在 在 下 雪。 （ ）

Zhè jiàn yīfu shì zuótiān xīn mǎi de, hěn piányi, zhǐ yào kuài.
48. 这 件 衣服是 昨天 新 买 的，很 便宜，只 要 50块。

Zhè jiàn yīfu bú guì.
★ 这 件 衣服 不贵。 （ ）

Wǒ qùguo Běijīng, zài nàr zhùle yì nián, juéde nàr de rén hěn yǒu yìsi.

49. 我 去过 北京，在那儿 住了 一 年，觉得 那儿 的 人 很 有 意思。

Tā juéde Běijīngrén yǒu yìsi.

★ 他 觉得 北京人 有 意思。　　　　　　　　（　　　）

Wǒ de Hànzì xiě de bù hǎo, dànshì Hànyǔ shuō de hěn hǎo,

50. 我 的 汉字 写 得 不 好，但是 汉语 说 得 很 好，

wǒ yǐjing zài Zhōngguó liǎng nián le.

我 已经 在 中国 两 年 了。

Tā de Hànyǔ shuō de bù hǎo.

★ 她 的 汉语 说 得 不 好。　　　　　　　　（　　　）

第四部分

第51−55题

A 　Wǒ xīwàng nǐ zài zhèr guò de kāixīn.
　我 希望 你在 这儿 过 得 开心。

B 　Tā hěn xiǎo, yě hěn piàoliang.
　它 很 小, 也 很 漂亮。

C 　Zhēn de ma? Wǒ xiǎng tīngting.
　真 的 吗? 我 想 听听。

D 　Hé péngyou yìqǐ qù fàndiàn chī wǎnfàn.
　和 朋友 一起 去 饭店 吃 晚饭。

E 　Búguò, wǒ yǒu diǎnr lèi le, xiǎng xiūxi yíxià.
　不过, 我 有 点儿 累 了, 想 休息 一下。

F 　Tā zài jiā xiūxi.
　他 在 家 休息。

　　Tā zài nǎr ne? Wǒ jīntiān méi kànjiàn tā.
例如: 他 在 哪儿 呢? 我 今天 没 看见 他。　　F

---

51. Wǒ hěn xǐhuan chànggē, péngyoumen dōu shuō wǒ chàng de hǎo.
我 很 喜欢 唱歌, 朋友们 都 说 我 唱 得 好。　□

52. Jīntiān wán de hěn kāixīn, hěn yǒu yìsi.
今天 玩 得 很 开心, 很 有 意思。　□

53. Zhè shì wǒ dì-yī cì lái Zhōngguó, hěn kāixīn.
这 是 我 第一 次 来 中国, 很 开心。　□

54. Jīntiān wǎnshang chī shénme ne? Wǒ xiǎng chī yú.
今天 晚上 吃 什么 呢? 我 想 吃 鱼。　□

55. Yǒu kòng de shíhou, wǒ huì dài wǒ de gǒu chūqù wán.
有 空 的 时候, 我 会 带 我 的 狗 出去 玩。　□

第56-60题

A 　Hǎo de,　nǐ děng yíxià.
　好 的，你 等 一下。

B 　Zhǐ yǒu báisè de, méiyǒu hóngsè de.
　只 有 白色 的，没有 红色 的。

C 　Tā hěn lèi,　yào xiūxi.
　她 很 累，要 休息。

D 　Zài nǐ fángjiān de zhuōzi shang.
　在 你 房间 的 桌子 上。

E 　Tā shì wǒ péngyou de péngyou.
　她 是 我 朋友 的 朋友。

Wǒ zài mén wài děng nǐ,　kuài yìdiǎnr!
56. 我 在 门 外 等 你，快 一点儿！

Wǒ rènshi tā, shàng ge xīngqī wǒmen jiànguo.
57. 我 认识 她，上 个 星期 我们 见过。

Zhè jiàn yīfu de yánsè hěn piàoliang, wǒ xǐhuan.
58. 这 件 衣服 的 颜色 很 漂亮，我 喜欢。

Wǒ zhǎo bú dào wǒ de shū le,　nǐ jiànguo ma?
59. 我 找 不 到 我 的 书 了，你 见过 吗？

Māma zhèngzài xǐ yīfu ne.
60. 妈妈 正在 洗 衣服 呢。

国家汉办/孔子学院总部
Hanban/Confucius Institute Headquarters

新 汉 语 水 平 考 试
Chinese Proficiency Test

HSK（二级）成绩报告
HSK (Level 2) Examination Score Report

姓名（Name）：_____

性别（Gender）：_____ 国籍（Nationality）：_____

考试时间（Examination Date）：_____ 年（Year）_____ 月（Month）_____ 日（Day）

编号（No.）：_____

	满分（Full Score）	你的分数（Your Score）
听力（Listening）	100	
阅读（Reading）	100	
总分（Total Score）	200	

总分120分为合格（Passing Score：120）

主任
Director _____ 国家汉办
Hanban
HANBAN

中国 · 北京
Beijing · China

新 汉 语 水 平 考 试
HSK （二级）答题卡

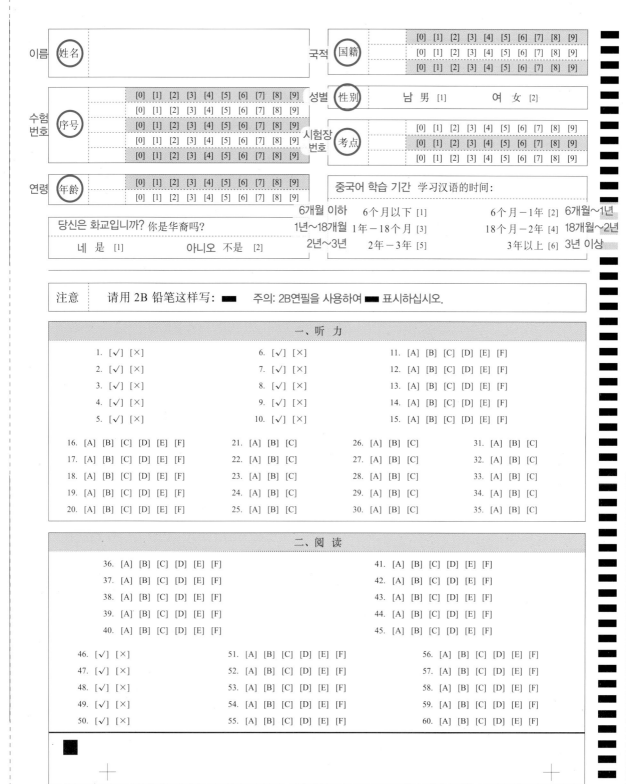

이름 姓名

국적 国籍   [0] [1] [2] [3] [4] [5] [6] [7] [8] [9]
[0] [1] [2] [3] [4] [5] [6] [7] [8] [9]
[0] [1] [2] [3] [4] [5] [6] [7] [8] [9]

수험 번호 序号
[0] [1] [2] [3] [4] [5] [6] [7] [8] [9]
[0] [1] [2] [3] [4] [5] [6] [7] [8] [9]
[0] [1] [2] [3] [4] [5] [6] [7] [8] [9]
[0] [1] [2] [3] [4] [5] [6] [7] [8] [9]
[0] [1] [2] [3] [4] [5] [6] [7] [8] [9]

성별 性别   남 男 [1]   여 女 [2]

시험장 번호 考点
[0] [1] [2] [3] [4] [5] [6] [7] [8] [9]
[0] [1] [2] [3] [4] [5] [6] [7] [8] [9]
[0] [1] [2] [3] [4] [5] [6] [7] [8] [9]

연령 年龄   [0] [1] [2] [3] [4] [5] [6] [7] [8] [9]
[0] [1] [2] [3] [4] [5] [6] [7] [8] [9]

중국어 학습 기간 学习汉语的时间：

당신은 화교입니까? 你是华裔吗?
네 是 [1]   아니오 不是 [2]

6개월 이하 6个月以下 [1]   6个月－1年 [2] 6개월~1년
1년~18개월 1年－18个月 [3]   18个月－2年 [4] 18개월~2년
2년~3년 2年－3年 [5]   3年以上 [6] 3년 이상

注意 | 请用 2B 铅笔这样写： ■   주의: 2B연필을 사용하여 ■ 표시하십시오.

一、听 力

1. [✓] [×]   6. [✓] [×]   11. [A] [B] [C] [D] [E] [F]
2. [✓] [×]   7. [✓] [×]   12. [A] [B] [C] [D] [E] [F]
3. [✓] [×]   8. [✓] [×]   13. [A] [B] [C] [D] [E] [F]
4. [✓] [×]   9. [✓] [×]   14. [A] [B] [C] [D] [E] [F]
5. [✓] [×]   10. [✓] [×]   15. [A] [B] [C] [D] [E] [F]

16. [A] [B] [C] [D] [E] [F]   21. [A] [B] [C]   26. [A] [B] [C]   31. [A] [B] [C]
17. [A] [B] [C] [D] [E] [F]   22. [A] [B] [C]   27. [A] [B] [C]   32. [A] [B] [C]
18. [A] [B] [C] [D] [E] [F]   23. [A] [B] [C]   28. [A] [B] [C]   33. [A] [B] [C]
19. [A] [B] [C] [D] [E] [F]   24. [A] [B] [C]   29. [A] [B] [C]   34. [A] [B] [C]
20. [A] [B] [C] [D] [E] [F]   25. [A] [B] [C]   30. [A] [B] [C]   35. [A] [B] [C]

二、阅 读

36. [A] [B] [C] [D] [E] [F]   41. [A] [B] [C] [D] [E] [F]
37. [A] [B] [C] [D] [E] [F]   42. [A] [B] [C] [D] [E] [F]
38. [A] [B] [C] [D] [E] [F]   43. [A] [B] [C] [D] [E] [F]
39. [A] [B] [C] [D] [E] [F]   44. [A] [B] [C] [D] [E] [F]
40. [A] [B] [C] [D] [E] [F]   45. [A] [B] [C] [D] [E] [F]

46. [✓] [×]   51. [A] [B] [C] [D] [E] [F]   56. [A] [B] [C] [D] [E] [F]
47. [✓] [×]   52. [A] [B] [C] [D] [E] [F]   57. [A] [B] [C] [D] [E] [F]
48. [✓] [×]   53. [A] [B] [C] [D] [E] [F]   58. [A] [B] [C] [D] [E] [F]
49. [✓] [×]   54. [A] [B] [C] [D] [E] [F]   59. [A] [B] [C] [D] [E] [F]
50. [✓] [×]   55. [A] [B] [C] [D] [E] [F]   60. [A] [B] [C] [D] [E] [F]

新HSK 2급

정답 및 녹음 스크립트

정답

듣기 听力

제1부분

01   1. ×   2. √

실전 연습 1

| 1. √ | 2. × | 3. × | 4. √ | 5. × |
| 6. × | 7. √ | 8. × | 9. √ | 10. √ |

실전 연습 2

| 1. √ | 2. √ | 3. × | 4. √ | 5. × |
| 6. √ | 7. × | 8. √ | 9. √ | 10 × |

제2부분

실전 연습 1

| 11. B | 12. D | 13. E | 14. A | 15. C |
| 16. D | 17. E | 18. C | 19. A | 20. B |

실전 연습 2

| 11. B | 12. D | 13. E | 14. A | 15. C |
| 16. C | 17. B | 18. E | 19. A | 20. D |

제3·4부분

실전 연습 1

21. A	22. B	23. C	24. B	25. A
26. C	27. B	28. C	29. B	30. A
31. A	32. A	33. B	34. A	35. B

실전 연습 2

21. B	22. B	23. A	24. C	25. A
26. B	27. A	28. C	29. B	30. B
31. B	32. B	33. A	34. C	35. A

실전 테스트

| 1. × | 2 × | 3. √ | 4. √ | 5. × |
| 6. √ | 7. √ | 8. × | 9. × | 10. × |

| 11. C | 12. F | 13. B | 14. A | 15. E |
| 16. C | 17. E | 18. A | 19. D | 20. B |

| 21. C | 22. B | 23. B | 24. A | 25. B |
| 26. C | 27. C | 28. A | 29. C | 30. A |

| 31. C | 32. A | 33. B | 34. B | 35. B |

독해 阅读

제1부분

실전 연습 1

| 36. C | 37. D | 38. A | 39. E | 40. B |

실전 연습 2

| 36. A | 37. D | 38. C | 39. E | 40. B |

제2부분

실전 연습 1

| 41. D | 42. A | 43. C | 44. E | 45. B |

실전 연습 2

| 41. C | 42. A | 43. B | 44. D | 45. E |

제3부분

01 1. ×

실전 연습 1

| 46. × | 47. × | 48. √ | 49. √ | 50. √ |

실전 연습 2

| 46. × | 47. √ | 48. × | 49. × | 50. × |

제4부분

실전 연습 1

| 51. D | 52. A | 53. E | 54. B | 55. C |
| 56. C | 57. B | 58. D | 59. E | 60. A |

실전 연습 2

| 51. B | 52. A | 53. E | 54. D | 55. C |
| 56. E | 57. B | 58. C | 59. D | 60. A |

실전 테스트

36. A	37. D	38. C	39. E	40. B
41. C	42. D	43. B	44. F	45. E
46. ×	47. ×	48. √	49. √	50. ×
51. C	52. E	53. A	54. D	55. B
56. A	57. E	58. B	59. D	60. C

제1부분

01
1. 她每天晚上都要看电视。
2. 我来介绍一下，这是李小姐。

실전 연습 1
1. 我们今天有考试。
2. 她还没起床呢。
3. 上午我喝了一杯牛奶。
4. 今天下雪了。
5. 我女儿生病了。
6. 昨天我买了一个西瓜。
7. 已经10点了，她还在玩电脑。
8. 我想送妈妈一个漂亮的杯子。
9. 我有一个姐姐。
10. 今天是我朋友的生日。

실전 연습 2
1. 服务员很漂亮。
2. 她在跑步呢。
3. 我要一杯咖啡。
4. 他喜欢打篮球。
5. 我坐公共汽车去上学。
6. 昨天晚上的电影很好看。
7. 今天天气很好。
8. 这是我的新手表。
9. 她们是我的学生。
10. 她正在看书呢。

제2부분

실전 연습 1
11. 女：你的书看完了吗?
    男：还没有。
12. 男：你每天几点睡觉?
    女：晚上十点。
13. 女：你生病了吗?
    男：是的，我现在要去医院。
14. 男：你今天上班吗?
    女：不，今天我休息。
15. 女：你儿子今年多大了?
    男：他快两岁了。

16. 女：昨天的电影怎么样?
    男：很不错，我喜欢。
17. 男：你身体不好，要多休息。
    女：好的，谢谢。
18. 女：你想喝什么?
    男：茶，谢谢！
19. 男：这本书很有意思，送给你。
    女：谢谢。
20. 女：你们坐火车去北京吗?
    男：不，我们想坐飞机去。

실전 연습 2
11. 女：你们家有几个孩子?
    男：两个，妹妹和我。
12. 男：今天天气怎么样?
    女：今天天气很好。
13. 女：我们去吃东西吧!
    男：好的，去吃中国菜吧!
14. 男：你妈妈怎么样?
    女：我妈妈病了，在医院。
15. 女：这家商店的东西很贵。
    男：我们别去了。

16. 女：你女儿去哪儿了?
    男：去跑步了。
17. 男：你看见我的手表了吗?
    女：在桌子上。
18. 女：今天比昨天冷。
    男：是啊，今天下雪了。
19. 男：你每天几点起床?
    女：八点。
20. 女：你昨天为什么没来?
    男：因为我女儿生病了。

실전 연습 1

第三部分

21. 男：你去干什么？
　　女：我去买药，我弟弟病了。
　　问：女的的弟弟怎么了？

22. 女：报纸上说明天会下雨。
　　男：明天我们在家看电视吧。
　　问：女的在干什么？

23. 男：走路太慢了，我们坐出租车吧。
　　女：好的。电影快开始了。
　　问：他们要去做什么？

24. 女：快七点了，起床吧。我要去上班了。
　　男：我还想睡。
　　问：女的让男的做什么？

25. 男：你为什么没买那件衣服？
　　女：我觉得太贵了。
　　问：女的觉得衣服怎么样

26. 女：昨天的电影太没意思了。
　　男：是啊，我也是这么想的。
　　问：昨天他们干什么了？

27. 男：你丈夫怎么没一起来？
　　女：他今天上班。
　　问：女的的丈夫为什么没来？

28. 女：你家离学校远吗？
　　男：不远，我每天走路上学。
　　问：男的每天怎么去学校？

29. 男：你孩子几岁了？
　　女：我女儿两岁了，儿子已经十岁了。
　　问：女的有几个孩子？

30. 女：这个问题很难，你会吗？
　　男：我会，我帮你。
　　问：他们可能在干什么？

第四部分

31. 男：你晚上准备做什么菜？
　　女：鱼和羊肉。
　　男：家里还有水果吗？
　　女：还有一个西瓜。
　　问：他们晚上在哪儿吃饭？

32. 女：今天下雨了。
　　男：是啊，今天比昨天冷。
　　女：多穿件衣服。
　　男：知道了。
　　问：今天天气怎么样？

33. 男：这是我新买的衣服。
　　女：很漂亮，多少钱买的？
　　男：400块钱，怎么样？
　　女：有点儿贵。
　　问：女的觉得这件衣服怎么样？

34. 女：老师，我们明天上新课吗？
　　男：不是，明天考试。
　　女：那什么时候上新课？
　　男：下个星期一。
　　问：明天要干什么？

35. 男：下雨了。
　　女：所以你没有去踢足球。
　　男：是啊，我们做什么呢？
　　女：一起看书吧。
　　问：男的为什么没有去踢足球？

실전 연습 2

第三部分

21. 男：快起床吧，已经七点半了。
　　女：没关系，离上课还有半个小时呢。
　　问：什么时候上课？

22. 女：今天是你的生日吗？
　　男：不是，我的生日是明天，六月四日。
　　问：今天是几月几日？

23. 男：你好，请问这件衣服有红色的吗？
　　女：有，您等一下。
　　问：他们在哪儿？

24. 女：明天要考试了，我们一起学习吧。
　　男：好的。
　　问：他们明天要干什么？

25. 男：这里的咖啡很好喝。
　　女：我不喜欢，我要一杯牛奶。
　　问：女的喜欢什么？

26. 女：你们家有几个孩子？
　　男：我有两个妹妹，一个姐姐。

问：男的家里有几个孩子。

27.男：请问火车站在哪儿？
    女：在医院的后面。
    问：医院在火车站的什么方向。

28.女：火车太慢了。我们坐飞机去吧。
    男：但是火车便宜。
    问：男的想怎么去？

29.男：苹果三块钱一斤，你要几斤？
    女：我要两斤。
    问：女的要买几斤苹果？

30.女：我学了一个月汉语，你呢？
    男：我已经学了一年了。
    问：男的学汉语多久了？

第四部分

31.男：这只手表怎么样？
    女：很漂亮，但是我不喜欢这颜色。
    男：你喜欢什么颜色的？
    女：白色的。
    问：女的不喜欢什么？

32.女：请问火车站在哪儿？
    男：在前面那家商店的后面。
    女：走路要几分钟呢？
    男：五分钟。
    问：火车站在商店的什么方向？

33.男：快起床吧，已经七点半了。
    女：没关系，骑车去学校只要五分钟。
    男：但是自行车坏了。
    女：走路去也只要二十分钟。
    问：现在几点了？

34.女：这件衣服怎么卖？
    男：100块。
    女：太贵了，能便宜一点儿吗？
    男：那么，80块。
    问：女的觉得衣服怎么样？

35.男：我想学习汉语。
    女：我学过一个月，很有意思。
    男：真的吗？我们一起去买汉语书吧。
    女：好的。
    问：女的学汉语多久了？

HSK二级听力考试分四部分，共35题。

请大家注意，听力考试现在开始。

第一部分：一共10个题，每题听两次。
        例如：她在喝牛奶。
              我每天坐公共汽车上班。

现在开始第1题：
1. 昨天我坐出租车上班了。
2. 他有一部新手机。
3. 爸爸去买药了。
4. 我们坐飞机去。
5. 妈妈昨天买了一些牛奶。
6. 桌子上有一杯茶。
7. 他每天晚上都要看电视。
8. 我正在洗衣服。
9. 我给女儿穿衣服。
10.他正在睡觉呢。

第二部分：一共10个题，每题听两次。
        例如：女：你喜欢什么运动？
              男：我最喜欢踢足球。

现在开始第11到15题：
11.女：现在几点了？
    男：已经12点了。
12.男：他们去哪儿了？
    女：他们一起去火车站了。
13.女：明天天气怎么样？
    男：明天可能会下雨。
14.男：你们学校有多少学生？
    女：10,000人。
15.女：你女儿怎么了？
    男：她病了。

现在开始第16到20题：
16.男：你在干什么？
    女：我在洗衣服。

17. 女：对不起，我今天不能去医院看你了。
　　男：没关系。
18. 男：你跳舞跳得很好。
　　女：谢谢！
19. 女：你妻子在哪儿？
　　男：她在家休息呢。
20. 男：服务员，我要一杯咖啡。
　　女：好的。

第三部分：一共10个题，每题听两次。
　　　　　例如：男：晚上我们要去看电影。
　　　　　　　　　你去吗？
　　　　　　　　女：我不去，明天要考试。
　　　　　　　　问：女的是什么意思？

现在开始第21题：
21. 女：你昨天的考试怎么样？
　　男：不太好。
　　问：男的昨天干什么了？
22. 男：你的汉字写得很漂亮。
　　女：谢谢！
　　问：他们可能在干什么？
23. 女：我想买一块新手表。
　　男：我也想买，一起去吧。
　　问：男的想买什么？
24. 男：这个问题哪个同学会回答？
　　女：老师，我会。
　　问：他们在干什么？
25. 女：你女儿跳舞跳得很好。
　　男：谢谢！
　　问：男的的女儿会什么？
26. 男：桌子上的书是你的吗？
　　女：不是，是我朋友的。
　　问：桌子上有什么？
27. 女：我的猫病了。
　　男：快带它去医院吧。
　　问：谁病了？
28. 男：这个问题我不懂。
　　女：明天问问老师吧。
　　问：他们可能在做什么？
29. 女：我们一起做运动吧。
　　男：好啊，一起去游泳吧。

　　问：他们要一起做什么？
30. 男：请问想喝点什么？
　　女：一杯茶，谢谢。
　　问：男的可能是做什么的？

第四部分：一共5个题，每题听两次。
　　　　　例如：男：苹果怎么卖？
　　　　　　　　女：三块五一斤。
　　　　　　　　男：我买三斤，能便宜一点儿吗？
　　　　　　　　女：三块钱一斤吧。
　　　　　　　　问：女的卖给男的苹果多少钱一斤？

现在开始第31题：
31. 男：你看见小王了吗？
　　女：找他有事吗？
　　男：我有个问题想问问他。
　　女：他在教室呢。
　　问：男的为什么找小王？
32. 女：你儿子不在家吗？
　　男：他出去运动了。
　　女：他喜欢什么运动？
　　男：打篮球。
　　问：男的的儿子去干什么了？
33. 男：请在这儿写您的手机号码。
　　女：是这儿吗？
　　男：不是，是这儿。
　　女：好的，谢谢！
　　问：女的要写什么？
34. 女：晚上一起吃饭吧。
　　男：今天不行，今天我和朋友去看电影。
　　女：明天晚上可以吗？
　　男：好的。
　　问：男的今天晚上和朋友一起做什么？
35. 男：苹果多少钱一斤？
　　女：四块钱一斤。
　　男：我要两斤。
　　女：好的，给你。
　　问：男的要给女的多少钱？

听力考试现在结束。

BCDF 🎧 X2-01

B

1	吧	ba	튄 문장 끝에 쓰여, 추측 · 제안 · 기대 · 명령 등의 어기를 나타냄
2	白	bái	톙 하얗다, 밝다
3	百	bǎi	쉬 백, 100
4	帮助	bāngzhù	됭 돕다, 도와주다
5	报纸	bàozhǐ	몡 신문
6	比	bǐ	캐 ~에 비해, ~보다
7	别	bié	튄 ~하지 마라
8	宾馆	bīnguǎn	몡 호텔

C

9	长	cháng	톙 (길이 · 시간 등이) 길다
10	唱歌	chànggē	됭 노래 부르다
11	出	chū	됭 나가다, 나오다
12	穿	chuān	됭 (옷 · 신발 · 양말 등을) 입다, 신다
13	次	cì	양 차례, 번, 회
14	从	cóng	캐 ~부터, ~을 기점으로
15	错	cuò	톙 틀리다

D

16	打篮球	dǎ lánqiú	농구를 하다
17	大家	dàjiā	대 모두, 다들
18	到	dào	됭 도착하다, 도달하다
19	得	de	죄 동시니 형용시 뒤에 쓰여 결과나 정도를 나타내는 보어와 연결시킴
20	等	děng	됭 기다리다
21	弟弟	dìdi	몡 남동생
22	第一	dì-yī	쉬 제1, 첫 번째
23	懂	dǒng	됭 알다, 이해하다
24	对	duì	톙 맞다, 옳다 캐 ~에게, ~에 대하여

F

25	房间	fángjiān	몡 방
26	非常	fēicháng	튄 대단히, 매우
27	服务员	fúwùyuán	몡 종업원

GHJK 🎧 X2-02

G

28	高	gāo	톙 높다, (키가) 크다
29	告诉	gàosu	됭 말하다, 알리다
30	哥哥	gēge	몡 형, 오빠
31	给	gěi	됭 ~에게 ~을(를) 주다
32	公共汽车	gōnggòng qìchē	몡 버스
33	公司	gōngsī	몡 회사
34	贵	guì	톙 (가격이나 가치가) 높다, 비싸다
35	过	guo	죄 동사 뒤에 쓰여 경험을 나타냄

H

36	还	hái	튄 여전히, 아직도
37	孩子	háizi	몡 어린아이, 자녀
38	好吃	hǎochī	톙 맛있다
39	黑	hēi	톙 어둡다, 까밀다
40	红	hóng	톙 붉다, 빨갛다
41	火车站	huǒchēzhàn	몡 기차역

J

42	机场	jīchǎng	몡 공항
43	鸡蛋	jīdàn	몡 달걀
44	件	jiàn	양 건, 개, 벌(물건 · 셔츠 · 사건 등을 세는 단위)
45	教室	jiàoshì	몡 교실
46	姐姐	jiějie	몡 누나, 언니
47	介绍	jièshào	됭 소개하다

48	进	jìn	통 (밖에서 안으로) 들다, 나아가다
49	近	jìn	형 가깝다
50	就	jiù	부 곧, 바로
51	觉得	juéde	통 ~라고 생각하다

K

52	咖啡	kāfēi	명 커피
53	开始	kāishǐ	통 시작되다, 개시하다
54	考试	kǎoshì	통 시험을 치다
55	可能	kěnéng	조동 ~일지도 모른다
56	可以	kěyǐ	조동 ~할 수 있다
57	课	kè	명 수업, 강의
58	快	kuài	형 빠르다
59	快乐	kuàilè	형 즐겁다, 행복하다

L M N P 🎧 X2-03

L

60	累	lèi	형 지치다, 피곤하다
61	离	lí	개 ~로 부터, ~에서
62	两	liǎng	수 둘, 2
63	零	líng	수 영, 0
64	路	lù	명 길, 도로
65	旅游	lǚyóu	통 여행하다, 관광하다

M

66	卖	mài	통 팔다, 판매하다
67	慢	màn	형 느리다
68	忙	máng	형 바쁘다
69	每	měi	대 매, 각, ~마다
70	妹妹	mèimei	명 여동생
71	门	mén	명 문, (출)입구
72	面条儿	miàntiáor	명 국수, 면

N

| 73 | 男 | nán | 형 남자의, 남성의 |
| 74 | 您 | nín | 대 당신('你'의 존칭) |

| 75 | 牛奶 | niúnǎi | 명 우유 |
| 76 | 女 | nǚ | 형 여성의, 여자의 |

P

77	旁边	pángbiān	명 옆, 근처
78	跑步	pǎobù	통 달리다
79	便宜	piányi	형 (값이) 싸다
80	票	piào	명 표, 티켓

Q R S T 🎧 X2-04

Q

81	妻子	qīzi	명 아내
82	起床	qǐchuáng	통 (잠자리에서) 일어나다
83	千	qiān	수 천, 1000
84	铅笔	qiānbǐ	명 연필
85	晴	qíng	형 하늘이 맑다
86	去年	qùnián	명 작년

R

| 87 | 让 | ràng | 통 ~하게 하다, 양보하다 |
| 88 | 日 | rì | 양 일(날짜의 단위) |

S

89	上班	shàngbān	통 출근하다
90	身体	shēntǐ	명 몸, 신체, 건강
91	生病	shēngbìng	통 병이 나다, 병에 걸리다
92	生日	shēngrì	명 생일
93	时间	shíjiān	명 시간
94	事情	shìqing	명 일, 사건
95	手表	shǒubiǎo	명 손목시계
96	手机	shǒujī	명 휴대전화
97	说话	shuōhuà	통 말하다, 이야기하다
98	送	sòng	통 보내다, 배웅하다, 주다, 선물하다
99	虽然…但是…	suīrán…dànshì…	접 비록 ~하지만 ~하다

T

100	它	tā	대 그, 그것(사람 이외의 것을 가리킴)
101	踢足球	tī zúqiú	축구를 하다
102	题	tí	명 문제
103	跳舞	tiàowǔ	동 춤을 추다

Ⓦ Ⓧ Ⓨ Ⓩ 🎧 X2-05

W

104	外	wài	명 겉, 바깥
105	完	wán	동 마치다, 끝나다
106	玩	wán	동 놀다
107	晚上	wǎnshang	명 저녁
108	往	wǎng	개 ~쪽으로, ~을 향해
109	为什么	wèishénme	왜, 어째서
110	问	wèn	동 묻다, 질문하다
111	问题	wèntí	명 문제

X

112	西瓜	xīguā	명 수박
113	希望	xīwàng	동 희망하다, 바라다
114	洗	xǐ	동 빨다, 씻다
115	小时	xiǎoshí	명 시간
116	笑	xiào	동 웃다
117	新	xīn	형 새롭다
118	姓	xìng	동 성이 ~이다
119	休息	xiūxi	동 휴식하다, 쉬다
120	雪	xuě	명 눈(날씨)

Y

121	颜色	yánsè	명 색, 색깔
122	眼睛	yǎnjing	명 눈(신체 부위)
123	羊肉	yángròu	명 양고기
124	药	yào	명 약, 약물
125	要	yào	조동 ~할 것이다, ~하려 한다
126	也	yě	부 ~도, 역시
127	一起	yìqǐ	부 같이, 함께
128	一下	yíxià	수량 한 번 ~해보다, 좀 ~하다
129	已经	yǐjing	부 이미, 벌써
130	意思	yìsi	명 의미, 뜻
131	因为…所以…	yīnwèi…suǒyǐ…	접 ~하기 때문에, 그래서 ~하다
132	阴	yīn	형 흐리다
133	游泳	yóuyǒng	동 수영하다
134	右边	yòubian	명 오른쪽, 우측
135	鱼	yú	명 물고기
136	远	yuǎn	형 (공간적·시간적으로) 멀다
137	运动	yùndòng	동 운동하다 명 운동

Z

138	再	zài	부 다시, 또
139	早上	zǎoshang	명 아침
140	丈夫	zhàngfu	명 남편
141	找	zhǎo	동 찾다, 구하다
142	着	zhe	조 동사 뒤에 쓰여 진행을 나타냄
143	真	zhēn	부 참으로, 진실로
144	正在	zhèngzài	부 지금 ~하고 있는 중이다
145	只	zhī	양 마리, 쪽, 짝(짐승을 세거나 쌍으로 이루어진 것 중 하나를 세는 단위)
146	知道	zhīdào	동 알다, 이해하다
147	准备	zhǔnbèi	동 준비하다
148	走	zǒu	동 걷다
149	最	zuì	부 가장, 제일
150	左边	zuǒbian	명 왼쪽, 좌측

1급 단어 색인

Ⓐ Ⓑ Ⓒ Ⓓ Ⓔ 🎧 X1-01

A

1	爱	ài	통 사랑하다, 좋아하다

B

2	八	bā	수 여덟, 8
3	爸爸	bàba	명 아빠, 아버지
4	杯子	bēizi	명 컵, 잔
5	北京	Běijīng	명 베이징(중국의 수도)
6	本	běn	양 권(책을 세는 단위)
7	不	bù	부 동사·형용사·부사 앞에서 부정을 나타냄
8	不客气	bú kèqi	천만에요, 별말씀을요

C

9	菜	cài	명 요리, 음식
10	茶	chá	명 차, 차로 만든 음료
11	吃	chī	통 먹다
12	出租车	chūzūchē	명 택시

D

13	打电话	dǎ diànhuà	전화를 걸다
14	大	dà	형 크다, 넓다
15	的	de	조 ~한, ~의(관형어 뒤에 사용됨)
16	点	diǎn	양 시(시간의 단위)
17	电脑	diànnǎo	명 컴퓨터
18	电视	diànshì	명 텔레비전
19	电影	diànyǐng	명 영화
20	东西	dōngxi	명 물건
21	都	dōu	부 모두, 전부
22	读	dú	통 읽다, 낭독하다
23	对不起	duìbuqǐ	통 미안합니다, 죄송합니다
24	多	duō	형 많다 부 얼마나
25	多少	duōshao	대 얼마, 몇

E

26	儿子	érzi	명 아들
27	二	èr	수 둘, 2

Ⓕ Ⓖ Ⓗ Ⓙ Ⓚ 🎧 X1-02

F

28	饭店	fàndiàn	명 호텔, 식당
29	飞机	fēijī	명 비행기
30	分钟	fēnzhōng	양 분(시간의 양을 세는 단위)

G

31	高兴	gāoxìng	형 기쁘다, 즐겁다
32	个	gè	양 개, 명(개개의 사람이나 물건을 세는 단위)
33	工作	gōngzuò	통 일하다 명 직업, 일자리
34	狗	gǒu	명 강아지(동물)

H

35	汉语	Hànyǔ	명 중국어
36	好	hǎo	형 좋다
37	号	hào	양 번(차례, 순서를 나타내는 단위)
38	喝	hē	통 마시다
39	和	hé	접 ~과(와) 개 ~과(와)
40	很	hěn	부 매우, 대단히
41	后面	hòumiàn	명 뒤, 뒤쪽
42	回	huí	통 돌아오다, 되돌아가다
43	会	huì	조동 (배워서) ~할 수 있다, ~할 것이다

J

44	几	jǐ	대 몇 수 몇

45	家	jiā	명 집, 가정
			양 집·상점 등을 세는 단위
46	叫	jiào	동 외치다, 부르다, ~하게 하다
47	今天	jīntiān	명 오늘
48	九	jiǔ	수 아홉, 9

K

49	开	kāi	동 열다, 켜다
50	看	kàn	동 보다
51	看见	kànjiàn	동 보다, 보이다
52	块	kuài	양 덩이, 조각(덩어리로 된 물건을 세는 단위)

Ⓛ Ⓜ Ⓝ Ⓟ 🎧 X1-03

L

53	来	lái	동 오다
54	老师	lǎoshī	명 선생님
55	了	le	조 동사 또는 형용사 뒤에 쓰여 동작의 완료나 새로운 상황의 출현을 나타냄
56	冷	lěng	형 춥다, 차다
57	里	li	명 가운데, 안쪽
58	六	liù	수 여섯, 6

M

59	妈妈	māma	명 엄마, 어머니
60	吗	ma	조 문장 끝에 쓰여 의문의 어기를 나타냄
61	买	mǎi	동 사다, 구매하다
62	猫	māo	명 고양이
63	没关系	méi guānxi	괜찮다, 문제 없다
64	没有	méiyǒu	부 ~않다
65	米饭	mǐfàn	명 쌀밥
66	名字	míngzi	명 이름

| 67 | 明天 | míngtiān | 명 내일 |

N

68	哪	nǎ	대 어느
69	哪儿	nǎr	대 어디, 어느 곳
70	那	nà	대 그(것), 저(것)
71	呢	ne	조 동작·상황의 지속 혹은 강조의 어기를 나타냄
72	能	néng	조동 ~할 수 있다 ~할 줄 안다
73	你	nǐ	대 너, 당신
74	年	nián	명 년 양 년, 해
75	女儿	nǚ'ér	명 딸

P

76	朋友	péngyou	명 친구
77	漂亮	piàoliang	형 예쁘다, 아름답다
78	苹果	píngguǒ	명 사과

Ⓠ Ⓡ Ⓢ Ⓣ 🎧 X1-04

Q

79	七	qī	수 일곱, 7
80	前面	qiánmiàn	명 앞쪽, 전면
81	钱	qián	명 화폐, 돈
82	请	qǐng	동 청하다, 부탁하다
83	去	qù	동 가다

R

84	热	rè	형 덥다, 뜨겁다
85	人	rén	명 사람, 인간
86	认识	rènshi	동 알다, 인식하다

S

87	三	sān	囝 셋, 3
88	商店	shāngdiàn	圀 상점
89	上	shàng	圀 위
90	上午	shàngwǔ	圀 오전
91	少	shǎo	혱 적다
92	谁	shéi	뭬 누구
93	什么	shénme	뭬 무슨, 무엇
94	十	shí	囝 10, 열
95	时候	shíhou	圀 때, 무렵
96	是	shì	图 ~이다
97	书	shū	圀 책
98	水	shuǐ	圀 물
99	水果	shuǐguǒ	圀 과일
100	睡觉	shuìjiào	图 잠을 자다
101	说	shuō	图 말하다
102	四	sì	囝 넷, 4
103	岁	suì	양 살, 세(나이를 세는 단위)

T

104	他	tā	뭬 그(남자), 그 사람
105	她	tā	뭬 그녀, 그 여자
106	太	tài	뮈 대단히, 너무
107	天气	tiānqì	圀 날씨, 일기
108	听	tīng	图 듣다
109	同学	tóngxué	圀 학우, 동창생

Ⓦ Ⓧ Ⓨ Ⓩ 🎧 X1-05

W

110	喂	wèi, wéi	간 이봐, 여보세요
111	我	wǒ	뭬 나, 저
112	我们	wǒmen	뭬 우리(들)
113	五	wǔ	囝 다섯, 5

X

114	喜欢	xǐhuan	图 좋아하다, 호감을 가지다
115	下	xià	圀 밑, 아래
116	下午	xiàwǔ	圀 오후
117	下雨	xiàyǔ	图 비가 내리다
118	先生	xiānsheng	圀 선생님, 씨(성인 남성에 대한 경칭)
119	现在	xiànzài	圀 지금, 현재
120	想	xiǎng	조图 ~하고 싶다, ~하려고 하다
121	小	xiǎo	혱 작다
122	小姐	xiǎojiě	圀 아가씨, 젊은 여자
123	些	xiē	양 조금, 약간, 몇
124	写	xiě	图 (글씨를) 쓰다
125	谢谢	xièxie	图 감사합니다, 고맙습니다
126	星期	xīngqī	圀 요일, 주
127	学生	xuésheng	圀 학생
128	学习	xuéxí	图 공부하다, 배우다
129	学校	xuéxiào	圀 학교

Y

130	一	yī	囝 하나, 1
131	一点儿	yìdiǎnr	수량 조금, 약간
132	衣服	yīfu	圀 옷, 의복
133	医生	yīshēng	圀 의사
134	医院	yīyuàn	圀 병원
135	椅子	yǐzi	圀 의자
136	有	yǒu	图 있다, 소유하다
137	月	yuè	圀 월, 달

Z

138	再见	zàijiàn	图 또 뵙겠습니다, 안녕히 계세요
139	在	zài	图 ~에 있다, 존재하다 게 ~에(서)
140	怎么	zěnme	뭬 어떻게, 어째서
141	怎么样	zěnmeyàng	뭬 어떠하다

142	这	zhè	데 이, 이것
143	中国	Zhōngguó	몡 중국
144	中午	zhōngwǔ	몡 정오
145	住	zhù	동 살다, 거주하다
146	桌子	zhuōzi	몡 탁자, 책상
147	字	zì	몡 문자, 글자
148	昨天	zuótiān	몡 어제
149	坐	zuò	몡 앉다, (교통 수단을) 타다
150	做	zuò	동 하다, 만들다

新HSK

실전 모의고사

2급

동양북스

일단 합격
하고 오겠습니다

정반합 新HSK

2급

실전 모의고사

동양북스

실전 모의고사 1·2·3회

주의사항

★ 新HSK 2급 총 시험 시간은 약 55분(개인정보 작성 시간 5분 포함)
   *각 영역별 중간 휴식 시간 없음

★ 듣기 영역에 대한 답안카드 작성은 듣기 영역 시험 종료 후,
   정해진 시간(3분) 안에 작성

★ 독해 영역에 대한 답안카드 작성은 독해 시험 시간 안에 작성
   (별도의 작성 시간 없음)

新汉语水平考试
HSK(二级)

全真模拟题 1

注　意

一、 HSK(二级)分两部分：

    1. 听力(35题，约25分钟)

    2. 阅读(25题，22分钟)

二、 听力结束后，有3分钟填写答题卡。

三、 全部考试约55分钟(含考生填写个人信息时间5分钟)。

中国　北京　　　　　　　　　　　　×××× / ××××××　　　编制

一、听 力

第 一 部 分

第1-10题

例如：		✔
		✘
1.		
2.		
3.		
4.		

5.		
6.		
7.		
8.		
9.		
10.		

第 二 部 分

第 11 – 15 题

A

B

C

D

E

F

例如：女：你 喜欢 什么 运动？
Nǐ xǐhuan shénme yùndòng?

男：我 最 喜欢 踢 足球。
Wǒ zuì xǐhuan tī zúqiú.

D

11.

12.

13.

14.

15.

第 16 - 20 题

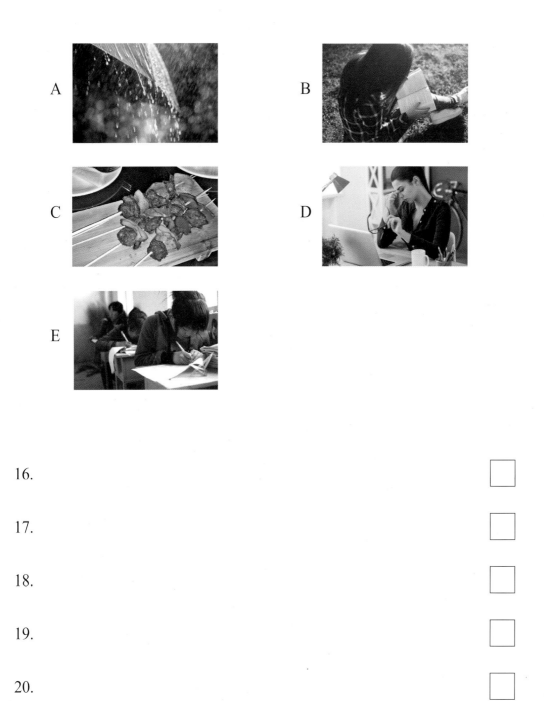

A

B

C

D

E

16. ☐

17. ☐

18. ☐

19. ☐

20. ☐

第 三 部 分

第21-30题

例如：　男：Wǎnshang wǒmen yào qù kàn diànyǐng. Nǐ qù ma?
晚上 我们 要 去 看 电影。你 去 吗？

女：Wǒ bú qù, míngtiān yào kǎoshì.
我 不 去，明天 要 考试。

问：Nǚ de shì shénme yìsi?
女 的 是 什么 意思？

A tā yě qù 她 也 去 　　　B tā bú qù 她 不 去 ✓ 　　　C tā qùguo le 她 去过 了

21. A xīngqīwǔ 星期五 　　　B xīngqīliù 星期六 　　　C xīngqītiān 星期天

22. A shuìjiào 睡觉 　　　B xuéxí 学习 　　　C kàn diànshì 看 电视

23. A yùndòng 运动 　　　B lǚyóu 旅游 　　　C shàngbān 上班

24. A kǎoshì 考试 　　　B xuéxí 学习 　　　C kàn bàozhǐ 看 报纸

25. A shǒubiǎo 手表 　　　B shū 书 　　　C yīfu 衣服

26. A tiàowǔ 跳舞 　　　B chànggē 唱歌 　　　C xuéxí 学习

27. A jīchǎng 机场 　　　B huǒchēzhàn 火车站 　　　C yīyuàn 医院

28. A kàn shū 看 书 　　　B kàn bàozhǐ 看 报纸 　　　C xiě zì 写 字

29. A hóngsè 红色 　　　B báisè 白色 　　　C hēisè 黑色

30. A yì nián 一 年 　　　B liǎng nián 两 年 　　　C sān nián 三 年

第 四 部 分

第31-35题

例如：
男：
Píngguǒ zěnme mài?
苹果　怎么　卖？

女：
Sān kuài wǔ　yì　jīn.
三　块　五　一　斤。

男：
Wǒ mǎi sān　jīn, néng piányi　yìdiǎnr　ma?
我 买　三 斤，能 便宜　一点儿　吗？

女：
Sān kuài qián yì　jīn　ba.
三　块　钱　一　斤 吧。

问：
Nǚ　de　mài gěi　nán de　píngguǒ duōshao qián yì　jīn?
女 的 卖 给 男 的 苹果　多少　钱 一 斤？

A
sān kuài
三　块　✓

B
sān kuài wǔ
三　块　五

C
sì　kuài
四　块

31. A
píngguǒ
苹果

B
júzi
橘子

C
xīguā
西瓜

32. A
pǎobù
跑步

B
xiūxi
休息

C
kànbìng
看病

33. A
mǎi piào
买 票

B
jì　xìn
寄 信

C
kàn diànyǐng
看 电影

34. A
xuéxí
学习

B
zhǔnbèi kǎoshì
准备　考试

C
kàn shū
看 书

35. A
xià xuě
下 雪

B
rè
热

C
xià yǔ
下 雨

二、阅 读

第 一 部 分

第 36 – 40 题

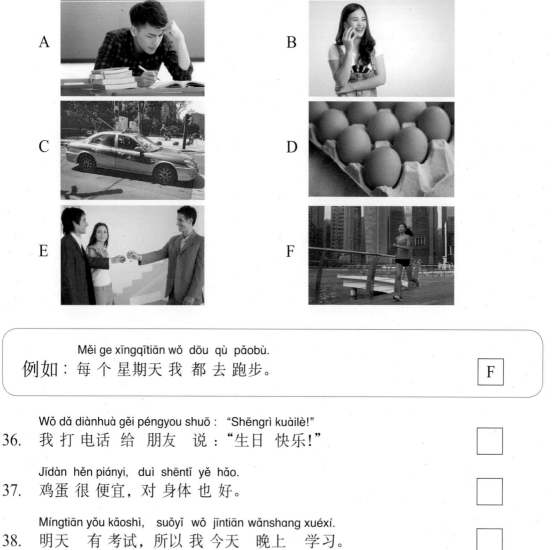

例如： Měi ge xīngqītiān wǒ dōu qù pǎobù.
每 个 星期天 我 都 去 跑步。 　　F

36. Wǒ dǎ diànhuà gěi péngyou shuō： "Shēngrì kuàilè!"
我 打 电话 给 朋友 说："生日 快乐!"

37. Jīdàn hěn piányi, duì shēntǐ yě hǎo.
鸡蛋 很 便宜，对 身体 也 好。

38. Míngtiān yǒu kǎoshì, suǒyǐ wǒ jīntiān wǎnshang xuéxí.
明天 有 考试，所以 我 今天 晚上 学习。

39. Wǒ lái jièshào, zhè shì wǒ de hǎo péngyou.
我 来 介绍，这 是 我 的 好 朋友。

40. Nǐ hǎo, wǒ xiǎng qù huǒchēzhàn.
你 好，我 想 去 火车站。

第二部分

第 41 - 45 题

---

pián yi	zhī dào	zhèng zài	fēi cháng	xī wàng	qǐ chuáng
A 便宜	B 知道	C 正在	D 非常	E 希望	F 起床

Zhèr   de cài hěn   dànshì bù hǎochī.
例如：这儿 的 菜 很 （ A ），但是 不 好吃。

Wǒ rènshi tā, yě   tā de míngzi.
41. 我 认识 他，也 （   ） 他 的 名字。

Wǒ měi tiān qī diǎn   qù shàngxué.
42. 我 每 天 七 点 （   ），去 上学。

Māma   wǒ shēntǐ hǎo.
43. 妈妈 （   ） 我 身体 好。

Bàba huí jiā de shíhou,   dìdi   kàn diànshì.
44. 爸爸 回 家 的 时候，弟弟 （   ） 看 电视。

Nǐ de yīfu   piàoliang.
45. 男：你 的 衣服 （   ） 漂亮。

Xièxie, shì xīn mǎi de.
女：谢谢，是 新 买 的。

第 三 部 分

第46-50题

例如：

Xiànzài shì liù diǎn shí fēn, lí diànyǐng kāishǐ hái yǒu shí fēnzhōng.
现在 是 六点 十分, 离 电影 开始 还 有 十 分钟。

Diànyǐng liù diǎn èrshí kāishǐ.
★ 电影 六点 二十 开始。 (✓)

Wǒ huì yóuyǒng, dànshì yóu de bù hǎo.
我 会 游泳, 但是 游 得 不 好。

Tā yóu de fēicháng hǎo.
★ 他 游 得 非常 好。 (✗)

Wǒ huì chànggē, dànshì wǔ tiào de bù hǎo.
46. 我 会 唱歌, 但是 舞 跳 得 不 好。

Tā bú huì tiàowǔ.
★ 她 不 会 跳舞。 ( )

Nǐ děngdeng, wǒ xiǎng jièshào péngyou gěi nǐ rènshi, tā shì lǎoshī.
47. 你 等等, 我 想 介绍 朋友 给 你 认识, 她 是 老师。

Tā de péngyou shì lǎoshī.
★ 他 的 朋友 是 老师。 ( )

Wǒ bù xǐhuan pǎobù, dànshì wǒ dìdi xǐhuan,
48. 我 不 喜欢 跑步, 但是 我 弟弟 喜欢,

tā měi tiān zǎoshang liù diǎn qǐchuáng qù pǎobù.
他 每 天 早上 六点 起床 去 跑步。

Dìdi yě bù xǐhuan pǎobù.
★ 弟弟 也 不 喜欢 跑步。 ( )

Jīntiān shì wǔ yuè shí hào, xīngqītiān. Míngtiān jiù shì māma de shēngrì le.
49. 今天 是 五 月 十 号，星期天。明天 就 是 妈妈 的 生日 了。

    Māma de shēngrì shì xīngqīyī.
★ 妈妈 的 生日 是 星期一。　　　　　　　　　　　（　　）

Zhè tái diànnǎo shì wǒ shēngrì shí bàba sòng de, wǒ hěn xǐhuan,
50. 这 台 电脑 是 我 生日 时 爸爸 送 的，我 很 喜欢，

mèimei yě hěn xǐhuan.
妹妹 也 很 喜欢。

    Diànnǎo shì mèimei mǎi de.
★ 电脑 是 妹妹 买 的。　　　　　　　　　　　　（　　）

第四部分

第 51–55 题

Tā shì lǎoshī, rén hěn hǎo.
A 她 是 老师，人 很 好。

Tā nǚ'ér bìng le, tā sòng tā qù yīyuàn.
B 他 女儿 病 了，他 送 她 去 医院。

Nǐ juéde nǎ jiàn yīfu hǎokàn?
C 你 觉得 哪 件 衣服 好看？

Wǒ hé péngyou yìqǐ qù de, hěn yǒu yìsi.
D 我 和 朋友 一起 去 的，很 有 意思。

Wǒ zuì xǐhuan chǎo jīdàn.
E 我 最 喜欢 炒 鸡蛋。

Tā zài jiā xiūxi.
F 他 在 家 休息。

Tā zài nǎr ne? Wǒ jīntiān méi kànjiàn tā.
例如： 他 在 哪儿 呢? 我 今天 没 看见 他。   [F]

Nǐ kànjiàn Xiǎo Zhāng le ma? Tā jīntiān méi lái shàngbān.
51. 你 看见 小 张 了 吗? 他 今天 没 来 上班。   [ ]

Tā qīzi hěn piàoliang, nǐ jiànguo ma?
52. 他 妻子 很 漂亮，你 见过 吗?   [ ]

Zhè jiā fàndiàn de Zhōngguó cài hěn hǎochī, jiàgé yě piányi.
53. 这 家 饭店 的 中国 菜 很 好吃，价格 也 便宜。   [ ]

Zuótiān de diànyǐng zěnmeyàng, yǒu yìsi ma?
54. 昨天 的 电影 怎么样，有 意思 吗?   [ ]

Nǐ dōu chuān yíxià, kànkan zài shuō.
55. 你 都 穿 一下，看看 再 说。   [ ]

第 56 - 60 题

A
Tā méiyǒu shíjiān hé wǒ yìqǐ qù lǚyóu.
她 没有 时间 和 我 一起 去 旅游。

B
Wǒ zǎoshang jiǔ diǎn qǐchuáng.
我 早上 九 点 起床。

C
Tài hǎo le, wǒ hěn xiǎng qù.
太 好 了, 我 很 想 去。

D
Tā shuō hěn piàoliang, hěn xǐhuan.
她 说 很 漂亮, 很 喜欢。

E
Hěn gāoxìng rènshi nǐ.
很 高兴 认识 你。

Jīntiān shì xīngqītiān, bú yòng shàngxué.
56. 今天 是 星期天, 不用 上学。 □

Wǒ lái jièshào yíxià, zhè shì wǒ de hǎo péngyou, zài yīyuàn gōngzuò.
57. 我 来 介绍 一下, 这 是 我 的 好 朋友, 在 医院 工作。 □

Jiějie yǐjing gōngzuò le, měi tiān dōu hěn máng.
58. 姐姐 已经 工作 了, 每 天 都 很 忙。 □

Wǒ yǒu míngtiān wǎnshang de diànyǐng piào, nǐ yǒu shíjiān ma?
59. 我 有 明天 晚上 的 电影 票, 你 有 时间 吗? □

Wǒ sòng gěi nǚ'ér yì zhī xīn shǒubiǎo, shì zuótiān mǎi de.
60. 我 送 给 女儿 一 只 新 手表, 是 昨天 买 的。 □

新汉语水平考试
HSK(二级)

全真模拟题 2

注　意

一、　HSK(二级)分两部分：

　　1. 听力(35题，约25分钟)

　　2. 阅读(25题，22分钟)

二、　听力结束后，有3分钟填写答题卡。

三、　全部考试约55分钟(含考生填写个人信息时间5分钟)。

一、听 力

第 一 部 分

第 1-10 题

例如:		✓
		✗
1.		
2.		
3.		
4.		

5.		
6.		
7.		
8.		
9.		
10.		

第 二 部 分

第 11 - 15 题

A

B

C

D

E

F

例如：女：你 喜欢 什么 运动？
Nǐ xǐhuan shénme yùndòng?

男：我 最 喜欢 踢 足球。
Wǒ zuì xǐhuan tī zúqiú.

D

11.

12.

13.

14.

15.

第 16 - 20 题

A

B

C

D

E

16. ☐

17. ☐

18. ☐

19. ☐

20. ☐

第 三 部 分

第 21 - 30 题

例如： 男：<ruby>晚上<rt>Wǎnshang</rt></ruby> <ruby>我们<rt>wǒmen</rt></ruby> <ruby>要<rt>yào</rt></ruby> <ruby>去<rt>qù</rt></ruby> <ruby>看<rt>kàn</rt></ruby> <ruby>电影<rt>diànyǐng</rt></ruby>。<ruby>你<rt>Nǐ</rt></ruby> <ruby>去<rt>qù</rt></ruby> <ruby>吗<rt>ma</rt></ruby>?

女：<ruby>我<rt>Wǒ</rt></ruby> <ruby>不<rt>bú</rt></ruby> <ruby>去<rt>qù</rt></ruby>，<ruby>明天<rt>míngtiān</rt></ruby> <ruby>要<rt>yào</rt></ruby> <ruby>考试<rt>kǎoshì</rt></ruby>。

问：<ruby>女<rt>Nǔ</rt></ruby> <ruby>的<rt>de</rt></ruby> <ruby>是<rt>shì</rt></ruby> <ruby>什么<rt>shénme</rt></ruby> <ruby>意思<rt>yìsi</rt></ruby>?

A <ruby>她<rt>tā</rt></ruby> <ruby>也<rt>yě</rt></ruby> <ruby>去<rt>qù</rt></ruby>　　B <ruby>她<rt>tā</rt></ruby> <ruby>不<rt>bú</rt></ruby> <ruby>去<rt>qù</rt></ruby> ✓　　C <ruby>她<rt>tā</rt></ruby> <ruby>去过<rt>qùguo</rt></ruby> <ruby>了<rt>le</rt></ruby>

21. A <ruby>他<rt>tā</rt></ruby> <ruby>不<rt>bú</rt></ruby> <ruby>去<rt>qù</rt></ruby>　　B <ruby>他<rt>tā</rt></ruby> <ruby>也<rt>yě</rt></ruby> <ruby>去<rt>qù</rt></ruby>　　C <ruby>不<rt>bù</rt></ruby> <ruby>知道<rt>zhīdào</rt></ruby>

22. A <ruby>多<rt>duō</rt></ruby> <ruby>穿<rt>chuān</rt></ruby> <ruby>衣服<rt>yīfu</rt></ruby>　　B <ruby>多<rt>duō</rt></ruby> <ruby>喝<rt>hē</rt></ruby> <ruby>点<rt>diǎn</rt></ruby> <ruby>水<rt>shuǐ</rt></ruby>　　C <ruby>吃过<rt>chīguo</rt></ruby> <ruby>早饭<rt>zǎofàn</rt></ruby> <ruby>再<rt>zài</rt></ruby> <ruby>上班<rt>shàngbān</rt></ruby>

23. A <ruby>白色<rt>báisè</rt></ruby> <ruby>的<rt>de</rt></ruby>　　B <ruby>黑色<rt>hēisè</rt></ruby> <ruby>的<rt>de</rt></ruby>　　C <ruby>红色<rt>hóngsè</rt></ruby> <ruby>的<rt>de</rt></ruby>

24. A <ruby>一般<rt>yìbān</rt></ruby>　　B <ruby>真<rt>zhēn</rt></ruby> <ruby>漂亮<rt>piàoliang</rt></ruby>　　C <ruby>不<rt>bù</rt></ruby> <ruby>喜欢<rt>xǐhuan</rt></ruby>

25. A <ruby>生病<rt>shēngbìng</rt></ruby> <ruby>了<rt>le</rt></ruby>　　B <ruby>有<rt>yǒu</rt></ruby> <ruby>考试<rt>kǎoshì</rt></ruby>　　C <ruby>去<rt>qù</rt></ruby> <ruby>学校<rt>xuéxiào</rt></ruby> <ruby>唱歌<rt>chànggē</rt></ruby>

26. A <ruby>日本人<rt>Rìběnrén</rt></ruby>　　B <ruby>美国人<rt>Měiguórén</rt></ruby>　　C <ruby>中国人<rt>Zhōngguórén</rt></ruby>

27. A <ruby>下<rt>xià</rt></ruby> <ruby>个<rt>ge</rt></ruby> <ruby>星期<rt>xīngqī</rt></ruby> <ruby>去<rt>qù</rt></ruby> <ruby>北京<rt>Běijīng</rt></ruby>　B <ruby>天气<rt>tiānqì</rt></ruby> <ruby>好<rt>hǎo</rt></ruby> <ruby>的<rt>de</rt></ruby> <ruby>时候<rt>shíhou</rt></ruby>，<ruby>去<rt>qù</rt></ruby> <ruby>北京<rt>Běijīng</rt></ruby>

C <ruby>让<rt>ràng</rt></ruby> <ruby>女<rt>nǔ</rt></ruby> <ruby>的<rt>de</rt></ruby> <ruby>去<rt>qù</rt></ruby> <ruby>北京<rt>Běijīng</rt></ruby>

28. A <ruby>生病<rt>shēngbìng</rt></ruby> <ruby>了<rt>le</rt></ruby>　　B <ruby>出去<rt>chūqù</rt></ruby> <ruby>了<rt>le</rt></ruby>　　C <ruby>睡觉<rt>shuìjiào</rt></ruby> <ruby>了<rt>le</rt></ruby>

29. A <ruby>九<rt>jiǔ</rt></ruby> <ruby>点<rt>diǎn</rt></ruby> <ruby>半<rt>bàn</rt></ruby>　　B <ruby>九<rt>jiǔ</rt></ruby> <ruby>点<rt>diǎn</rt></ruby> <ruby>十五<rt>shíwǔ</rt></ruby>　　C <ruby>九<rt>jiǔ</rt></ruby> <ruby>点<rt>diǎn</rt></ruby>

30. A <ruby>商店<rt>shāngdiàn</rt></ruby>　　B <ruby>学校<rt>xuéxiào</rt></ruby>　　C <ruby>车站<rt>chēzhàn</rt></ruby>

第 四 部 分

第 31 - 35 题

例如： 男：苹果 怎么 卖？
　　　　Píngguǒ zěnme mài?

　　　 女：三 块 五 一 斤。
　　　　Sān kuài wǔ yì jīn.

　　　 男：我 买 三 斤，能 便宜 一点儿 吗？
　　　　Wǒ mǎi sān jīn, néng piányi yìdiǎnr ma?

　　　 女：三 块 钱 一 斤 吧。
　　　　Sān kuài qián yì jīn ba.

　　　 问：女 的 卖 给 男 的 苹果 多少 钱 一 斤？
　　　　Nǚ de mài gěi nán de píngguǒ duōshao qián yì jīn?

　　　 A 三 块 ✓　　　B 三 块 五　　　C 四 块
　　　　sān kuài　　　　　sān kuài wǔ　　　　sì kuài

31. A 三 个　　　B 一 个　　　C 四 个
　　　sān ge　　　yí ge　　　sì ge

32. A 北京　　　B 上海　　　C 不 知道
　　　Běijīng　　　Shànghǎi　　　bù zhīdào

33. A 404　　　B 424　　　C 304

34. A 去 游泳　　　B 去 打 篮球　　　C 不 要 去 游泳
　　　qù yóuyǒng　　　qù dǎ lánqiú　　　bú yào qù yóuyǒng

35. A 两千 多　　　B 妹妹 送 的　　　C 不 知道
　　　liǎngqiān duō　　　mèimei sòng de　　　bù zhīdào

25

二、阅 读

第 一 部 分

第 36 - 40 题

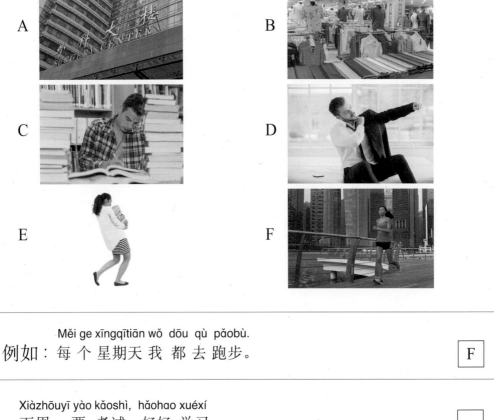

Měi ge xīngqītiān wǒ dōu qù pǎobù.
例如：每 个 星期天 我 都 去 跑步。　　F

Xiàzhōuyī yào kǎoshì, hǎohao xuéxí
36. 下周一 要 考试，好好 学习。

Wǒ qù tā jiā de shíhou, tā yǐjing qù yīyuàn le.
37. 我 去 她 家 的 时候，她 已经 去 医院 了。

Zhè jiā shāngdiàn de yīfu zuì piányi le, duō mǎi yìxiē.
38. 这 家 商店 的 衣服 最 便宜 了，多 买 一些。

Nǐ de shū zhēn zhòng, wǒ bāng nǐ ná bǎ.
39. 你 的 书 真 重，我 帮 你 拿 吧。

Wǒ dào jiā de shíhou, tā zhèng zhǔnbèi shàngbān qù.
40. 我 到 家 的 时候，他 正 准备 上班 去。

第 二 部 分

第 41－45 题

---

	piányi		zhàngfu		shēntǐ		juéde		jiù		guì
A	便宜	B	丈夫	C	身体	D	觉得	E	就	F	贵

Zhèr   de cài hěn   dànshì bù hǎochī.
例如：这儿 的 菜 很 （ A ），但是 不 好吃。

Wǒ   jīntiān huì shì yí ge qíngtiān.
41. 我 （   ） 今天 会 是 一 个 晴天。

Wǒ lái jièshào yíxià,   zhè wèi shì wǒmen Lǐ lǎoshī de
42. 我 来 介绍 一下，这 位 是 我们 李 老师 的 （   ）。

Tā měi tiān dōu yùndòng   hěn hǎo.
43. 她 每 天 都 运动，（   ）很 好。

Tā gāng huí guó   kāishǐ máng gōngzuò shang de shìqing.
44. 他 刚 回 国 （   ）开始 忙 工作 上 的 事情。

Zhèr   de yángròu hěn hǎochī, dànshì hěn
45. 这儿 的 羊肉 很 好吃，但是 很 （   ）。

27

第 三 部 分

例如：

Xiànzài shì liù diǎn shí fēn, lí diànyǐng kāishǐ hái yǒu shí fēnzhōng.
现在 是 六 点 十 分， 离 电影 开始 还 有 十 分钟。

Diànyǐng liù diǎn èrshí kāishǐ.
★ 电影 六 点 二十 开始。　　　　　　　　　　　（ ✓ ）

Wǒ huì yóuyǒng, dànshì yóu de bù hǎo.
我 会 游泳，但是 游 得 不 好。

Tā yóu de fēicháng hǎo.
★ 他 游 得 非常 好。　　　　　　　　　　　　（ ✕ ）

Tā　　 suì le, 　dànshì shēntǐ hěn hǎo, měi tiān xiūxi de hěn zǎo, hái zuò yùndòng.
46. 他 80 岁 了，但是 身体 很 好，每 天 休息 得 很 早，还 做 运动。

Tā shēntǐ hěn bù hǎo.
★ 他 身体 很 不 好。　　　　　　　　　　　　（ 　 ）

Nǐ zhīdào xuéxiào zài nǎlǐ ma?
47. 你 知道 学校 在 哪里 吗?

Xuéxiào lí wǒ jiā hěn jìn, chūle mén zuǒ guǎi jiù dào le.
学校 离 我家 很 近，出 了 门 左 拐 就 到 了。

Xuéxiào zài jiā de zuǒbian
★ 学校 在 家 的 左边。　　　　　　　　　　　（ 　 ）

48. Zhèr yǒu hěn duō chī de dōngxi, yǒu niúnǎi, kāfēi, hái yǒu xīguā.
    这儿 有 很 多 吃 的 东西，有 牛奶，咖啡，还 有 西瓜。

    Bǐqǐ niúnǎi lái, wǒ gèng xǐhuan xīguā.
    比起 牛奶 来，我 更 喜欢 西瓜。

    Tā gèng xǐhuan xīguā.
    ★ 他 更 喜欢 西瓜。   （   ）

49. Jīntiān tiānqì fēicháng rè, wǒ juéde kěnéng yào xià yǔ.
    今天 天气 非常 热，我 觉得 可能 要 下 雨。

    Qù xuéxiào bú yào zǒulù le, zuò gōnggòng qìchē ba.
    去 学校 不 要 走路 了，坐 公共 汽车 吧。

    Jīntiān tiānqì hěn lěng, shì yīntiān.
    ★ 今天 天气 很 冷，是 阴天。   （   ）

50. Wǒ mèimei ài xiào, měi tiān dōu hěn kuàilè, suǒyǐ dàjiā fēicháng xǐhuan tā.
    我 妹妹 爱 笑，每 天 都 很 快乐，所以 大家 非常 喜欢 她。

    Dàjiā měi tiān dōu hěn kuàilè
    ★ 大家 每 天 都 很 快乐。   （   ）

第 四 部 分

第51-55题

A　Wǒ xīwàng dàjiā zài xiǎngxiang zhège wèntí.
我 希望 大家 再 想想 这个 问题。

B　Kǎoshì nǐ zhǔnbèi de zěnmeyàng?
考试 你 准备 得 怎么 样?

C　Tā bú yòng wǒ de bāngzhù, xiàozhe huídá shuō kěyǐ zìjǐ xǐ.
她 不 用 我 的 帮助，笑着 回答 说 可以 自己 洗。

D　Tā shì xīn lái de lǎoshī, shàng Hànyǔ kè.
她 是 新来 的 老师，上 汉语 课。

E　Zhè zhǒng yào hěn guì, hái hěn bù hǎochī.
这 种 药 很 贵，还 很 不 好吃。

F　Tā zài jiā xiūxi.
他 在 家 休息。

例如：Tā zài nǎr ne? Wǒ jīntiān méi kànjiàn tā.
他 在 哪儿 呢? 我 今天 没 看见 他。　　F

51. Nǐ rènshi nàge chuān bái yīfu de rén ma?
你 认识 那个 穿 白 衣服 的 人 吗?

52. Zhège wèntí qùnián yǐjing xiàng dàjiā jièshàoguo le.
这个 问题 去年 已经 向 大家 介绍过 了。

53. Nǐ juéde zhè zhǒng yào zěnmeyàng?
你 觉得 这 种 药 怎么样?

54. Mǎshàng yào kāishǐ kǎoshì le.
马上 要 开始 考试 了。

55. Wǒ zhǎo Xiǎo Hóng de shíhou, tā zhèngzài xǐ yīfu.
我 找 小红 的 时候，她 正在 洗 衣服。

第 56-60 题

A
Yīnwéi jīntiān shì   hào.
因为 今天 是 14 号。

B
Wǒ kàn tā dàizhe yí ge zúqiú.
我 看 他 带着 一 个 足球。

C
Zuò gōnggòng qìchē   fēnzhōng jiù dào le.
坐 公共 汽车 20 分钟 就 到 了。

D
Tā hái zài jiàoshì li xuéxí.
他 还 在 教室 里 学习。

E
Suǒyǐ tā kàn shàngqù bú shì hěn kuàilè.
所以 她 看 上去 不 是 很 快乐。

Tā kěnéng shàngwán kè yào qù tī zúqiú.
56. 他 可能 上完 课要 去 踢 足球。

Tā zài nǎr ne? Nǐ kànjiàn tā le ma?
57. 他 在 哪儿 呢? 你 看见 他 了 吗?

Cóng zhèr dào gōngsī duō yuǎn?
58. 从 这儿 到 公司 多 远?

Nǐ zěnme zhīdào jīntiān shì wǒ de shēngrì?
59. 你 怎么 知道 今天 是 我 的 生日?

Tā kàncuò wèntí le, huídá de bú shì hěn hǎo.
60. 她 看错 问题 了，回答 得 不 是 很 好。

新汉语水平考试
HSK(二级)

全真模拟题 3

注　意

一、 HSK(二级)分两部分：

　　 1. 听力(35题，约25分钟)

　　 2. 阅读(25题，22分钟)

二、 听力结束后，有3分钟填写答题卡。

三、 全部考试约55分钟(含考生填写个人信息时间5分钟)。

中国　北京　　　　　　　　　　　　　　XXXX/XXXXXX　　编制

一、听 力

第 一 部 分

第1-10题

例如:		✓
		✗
1.		
2.		
3.		
4.		

5.		
6.		
7.		
8.		
9.		
10.		

第 二 部 分

第 11 – 15 题

A

B

C

D

E

F

例如：女：你 喜欢 什么 运动？
Nǐ xǐhuan shénme yùndòng?

男：我 最 喜欢 踢 足球。
Wǒ zuì xǐhuan tī zúqiú.

D

11. ☐

12. ☐

13. ☐

14. ☐

15. ☐

第 16－20 题

A

B

C

D

E

16. ☐

17. ☐

18. ☐

19. ☐

20. ☐

第 三 部 分

第 21 - 30 题

例如： 男：晚上 我们 要去看 电影。你 去 吗？
Wǎnshang wǒmen yào qù kàn diànyǐng. Nǐ qù ma?

女：我 不 去，明天 要 考试。
Wǒ bú qù, míngtiān yào kǎoshì.

问：女 的 是 什么 意思？
Nǚ de shì shénme yìsi?

tā yě qù	tā bú qù	tā qùguo le
A 她 也 去	B 她 不 去 ✓	C 她 去过 了

---

21. A 有事去找 弟弟了　　B 生病 了　　C 打 篮球 去 了
yǒu shì qù zhǎo dìdi le　　shēngbìng le　　dǎ lánqiú qù le

22. A 红色　　B 白色　　C 黑色
hóngsè　　báisè　　hēisè

23. A 买 东西　　B 洗 衣服　　C 学习 唱歌，跳舞
mǎi dōngxi　　xǐ yīfu　　xuéxí chànggē, tiàowǔ

24. A 做 运动　　B 游泳　　C 打 篮球
zuò yùndòng　　yóuyǒng　　dǎ lánqiú

25. A 202　　B 208　　C 308

26. A 没有 票　　B 天气 太 热　　C 没有 好看 的 电影
méiyǒu piào　　tiānqì tài rè　　méiyǒu hǎokàn de diànyǐng

27. A 妈妈　　B 妻子　　C 儿子
māma　　qīzi　　érzi

28. A 考试　　B 去 北京　　C 去 医院
kǎoshì　　qù Běijīng　　qù yīyuàn

29. A 鸡蛋　　B 牛奶　　C 西瓜
jīdàn　　niúnǎi　　xīguā

30. A 很 黑　　B 很 美　　C 很 亮
hěn hēi　　hěn měi　　hěn liàng

第 四 部 分

第 31-35 题

例如：　男：苹果　怎么　卖？
Píngguǒ zěnme mài?

　　　　女：三　块　五　一　斤。
Sān kuài wǔ yì jīn.

　　　　男：我买　三　斤，能　便宜　一点儿　吗？
Wǒ mǎi sān jīn, néng piányi yìdiǎnr ma?

　　　　女：三　块　钱　一　斤　吧。
Sān kuài qián yì jīn ba.

　　　　问：女的卖给男的苹果　多少　钱一斤？
Nǚ de mài gěi nán de píngguǒ duōshao qián yì jīn?

　　A　三块 ✓　　　　　B　三块五　　　　　C　四块
　　sān kuài　　　　　　 sān kuài wǔ　　　　　 sì kuài

31.　A　下午　　　　　　B　早上　　　　　　C　晚上
　　　 xiàwǔ　　　　　　 zǎoshang　　　　　 wǎnshang

32.　A　看　朋友　　　　B　上班　　　　　　C　买　东西
　　　 kàn péngyou　　　 shàngbān　　　　　 mǎi dōngxi

33.　A　不是　很　好　　B　很　好，但很贵　C　便宜
　　　 bú shì hěn hǎo　　hěn hǎo, dàn hěn guì　 piányi

34.　A　汽车站　　　　　B　医院　　　　　　C　火车站
　　　 qìchēzhàn　　　　 yīyuàn　　　　　　 huǒchēzhàn

35.　A　生病　了　　　　B　去　上海　了　　C　不　知道
　　　 shēngbìng le　　　 qù Shànghǎi le　　 bù zhīdào

二、阅 读

第 一 部 分

第36-40题

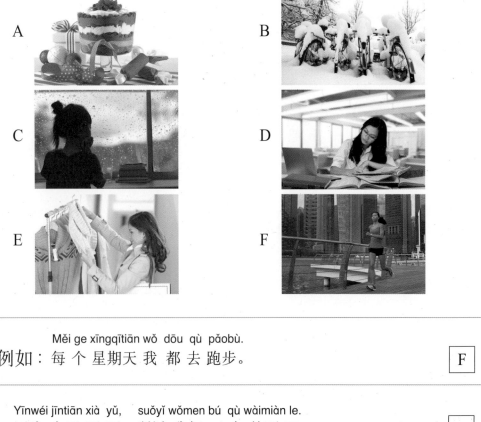

例如：Měi ge xīngqītiān wǒ dōu qù pǎobù.
每 个 星期天 我 都 去 跑步。   F

36. Yīnwéi jīntiān xià yǔ, suǒyǐ wǒmen bú qù wàimiàn le.
因为 今天 下 雨，所以 我们 不 去 外面 了。

37. Jīntiān shì wǒ érzi de shēngrì, wǒ wèi tā mǎile hǎochī de dàngāo.
今天 是 我 儿子 的 生日，我 为 他 买了 好吃 的 蛋糕。

38. Zhè jiàn yīfu bǐ nà jiàn piàoliang.
这 件 衣服 比 那 件 漂亮。

39. Wǒ xià ge xīngqī yǒu kǎoshì, wǒ yào zuòhǎo zhǔnbèi.
我 下 个 星期 有 考试，我 要 做好 准备。

40. Jīnnián Běijīng xiàguo xuě ma?
今年 北京 下过 雪 吗？

第 二 部 分

第 41-45 题

---

	piányi		qùnián		rènshi		yìsi		kāishǐ		zhe
A 便宜		B 去年		C 认识		D 意思		E 开始		F 着

　　　　　　Zhèr　de cài hěn　　　　　dànshì bù hǎochī.
例如：这儿 的 菜 很 （ A ），但是 不 好吃。

　　　Diànyǐng doū yǐjing　　　　　le,　dànshì bàba hái méiyǒu lái.
41. 电影　都 已经 （ 　 ） 了，但是 爸爸 还 没有 来。

　　　Nánrén bù dǒng fúwùyuán shuōhuà de
42. 男人 不 懂 服务员 说话 的 （ 　 ）。

　　　Wǒ　　　　　tā,　tā shì wǒ péngyou de Hànyǔ lǎoshī.
43. 我 （ 　 ） 他，他 是 我 朋友 的 汉语 老师。

　　　Dàjiā　yìqǐ děng　　　　lǎoshī lái shàngkè.
44. 大家 一起 等 （ 　 ） 老师 来 上课。

　　　Nǐ　　　　　qùguo Běijīng le,　zěnme jīnnián hái yào qù?
45. 你 （ 　 ） 去过 北京 了，怎么 今年 还 要 去?

第 三 部 分

第 46 - 50 题

例如：

Xiànzài shì liù diǎn shí fēn, lí diànyǐng kāishǐ hái yǒu shí fēnzhōng.

现在 是 六 点 十 分，离 电影 开始 还 有 十 分钟。

Diànyǐng liù diǎn èrshí kāishǐ.

★ 电影 六 点 二十 开始。 (✔)

Wǒ huì yóuyǒng, dànshì yóu de bù hǎo.

我 会 游泳，但是 游 得 不 好。

Tā yóu de fēicháng hǎo.

★ 他 游 得 非常 好。 (✕)

Yóuyǒng shì hěn hǎo de yùndòng, yīnggāi měi tiān dōu yóuyǒng.

46. 游泳 是 很 好 的 运动，应该 每 天 都 游泳。

Yóuyǒng duì shēntǐ hǎo.

★ 游泳 对 身体 好。 ( )

Měi ge xīngqī gēge dōu yào qù dǎ lánqiú, xiūxi de shíjiān yě bù xiūxi.

47. 每 个 星期 哥哥 都 要 去 打 篮球，休息 的 时间 也 不 休息。

Gēge bù xǐhuan dǎ lánqiú.

★ 哥哥 不 喜欢 打 篮球。 ( )

Xuéxiào lí huǒchēzhàn hěn jìn, xiàle chē zài zuò shí fēnzhōng gōnggòng qìchē jiù dào le.

48. 学校 离 火车站 很 近，下了 车 再 坐 十 分钟 公共 汽车 就 到 了。

Xuéxiào lí huǒchēzhàn hěn yuǎn.

★ 学校 离 火车站 很 远。 ( )

Shàng cì de gēchàng bǐsài wǒ déle dì-yī.
49. 上 次 的 歌唱 比赛 我 得了 第一。

　　　　Tā chànggē hěn hǎo.
★ 她 唱歌 很 好。　　　　　　　　　　（　　）

　　　Wǒ měi tiān qǐchuáng dōu hěn zǎo, fēnzhōng jiù chū mén le.
50. 我 每 天 起床 都 很 早，5 分钟 就 出 门 了。

　　　　Tā qǐchuáng hěn wǎn.
★ 他 起床 很 晚。　　　　　　　　　　（　　）

第 四 部 分

第51-55题

A 　 Wǒ míngtiān xiàwǔ qù gōngsī.
我 明天 下午 去 公司。

B 　 Yīshēng zěnme shuō?
医生 怎么 说?

C 　 Cháng shíjiān kàn shū shǐ wǒ de yǎnjing hěn lèi.
长 时间 看书 使 我 的 眼睛 很 累。

D 　 Qù yàodiàn mǎi yào de.
去 药店 买药 的。

E 　 Zuótiān wǒ qù shāngdiàn mǎi dōngxi le.
昨天 我 去 商店 买 东西 了。

F 　 Tā zài jiā xiūxi.
他 在 家 休息。

例如： Tā zài nǎr ne? Wǒ jīntiān méi kànjiàn tā.
他 在 哪儿 呢? 我 今天 没 看见 他。　　　　| F |

51. Zuótiān wǒ dǎ diànhuà gěi nǐ, nǐ bú zài jiā.
昨天 我 打电话 给 你, 你 不 在家。

52. Wǒ juéde zìjǐ bìng le.
我 觉得 自己 病 了。

53. Tā shuō wǒ chī yào jiù kěyǐ le, yào duō xiūxi xiūxi.
他 说 我 吃药 就 可以 了, 要 多 休息 休息。

54. Yàobù fàngxià shū, zuò xiē yùndòng?
要不 放下 书, 做 些 运动?

55. Nǐ shénme shíhou huí gōngsī?
你 什么 时候 回 公司?

第 56-60 题

A 他 走 得 很 快。
Tā zǒu de hěn kuài.

B 妈妈 今天 穿了 红色 的 衣服。
Māma jīntiān chuānle hóngsè de yīfu.

C 谢谢 你 的 帮助，让 我 回到 家 里。
Xièxie nǐ de bāngzhù, ràng wǒ huídào jiā li.

D 我们 一起 去 跑步。
Wǒmen yìqǐ qù pǎobù.

E 你 爱 喝 咖啡 吗？
Nǐ ài hē kāfēi ma?

56. 我 不 是 很 爱 喝。
Wǒ bú shì hěn ài hē.

57. 不 客气，这 是 应该 的。
Bú kèqi, zhè shì yīnggāi de.

58. 可能 是 要 去 准备 考试 了。
Kěnéng shì yào qù zhǔnbèi kǎoshì le.

59. 明天 早上 早 点 起床，我 去 叫 你。
Míngtiān zǎoshang zǎo diǎn qǐchuáng, wǒ qù jiào nǐ.

60. 是 的，所以 看 上去 很 漂亮。
Shì de, suǒyǐ kàn shàngqù hěn piàoliang.

新HSK

2급

정답 및
녹음 스크립트

〈제1회〉 정답

一、听力

第一部分	1. ✗	2. ✓	3. ✓	4. ✗	5. ✓
	6. ✓	7. ✗	8. ✓	9. ✗	10. ✓
第二部分	11. A	12. F	13. B	14. C	15. E
	16. E	17. B	18. D	19. C	20. A
第三部分	21. C	22. C	23. A	24. B	25. C
	26. B	27. B	28. A	29. B	30. B
第四部分	31. A	32. B	33. C	34. B	35. A

二、阅读

第一部分	36. B	37. D	38. A	39. E	40. C
第二部分	41. B	42. F	43. E	44. C	45. D
第三部分	46. ✗	47. ✓	48. ✗	49. ✓	50. ✗
第四部分	51. B	52. A	53. E	54. D	55. C
	56. B	57. E	58. A	59. C	60. D

〈제2회〉 정답

一、听力

第一部分	1. ✓	2. ✗	3. ✗	4. ✓	5. ✓
	6. ✓	7. ✗	8. ✗	9. ✓	10. ✗
第二部分	11. B	12. A	13. F	14. C	15. E
	16. B	17. C	18. A	19. D	20. E
第三部分	21. B	22. C	23. A	24. B	25. C
	26. A	27. A	28. A	29. B	30. A
第四部分	31. A	32. B	33. B	34. C	35. A

二、 阅读

第一部分	36. C	37. A	38. B	39. E	40. D
第二部分	41. D	42. B	43. C	44. E	45. F
第二部分	46. ✗	47. ✓	48. ✓	49. ✗	50. ✗
第四部分	51. D	52. A	53. E	54. B	55. C
	56. B	57. D	58. C	59. A	60. E

〈제3회〉 정답

一、 听力

第一部分	1. ✓	2. ✓	3. ✗	4. ✗	5. ✓
	6. ✗	7. ✗	8. ✓	9. ✓	10. ✓
第二部分	11. F	12. A	13. C	14. E	15. B
	16. E	17. A	18. C	19. B	20. D
第三部分	21. A	22. C	23. C	24. A	25. B
	26. A	27. B	28. A	29. C	30. A
第四部分	31. A	32. B	33. B	34. C	35. A

二、 阅读

第一部分	36. C	37. A	38. E	39. D	40. B
第二部分	41. E	42. D	43. C	44. F	45. B
第三部分	46. ✓	47. ✗	48. ✗	49. ✓	50. ✗
第四部分	51. E	52. D	53. B	54. C	55. A
	56. E	57. C	58. A	59. D	60. B

〈제1회〉녹음 스크립트

新汉语水平考试HSK二级
(全真题模拟题一)
大家好！欢迎参加 HSK（二级）考试。
大家好！欢迎参加 HSK（二级）考试。
大家好！欢迎参加 HSK（二级）考试。

HSK（二级）听力考试分四部分，共35题。
请大家注意，听力考试现在开始。

第 一 部 分

一共10个题，每题听两次。

例如：　她在喝牛奶。
　　　　我每天坐公共汽车上班。

现在开始第1题：

1. 她很喜欢唱歌。

2. 桌子上有三本书。

3. 学生在教室里上课。

4. 她爱运动。

5. 我要去买一些鸡蛋。

6. 我想送朋友一件衣服。

7. 她喜欢游泳。

8. 他坐公共汽车回家。

9. 她起床了，在吃早饭。

10. 已经12点了，她还在学习。

第二部分

一共10个题，每题听两次。

例如：　女：你喜欢什么运动？
　　　　男：我最喜欢踢足球。

现在开始第11到15题：

11. 男：你昨天为什么没来？
　　女：我病了，去医院了。

12. 女：我们一起去看电影好吗？
　　男：好。

13. 男：你喜欢米饭吗？
　　女：很喜欢。

14. 女：你的手表在哪儿买的？
　　男：在商店。

15. 男：你的新衣服很漂亮。
　　女：谢谢。

现在开始第16到20题：

16. 女：昨天我有考试。
　　男：我知道。

17. 男：这本书很有意思。
　　女：我也想看。

18. 女：我昨晚没睡好,今天很累。
　　男：去睡觉吧。

19. 男：羊肉串儿很好吃。
　　女：我也喜欢。

20. 女：现在外面还在下雨吗？
　　男：外面还在下雨。

第 三 部 分

一共10个题，每题听两次。

例如： 男：晚上我们要去看电影。你去吗?
       女：我不去，明天要考试。
       问：女的时什么意思?

现在开始第21题：

21. 男：明天是星期天，我们一起去看电影吧。
    女：好的。
    问：明天是星期几?

22. 女：现在已经十点了，快睡觉吧。
    男：我还想看电视。
    问：男的在干什么?

23. 男：今天天气很好，一起去运动吧。
    女：好啊，一起去吧。
    问：他们要做什么?

24. 女：你今天晚上干什么?
    男：我要学习，准备考试。
    问：男的晚上要干什么?

25. 男：我那件红色的衣服呢?
    女：放在桌子上了。
    问：男的在找什么?

26. 女：你唱歌唱得很好。
    男：谢谢！
    问：男的做什么很好?

27. 男：请问从这儿到火车站要几分钟?
    女：三十分钟。
    问：男的要去哪儿?

28. 女：这本书有意思吗?
    男：我觉得很有意思。

问：他们可能在干什么？

29. 男：这件红色的衣服不错。

女：但是我喜欢这件白色的。

问：女的喜欢什么颜色的？

30. 女：你汉语说得很好。

男：谢谢，我学汉语已经两年了。

问：男的学汉语多久了？

第四部分

一共5个题，每题听两次。

例如： 男：苹果怎么卖？

女：三块五一斤。

男：我买三斤，能便宜一点儿吗？

女：三块钱一斤吧。

问：女的卖给男的苹果多少钱一斤？

现在开始第31题：

31. 女：我喜欢吃水果。

男：我也喜欢。你喜欢什么水果？

女：我喜欢苹果，你呢？

男：我喜欢橘子。

问：女的喜欢什么水果？

32. 男：今天我们跑步吧。

女：我身体不好。

男：你病了？

女：对，我要在家休息。

问：女的要干什么？

33. 女：今晚一起看电影好吗？

男：好的，你想看什么？

女：最新的。

男：好的，我去买票。

问：女的想干什么？

34. 男：这本书有意思吗？

女：没有意思。

男：那你为什么看？

女：准备明天的考试。

问：女的今天在干什么？

35. 女：明天会下雪吗？

男：报纸上说会。

女：那明天多穿衣服。

男：好的。

问：明天天气怎么样？

听力考试现在结束。

〈제2회〉녹음 스크립트

新汉语水平考试HSK二级

(全真题模拟题二)

大家好！欢迎参加 HSK（二级）考试。

大家好！欢迎参加 HSK（二级）考试。

大家好！欢迎参加 HSK（二级）考试。

HSK（二级）听力考试分四部分，共35题。

请大家注意，听力考试现在开始。

第 一 部 分

一共10个题，每题听两次。

例如： 她在喝牛奶。

我每天坐公共汽车上班。

现在开始第1题：

1. 她在家里看电视。

2. 昨天我生病了。

3. 他早上开车去公司。

4. 儿子在医院前面等妈妈。

5. 我想下午去买件漂亮的衣服给我女儿。

6. 他这是我女朋友。

7. 他和朋友去饭店吃饭了。

8. 那是我们的新家。

9. 他们正在打篮球。

10. 她每天都要去游泳。

第 二 部 分

一共10个题，每题听两次。

例如： 女：你喜欢什么运动？
男：我最喜欢踢足球。

现在开始第11到15题：

11. 男：今天天气怎么样？
女：非常热，下午可能要下雨。

12. 女：你爱吃什么东西？
男：我最爱吃羊肉串儿。

13. 男：这是你的椅子吗？
女：不，这不是我的椅子。

14. 女：你每天几点睡觉？
男：我每天10点睡觉。

15. 男：上次介绍给你的电影看过了吗？
女：看过了，这部电影很不错。

现在开始第16到20题：

16. 女：你喜欢水果吗？
    男：喜欢，我最喜欢西瓜。

17. 男：你们公司有多少人？
    女：我觉得有两千多个人吧。

18. 女：这个饭店的菜很好吃。
    男：是吗？我们要不要一起去吃？

19. 男：你什么时候能来？
    女：我已经到学校了。

20. 女：上午你唱得最好。
    男：我知道。

第 三 部 分

一共10个题，每题听两次。

例如：　男：晚上我们要去看电影。你去吗？
　　　　女：我不去，明天要考试。
　　　　问：女的时什么意思？

现在开始第21题：

21. 女：下个月我们要去北京旅游，你去吗？
    男：那太好了，我也去！
    问：男的是什么意思？

22. 男：快八点了，我得起床去上班了。
    女：吃过早饭再去吧。
    问：女的让男的做什么？

23. 女：这些手机，你喜欢哪一部？
    男：我喜欢白色的。
    问：男的喜欢哪一部手机？

24. 男：我来介绍一下，这就是我们的教室。
   女：你们的教室真漂亮。
   问：女的觉得教室怎么样？

25. 女：小王，你儿子怎么没来？
   男：因为下午要去学校唱歌，所以没来。
   问：小王的儿子为什么没来？

26. 男：玛丽，你是哪国人？是美国人吗？
   女：我不是美国人，我是日本人。
   问：玛丽是哪国人？

27. 女：你准备什么时候去北京？
   男：我想下个星期去，希望天气好一点。
   问：男的想怎么样？

28. 男：医生说吃什么药了吗？
   女：没有，问题不大，要我休息休息。
   问：女的怎么了？

29. 女：已经过了9点了，公共汽车怎么还没有来？
   男：还有十五分钟呢。
   问：公共汽车什么时候来？

30. 男：服务员，我要一公斤羊肉。
   女：好的，您还要些什么吗？
   问：他们最有可能在哪儿？

第四部分

一共5个题，每题听两次。

例如：男：苹果怎么卖？
   女：三块五一斤。
   男：我买三斤，能便宜一点儿吗？
   女：三块钱一斤吧。
   问：女的卖给男的苹果多少钱一斤？

现在开始第31题:

31. 男:西瓜怎么卖?

    女:八块钱一斤。

    男:便宜些吧,我想买三个。

    女:那好吧。

    问:男的要买几个西瓜?

32. 女:下个月我们去北京旅游,怎么样?

    男:我不想去北京旅游,我想去上海。

    女:那你准备怎么去上海呢?

    男:我们自己开车去吧。

    问:他们下个月要去哪里?

33. 男:您好,这是张医生的家吗?

    女:不是,这不是张医生的家。我们是404,张医生家在424。

    男:哦,对不起,我们找错门了。

    女:没关系。

    问:张医生家在几号?

34. 女:你别去游泳了。

    男:为什么呢?

    女:最近关于泳池水的问题很多。

    男:知道了,谢谢!

    问:女的让男的怎么样?

35. 男:你的表很漂亮,我也有一块这样的表。

    女:真的吗?

    男:我的表花了两千多,你的呢?

    女:这是我妹妹送给我的。

    问:男的手表多少钱?

听力考试现在结束。

〈제3회〉녹음 스크립트

新汉语水平考试HSK二级

(全真题模拟题三)

大家好！欢迎参加 HSK（二级）考试。

大家好！欢迎参加 HSK（二级）考试。

大家好！欢迎参加 HSK（二级）考试。

HSK（二级）听力考试分四部分，共35题。

请大家注意，听力考试现在开始。

第 一 部 分

一共10个题，每题听两次。

例如： 她在喝牛奶。

我每天坐公共汽车上班。

现在开始第1题：

1. 学校的旁边是公园。

2. 下个月3号是我丈夫的生日。

3. 每天早上她都坐公共汽车去公司。

4. 鸡蛋一斤多少钱？

5. 他希望明天早上8点到机场。

6. 我们家有四个人，爸爸，妈妈，哥哥，还有我。

7. 今天是阴天，但是明天是晴天。

8. 去年这个时候，北京每天都下雪。

9. 生病了就要吃药。

10. 走了一天的路，很累。

第二部分

一共10个题，每题听两次。

例如：　女：你喜欢什么运动？
　　　　男：我最喜欢踢足球。

现在开始第11到15题：

11. 男：上次打电话给我有什么事情吗？
　　　女：没什么，我想告诉你商店有便宜的衣服可以买。

12. 女：你住在哪里？
　　　男：我的家在医院旁边。

13. 男：你的生日是什么时候？
　　　女：我的生日是5月8日，就是下个星期三。

14. 女：玛丽在哪里？
　　　男：哦，她看完电影后已经坐公共汽车回学校了。

15. 男：每天睡觉前你喜欢干什么？
　　　女：我喜欢看一看报纸。

现在开始第16到20题：

16. 男：大家知道几点在学校门口等吗？
　　　女：他们知道的。

17. 女：谢谢你送的手表，我很喜欢。
　　　男：不客气，生日快乐。

18. 男：你觉得身体怎么样？
　　　女：我觉得好多了，谢谢你。

19. 女：你知道去机场最近的路吗？
　　　男：对不起，我不知道。

20. 男：丽莎，你在中国过得好吗？
　　　女：很好，我在中国很快乐。

第 三 部 分

一共10个题，每题听两次。

例如： 男：晚上我们要去看电影。你去吗？

女：我不去，明天要考试。

问：女的时什么意思？

现在开始第21题：

21. 男：小红，你昨天为什么没有来教室？

女：因为我有事去找弟弟了。

问：小红为什么没去教室？

22. 女：你最喜欢什么颜色？红色还是黑色？

男：我比较喜欢黑色。

问：男的喜欢什么颜色？

23. 男：你最近在忙什么？

女：我在学唱歌和跳舞。

问：女的在忙什么？

24. 女：我希望能在休息的时候多做运动。

男：我喜欢和大家一起去游泳。

问：女的希望做什么？

25. 男：我住在二零八，你住在哪个房间？

女：我住在二零二。

问：男的住在哪个房间？

26. 女：我们吃完饭去看电影吧。

男：可以啊，但是不知道还有没有票。

问：男的担心什么事情？

27. 男：我和妻子一起去北京旅游。

女：飞机票买好了吗？

问：男的和谁一起去北京？

28. 女：下周我有一次考试。
　　男：那你准备好了吗？
　　问：女的下周要干什么？

29. 男：你要去商店吗？帮我买一个西瓜。
　　女：好的，我要去买些鸡蛋。
　　问：男的要买什么？

30. 女：晚上，房间外很黑。
　　男：是的，走路的时候要小心。
　　问：房间外怎么样？

第 四 部 分

一共5个题，每题听两次。

例如：　男：苹果怎么卖？
　　　　女：三块五一斤。
　　　　男：我买三斤，能便宜一点儿吗？
　　　　女：三块钱一斤吧。
　　　　问：女的卖给男的苹果多少钱一斤？

现在开始第31题：

31. 男：你上午有空吗？我找你喝咖啡。
　　女：我早上有课，下午怎么样？
　　男：也可以，等到出发的时候告诉我一声。
　　女：知道了，到时候在教室门口见面吧。
　　问：他们什么时候去喝咖啡？

32. 女：晚上还要去公司上班吗？
　　男：对啊，事情还没做完。
　　女：大家都去吗？
　　男：不是的，就我一个人，真的很累。
　　问：男的要干什么？

33. 男：这是我新买的自行车。

　　女：多少钱买的?

　　男：很便宜，两百元。

　　女：自行车是很好，但我觉得还是太贵了。

　　问：女的认为自行车怎么样?

34. 女：请问，您知道火车站怎么走吗?

　　男：你走到医院，门口坐27路公共汽车，最后一站下车。

　　女：要多长时间?

　　男：一个小时吧。

　　问：女的要去哪里?

35. 男：你好，请问是小红的妈妈吗?

　　女：是的，请问您是谁?

　　男：我是她的老师，她昨天没来上课。她有什么事情吗?

　　女：对不起，老师。小红昨天生病了，所以没去学校上课。

　　问：小红昨天为什么没去学校上课?

听力考试现在结束。

- 목표 점수 _____ 점
- 목표 점수 달성일 _____ 년 _____ 월 _____ 일

祝你考试成功!
시험 잘 보세요!

新 汉 语 水 平 考 试
HSK（二级）答题卡

姓名	

国籍	[0] [1] [2] [3] [4] [5] [6] [7] [8] [9] [0] [1] [2] [3] [4] [5] [6] [7] [8] [9] [0] [1] [2] [3] [4] [5] [6] [7] [8] [9]

序号	[0] [1] [2] [3] [4] [5] [6] [7] [8] [9] [0] [1] [2] [3] [4] [5] [6] [7] [8] [9] [0] [1] [2] [3] [4] [5] [6] [7] [8] [9] [0] [1] [2] [3] [4] [5] [6] [7] [8] [9] [0] [1] [2] [3] [4] [5] [6] [7] [8] [9]

性别　　　　男 [1]　　　　　　女 [2]

考点	[0] [1] [2] [3] [4] [5] [6] [7] [8] [9] [0] [1] [2] [3] [4] [5] [6] [7] [8] [9] [0] [1] [2] [3] [4] [5] [6] [7] [8] [9]

年龄	[0] [1] [2] [3] [4] [5] [6] [7] [8] [9] [0] [1] [2] [3] [4] [5] [6] [7] [8] [9]

学习汉语的时间：

6个月以下 [1]　　　　6个月－1年 [2]

1年－18个月 [3]　　　18个月－2年 [4]

2年－3年 [5]　　　　3年以上 [6]

你是华裔吗?

是 [1]　　　　　　　不是 [2]

注意	请用 2B 铅笔这样写：■

一、听 力

1. [✓] [×]
2. [✓] [×]
3. [✓] [×]
4. [✓] [×]
5. [✓] [×]

6. [✓] [×]
7. [✓] [×]
8. [✓] [×]
9. [✓] [×]
10. [✓] [×]

11. [A] [B] [C] [D] [E] [F]
12. [A] [B] [C] [D] [E] [F]
13. [A] [B] [C] [D] [E] [F]
14. [A] [B] [C] [D] [E] [F]
15. [A] [B] [C] [D] [E] [F]

16. [A] [B] [C] [D] [E] [F]
17. [A] [B] [C] [D] [E] [F]
18. [A] [B] [C] [D] [E] [F]
19. [A] [B] [C] [D] [E] [F]
20. [A] [B] [C] [D] [E] [F]

21. [A] [B] [C]
22. [A] [B] [C]
23. [A] [B] [C]
24. [A] [B] [C]
25. [A] [B] [C]

26. [A] [B] [C]
27. [A] [B] [C]
28. [A] [B] [C]
29. [A] [B] [C]
30. [A] [B] [C]

31. [A] [B] [C]
32. [A] [B] [C]
33. [A] [B] [C]
34. [A] [B] [C]
35. [A] [B] [C]

二、阅 读

36. [A] [B] [C] [D] [E] [F]
37. [A] [B] [C] [D] [E] [F]
38. [A] [B] [C] [D] [E] [F]
39. [A] [B] [C] [D] [E] [F]
40. [A] [B] [C] [D] [E] [F]

41. [A] [B] [C] [D] [E] [F]
42. [A] [B] [C] [D] [E] [F]
43. [A] [B] [C] [D] [E] [F]
44. [A] [B] [C] [D] [E] [F]
45. [A] [B] [C] [D] [E] [F]

46. [✓] [×]
47. [✓] [×]
48. [✓] [×]
49. [✓] [×]
50. [✓] [×]

51. [A] [B] [C] [D] [E] [F]
52. [A] [B] [C] [D] [E] [F]
53. [A] [B] [C] [D] [E] [F]
54. [A] [B] [C] [D] [E] [F]
55. [A] [B] [C] [D] [E] [F]

56. [A] [B] [C] [D] [E] [F]
57. [A] [B] [C] [D] [E] [F]
58. [A] [B] [C] [D] [E] [F]
59. [A] [B] [C] [D] [E] [F]
60. [A] [B] [C] [D] [E] [F]

新 汉 语 水 平 考 试
HSK（二级）答题卡

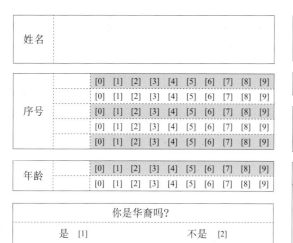

姓名

国籍 [0] [1] [2] [3] [4] [5] [6] [7] [8] [9]
[0] [1] [2] [3] [4] [5] [6] [7] [8] [9]
[0] [1] [2] [3] [4] [5] [6] [7] [8] [9]

序号 [0] [1] [2] [3] [4] [5] [6] [7] [8] [9]
[0] [1] [2] [3] [4] [5] [6] [7] [8] [9]
[0] [1] [2] [3] [4] [5] [6] [7] [8] [9]
[0] [1] [2] [3] [4] [5] [6] [7] [8] [9]
[0] [1] [2] [3] [4] [5] [6] [7] [8] [9]

性别　　　　男 [1]　　　　　　女 [2]

考点 [0] [1] [2] [3] [4] [5] [6] [7] [8] [9]
[0] [1] [2] [3] [4] [5] [6] [7] [8] [9]
[0] [1] [2] [3] [4] [5] [6] [7] [8] [9]

年龄 [0] [1] [2] [3] [4] [5] [6] [7] [8] [9]
[0] [1] [2] [3] [4] [5] [6] [7] [8] [9]

你是华裔吗?

是 [1]　　　　　　　　不是 [2]

学习汉语的时间:

6个月以下 [1]　　　　6个月－1年 [2]
1年－18个月 [3]　　　18个月－2年 [4]
2年－3年 [5]　　　　　3年以上 [6]

注意　　请用 2B 铅笔这样写: ▬

一、听 力

1. [✓] [✗]
2. [✓] [✗]
3. [✓] [✗]
4. [✓] [✗]
5. [✓] [✗]

6. [✓] [✗]
7. [✓] [✗]
8. [✓] [✗]
9. [✓] [✗]
10. [✓] [✗]

11. [A] [B] [C] [D] [E] [F]
12. [A] [B] [C] [D] [E] [F]
13. [A] [B] [C] [D] [E] [F]
14. [A] [B] [C] [D] [E] [F]
15. [A] [B] [C] [D] [E] [F]

16. [A] [B] [C] [D] [E] [F]
17. [A] [B] [C] [D] [E] [F]
18. [A] [B] [C] [D] [E] [F]
19. [A] [B] [C] [D] [E] [F]
20. [A] [B] [C] [D] [E] [F]

21. [A] [B] [C]
22. [A] [B] [C]
23. [A] [B] [C]
24. [A] [B] [C]
25. [A] [B] [C]

26. [A] [B] [C]
27. [A] [B] [C]
28. [A] [B] [C]
29. [A] [B] [C]
30. [A] [B] [C]

31. [A] [B] [C]
32. [A] [B] [C]
33. [A] [B] [C]
34. [A] [B] [C]
35. [A] [B] [C]

二、阅 读

36. [A] [B] [C] [D] [E] [F]
37. [A] [B] [C] [D] [E] [F]
38. [A] [B] [C] [D] [E] [F]
39. [A] [B] [C] [D] [E] [F]
40. [A] [B] [C] [D] [E] [F]

41. [A] [B] [C] [D] [E] [F]
42. [A] [B] [C] [D] [E] [F]
43. [A] [B] [C] [D] [E] [F]
44. [A] [B] [C] [D] [E] [F]
45. [A] [B] [C] [D] [E] [F]

46. [✓] [✗]
47. [✓] [✗]
48. [✓] [✗]
49. [✓] [✗]
50. [✓] [✗]

51. [A] [B] [C] [D] [E] [F]
52. [A] [B] [C] [D] [E] [F]
53. [A] [B] [C] [D] [E] [F]
54. [A] [B] [C] [D] [E] [F]
55. [A] [B] [C] [D] [E] [F]

56. [A] [B] [C] [D] [E] [F]
57. [A] [B] [C] [D] [E] [F]
58. [A] [B] [C] [D] [E] [F]
59. [A] [B] [C] [D] [E] [F]
60. [A] [B] [C] [D] [E] [F]

新 汉 语 水 平 考 试
HSK（二级）答题卡

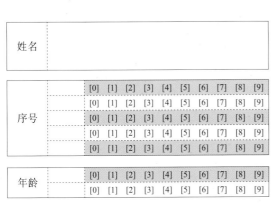

| 姓名 | |

序号	[0] [1] [2] [3] [4] [5] [6] [7] [8] [9]
	[0] [1] [2] [3] [4] [5] [6] [7] [8] [9]
	[0] [1] [2] [3] [4] [5] [6] [7] [8] [9]
	[0] [1] [2] [3] [4] [5] [6] [7] [8] [9]
	[0] [1] [2] [3] [4] [5] [6] [7] [8] [9]

| 年龄 | [0] [1] [2] [3] [4] [5] [6] [7] [8] [9] |
| | [0] [1] [2] [3] [4] [5] [6] [7] [8] [9] |

你是华裔吗？

是 [1]　　　　　　　　不是 [2]

国籍	[0] [1] [2] [3] [4] [5] [6] [7] [8] [9]
	[0] [1] [2] [3] [4] [5] [6] [7] [8] [9]
	[0] [1] [2] [3] [4] [5] [6] [7] [8] [9]

| 性别 | 男 [1]　　　　　女 [2] |

考点	[0] [1] [2] [3] [4] [5] [6] [7] [8] [9]
	[0] [1] [2] [3] [4] [5] [6] [7] [8] [9]
	[0] [1] [2] [3] [4] [5] [6] [7] [8] [9]

学习汉语的时间：

6个月以下 [1]　　　　　6个月－1年 [2]

1年－18个月 [3]　　　　18个月－2年 [4]

2年－3年 [5]　　　　　3年以上 [6]

注意　　请用 2B 铅笔这样写：■

一、听 力

1. [✓] [×]
2. [✓] [×]
3. [✓] [×]
4. [✓] [×]
5. [✓] [×]

6. [✓] [×]
7. [✓] [×]
8. [✓] [×]
9. [✓] [×]
10. [✓] [×]

11. [A] [B] [C] [D] [E] [F]
12. [A] [B] [C] [D] [E] [F]
13. [A] [B] [C] [D] [E] [F]
14. [A] [B] [C] [D] [E] [F]
15. [A] [B] [C] [D] [E] [F]

16. [A] [B] [C] [D] [E] [F]
17. [A] [B] [C] [D] [E] [F]
18. [A] [B] [C] [D] [E] [F]
19. [A] [B] [C] [D] [E] [F]
20. [A] [B] [C] [D] [E] [F]

21. [A] [B] [C]
22. [A] [B] [C]
23. [A] [B] [C]
24. [A] [B] [C]
25. [A] [B] [C]

26. [A] [B] [C]
27. [A] [B] [C]
28. [A] [B] [C]
29. [A] [B] [C]
30. [A] [B] [C]

31. [A] [B] [C]
32. [A] [B] [C]
33. [A] [B] [C]
34. [A] [B] [C]
35. [A] [B] [C]

二、阅 读

36. [A] [B] [C] [D] [E] [F]
37. [A] [B] [C] [D] [E] [F]
38. [A] [B] [C] [D] [E] [F]
39. [A] [B] [C] [D] [E] [F]
40. [A] [B] [C] [D] [E] [F]

41. [A] [B] [C] [D] [E] [F]
42. [A] [B] [C] [D] [E] [F]
43. [A] [B] [C] [D] [E] [F]
44. [A] [B] [C] [D] [E] [F]
45. [A] [B] [C] [D] [E] [F]

46. [✓] [×]
47. [✓] [×]
48. [✓] [×]
49. [✓] [×]
50. [✓] [×]

51. [A] [B] [C] [D] [E] [F]
52. [A] [B] [C] [D] [E] [F]
53. [A] [B] [C] [D] [E] [F]
54. [A] [B] [C] [D] [E] [F]
55. [A] [B] [C] [D] [E] [F]

56. [A] [B] [C] [D] [E] [F]
57. [A] [B] [C] [D] [E] [F]
58. [A] [B] [C] [D] [E] [F]
59. [A] [B] [C] [D] [E] [F]
60. [A] [B] [C] [D] [E] [F]

新 汉 语 水 平 考 试
HSK（二级）答题卡

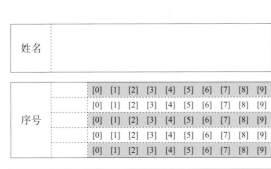

姓名	

国籍	[0] [1] [2] [3] [4] [5] [6] [7] [8] [9]
	[0] [1] [2] [3] [4] [5] [6] [7] [8] [9]
	[0] [1] [2] [3] [4] [5] [6] [7] [8] [9]

序号	[0] [1] [2] [3] [4] [5] [6] [7] [8] [9]
	[0] [1] [2] [3] [4] [5] [6] [7] [8] [9]
	[0] [1] [2] [3] [4] [5] [6] [7] [8] [9]
	[0] [1] [2] [3] [4] [5] [6] [7] [8] [9]
	[0] [1] [2] [3] [4] [5] [6] [7] [8] [9]

性别	男 [1]	女 [2]

考点	[0] [1] [2] [3] [4] [5] [6] [7] [8] [9]
	[0] [1] [2] [3] [4] [5] [6] [7] [8] [9]
	[0] [1] [2] [3] [4] [5] [6] [7] [8] [9]

年龄	[0] [1] [2] [3] [4] [5] [6] [7] [8] [9]
	[0] [1] [2] [3] [4] [5] [6] [7] [8] [9]

你是华裔吗?

是 [1]　　　　　　　不是 [2]

学习汉语的时间:

6个月以下 [1]　　　　6个月－1年 [2]

1年－18个月 [3]　　　18个月－2年 [4]

2年－3年 [5]　　　　3年以上 [6]

注意　　请用 2B 铅笔这样写：■

一、听 力

1. [✓] [×]
2. [✓] [×]
3. [✓] [×]
4. [✓] [×]
5. [✓] [×]

6. [✓] [×]
7. [✓] [×]
8. [✓] [×]
9. [✓] [×]
10. [✓] [×]

11. [A] [B] [C] [D] [E] [F]
12. [A] [B] [C] [D] [E] [F]
13. [A] [B] [C] [D] [E] [F]
14. [A] [B] [C] [D] [E] [F]
15. [A] [B] [C] [D] [E] [F]

16. [A] [B] [C] [D] [E] [F]
17. [A] [B] [C] [D] [E] [F]
18. [A] [B] [C] [D] [E] [F]
19. [A] [B] [C] [D] [E] [F]
20. [A] [B] [C] [D] [E] [F]

21. [A] [B] [C]
22. [A] [B] [C]
23. [A] [B] [C]
24. [A] [B] [C]
25. [A] [B] [C]

26. [A] [B] [C]
27. [A] [B] [C]
28. [A] [B] [C]
29. [A] [B] [C]
30. [A] [B] [C]

31. [A] [B] [C]
32. [A] [B] [C]
33. [A] [B] [C]
34. [A] [B] [C]
35. [A] [B] [C]

二、阅 读

36. [A] [B] [C] [D] [E] [F]
37. [A] [B] [C] [D] [E] [F]
38. [A] [B] [C] [D] [E] [F]
39. [A] [B] [C] [D] [E] [F]
40. [A] [B] [C] [D] [E] [F]

41. [A] [B] [C] [D] [E] [F]
42. [A] [B] [C] [D] [E] [F]
43. [A] [B] [C] [D] [E] [F]
44. [A] [B] [C] [D] [E] [F]
45. [A] [B] [C] [D] [E] [F]

46. [✓] [×]
47. [✓] [×]
48. [✓] [×]
49. [✓] [×]
50. [✓] [×]

51. [A] [B] [C] [D] [E] [F]
52. [A] [B] [C] [D] [E] [F]
53. [A] [B] [C] [D] [E] [F]
54. [A] [B] [C] [D] [E] [F]
55. [A] [B] [C] [D] [E] [F]

56. [A] [B] [C] [D] [E] [F]
57. [A] [B] [C] [D] [E] [F]
58. [A] [B] [C] [D] [E] [F]
59. [A] [B] [C] [D] [E] [F]
60. [A] [B] [C] [D] [E] [F]

新HSK
실전 모의고사
2급

외국어 출판 40년의 신뢰
외국어 전문 출판 그룹
동양북스가 만드는 책은 다릅니다.

40년의 쉼 없는 노력과 도전으로 책 만들기에 최선을 다해온 동양북스는
오늘도 미래의 가치에 투자하고 있습니다.
대한민국의 내일을 생각하는 도전 정신과 믿음으로 최선을 다하겠습니다.

동양북스

📖 동양북스 추천 교재

일본어 교재의 최강자, 동양북스 추천 교재

회화 코스북

일본어뱅크 다이스키
STEP 1·2·3·4·5·6·7·8

일본어뱅크
좋아요 일본어 1·2·3

일본어뱅크 도모다찌
STEP 1·2·3

분야서

일본어뱅크
NEW 스타일 일본어 문법

일본어뱅크
일본어 작문 초급

일본어뱅크
사진과 함께하는
일본 문화

일본어뱅크
항공 서비스 일본어

가장 쉬운 독학
일본어 현지회화

수험서

일취월장 JPT
독해·청해

일취월장 JPT
실전 모의고사 500·700

일단 합격하고 오겠습니다
JLPT 일본어능력시험
N1·N2·N3·N4·N5

일단 합격하고 오겠습니다
JLPT 일본어능력시험
실전모의고사 N1·N2·N3·N4/5

단어·한자

특허받은
일본어 한자 암기박사

일본어 상용한자 2136
이거 하나면 끝!

일본어뱅크
New 스타일 일본어 한자 1·2

가장 쉬운 독학
일본어 단어장

일단 합격하고 오겠습니다
JLPT 일본어능력시험
단어장 N1·N2·N3

중국어 교재의 최강자, 동양북스 추천 교재

중국어뱅크 북경대학 신한어구어
1·2·3·4·5·6

중국어뱅크 스마트중국어
STEP 1·2·3·4

중국어뱅크 집중중국어
STEP 1·2·3·4

중국어뱅크
문화중국어 1·2

중국어뱅크
관광 중국어 1·2

중국어뱅크
여행실무 중국어

중국어뱅크
호텔 중국어

중국어뱅크
판매 중국어

중국어뱅크
항공 서비스 중국어

중국어뱅크
시청각 중국어

정반합 新HSK
1급·2급·3급·4급·5급·6급

버전업! 新HSK 한 권이면 끝
3급·4급·5급·6급

버전업! 新HSK
VOCA 5급·6급

가장 쉬운 독학 중국어 단어장

중국어뱅크
중국어 간체자 1000

특허받은
중국어 한자 암기박사

📖 동양북스 추천 교재

중고급 학습

첫걸음 끝내고 보는
프랑스어
중고급의 모든 것

첫걸음 끝내고 보는
스페인어
중고급의 모든 것

첫걸음 끝내고 보는
독일어
중고급의 모든 것

첫걸음 끝내고 보는
태국어
중고급의 모든 것

단어장

버전업! 가장 쉬운
프랑스어 단어장

버전업! 가장 쉬운
스페인어 단어장

버전업! 가장 쉬운
독일어 단어장

여행 회화

NEW 후다닥
여행 중국어

NEW 후다닥
여행 일본어

NEW 후다닥
여행 영어

NEW 후다닥
여행 독일어

NEW 후다닥
여행 프랑스어

NEW 후다닥
여행 스페인어

NEW 후다닥
여행 베트남어

NEW 후다닥
여행 태국어

수험서 · 교재

한 권으로 끝내는 DELE
어휘·쓰기·관용구편 (B2~C1)

수능 기초 베트남어
한 권이면 끝!

버전업!
스마트 프랑스어

일단 합격하고 오겠습니다
독일어능력시험
A1 · A2 · B1 · B2(근간 예정)

새로운 도서, 다양한 자료
동양북스 홈페이지에서 만나보세요!

홈페이지 활용하여 외국어 실력 두 배 늘리기!

홈페이지 이렇게 활용해보세요!

---

1 도서 자료실에서 학습자료 및 MP3 무료 다운로드!

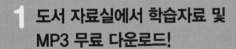

❶ 도서 자료실 클릭
❷ 검색어 입력
❸ MP3, 정답과 해설, 부가자료 등 첨부파일 다운로드

* 원하는 자료가 없는 경우 '요청하기' 클릭!

2 동영상 강의를 어디서나 쉽게! 외국어부터 바둑까지!

500만 독자가 선택한

가장 쉬운
독학 일본어 첫걸음
14,000원

가장 쉬운
독학 중국어 첫걸음
14,000원

가장 쉬운
독학 베트남어 첫걸음
15,000원

가장 쉬운
독학 스페인어 첫걸음
15,000원

가장 쉬운
독학 프랑스어 첫걸음
16,500원

가장 쉬운
독학 태국어 첫걸음
16,500원

가장 쉬운
프랑스어 첫걸음의 모든 것
17,000원

가장 쉬운
독일어 첫걸음의 모든 것
18,000원

가장 쉬운
스페인어 첫걸음의 모든 것
14,500원

첫걸음 베스트 1위!

가장 쉬운 러시아어
첫걸음의 모든 것
16,000원

가장 쉬운 이탈리아어
첫걸음의 모든 것
17,500원

가장 쉬운 포르투갈어
첫걸음의 모든 것
18,000원

버전업! 가장 쉬운
베트남어 첫걸음
16,000원

가장 쉬운 터키어
첫걸음이 모든 것
16,500원

버전업! 가장 쉬운
아랍어 첫걸음
18,500원

가장 쉬운 인도네시아어
첫걸음의 모든 것
18,500원

버전업! 가장 쉬운
태국어 첫걸음
16,800원

가장 쉬운 영어
첫걸음의 모든 것
16,500원

버전업! 굿모닝
독학 일본어 첫걸음
14,500원

가장 쉬운 중국어
첫걸음의 모든 것
14,500원

가장 쉬운 독학
중국어 첫걸음

가장 쉬운 독학
일본어 첫걸음

오늘부터는
팟캐스트로 공부하자!

팟캐스트 무료 음성 강의

▸1
iOS 사용자

Podcast 앱에서
'동양북스' 검색

▸2
안드로이드 사용자

플레이스토어에서 '팟빵' 등
팟캐스트 앱 다운로드,
다운받은 앱에서
'동양북스' 검색

▸3
PC에서

팟빵(www.podbbang.com)에서
'동양북스' 검색
애플 iTunes 프로그램에서
'동양북스' 검색

◉ **현재 서비스 중인 강의 목록** (팟캐스트 강의는 수시로 업데이트 됩니다.)

- 가장 쉬운 독학 일본어 첫걸음
- 페이의 적재적소 중국어
- 가장 쉬운 독학 중국어 첫걸음
- 중국어 한글로 시작해
- 가장 쉬운 독학 베트남어 첫걸음

매일 매일 업데이트 되는 동양북스 SNS! 동양북스의 새로운 소식과 다양한 정보를 만나보세요.

 blog.naver.com/dymg98 　　🅾 instagram.com/dybooks 　　f facebook.com/dybooks 　　🇹 twitter.com/dy_books

일단 합격
하고 오겠습니다

정반합 新HSK

2급

해설서

동양북스

정반합 新HSK 2급 해설서

초판 2쇄 | 2019년 3월 10일

지 은 이 | 张雯, 孙春颖
해   설 | 진윤영
발 행 인 | 김태웅
편 집 장 | 강석기
마 케 팅 | 나재승
제   작 | 현대순
기획 편집 | 양정화
편   집 | 정지선, 김다정
디 자 인 | 방혜자, 김효정, 서진희, 강은비

발 행 처 | (주)동양북스
등   록 | 제 2014-000055호(2014년 2월 7일)
주   소 | 서울시 마포구 동교로22길 12(04030)
구입문의 | 전화 (02)337-1737   팩스 (02)334-6624
내용문의 | 전화 (02)337-1762   dybooks2@gmail.com

ISBN 979-11-5768-240-9 14720
ISBN 979-11-5768-233-1 (세트)

张雯, 孙春颖 主编 2015年
本作品是浙江教育出版社出版的《新汉语水平考试教程》。韩文版经由中国·浙江教育出版社授权
DongYang Books于全球独家出版发行，保留一切权利。未经书面许可，任何人不得复制、发行。

이 도서의 국립중앙도서관 출판예정도서목록(CIP)은 서지정보유통지원시스템 홈페이지(http://seoji.nl.go.kr)와
국가자료공동목록시스템(http://www.nl.go.kr/kolisnet)에서 이용하실 수 있습니다.
(CIP제어번호:CIP2017002166)

목차

해설서

🎧 **미리보기** 해석

🔔 **제1부분** 🎧 MP3-01 　　　　　　　　　　　　　　　　 》전략서 24p

|  | Tā zài hē niúnǎi.
她 在 喝 牛奶。　　　　　　(✓)
그녀는 우유를 마시고 있습니다. |
|  | Wǒ měi tiān zuò gōnggòng qìchē shàngbān.
我 每 天 坐　公共　汽车 上班。　(✗)
저는 매일 버스를 타고 출근합니다. |

01. 보기 사진 보고 나올 단어 예상하기

🧍 **유형 확인 문제** 🎧 MP3-03 　　　　　　　　　　　　　　　　 》전략서 25p

정답 　1 ✗ 　　2 ✓

| 1  | Tā měi tiān wǎnshang dōu yào kàn diànshì.
她 每天　晚上　都 要 <u>看 电视</u>。　　(✗)
그녀는 매일 밤마다 텔레비전을 봅니다. |

단어 每天 měi tiān 매일 | 晚上 wǎnshang 명 저녁, 밤 | 都 dōu 부 모두 | 要 yào 조동 ~하려고 하다 | 看 kàn 동 보다 | 电视 diànshì 명 텔레비전

해설 사람과 사물이 나온 사진을 보고 둘 사이에 어떠한 관계가 있는지 바로 생각할 수 있어야 한다. 사진은 여자 아이가 '책을 보고', '공부를 하는' 모습이다. 따라서 녹음을 들을 때 이와 관련된 단어가 나오는지 주의해서 들어야 한다. 녹음 내용은 '그녀는 매일 밤마다 텔레비전을 봅니다.'이므로 사진과 일치하지 않는다. 따라서 정답은 X다.

| 2  | Wǒ lái jièshào yíxià, zhè shì Lǐ xiǎojiě.
我 来 介绍 一下, 这 是 李 小姐。　(✓)
제가 소개하겠습니다, 이 분은 이 양입니다. |

단어 来 lái 동 다른 동사 앞에 쓰여 어떤 일을 하려는 것을 나타냄 | 介绍 jièshào 동 소개하다 | 一下 yíxià 수량 좀 ~하다 | 小姐 xiǎojiě 명 아가씨

해설　인물이 등장하는 사진을 보고 인물 간의 대화 혹은 관계가 나올 것을 예상할 수 있어야 한다. 사진 속 가운데 인물이 오른손으로 다른 상대를 가리키며 제삼자에게 소개하는 것으로 보아 '소개'와 관련된 단어들이 나올 가능성이 크다. 녹음 내용이 '제가 소개하겠습니다, 이 분은 이 양입니다.'이므로 사진과 관련이 있다.

실전 연습 1 – 제1부분　🎧 MP3-04　　　　　》 전략서 26p

| 정답 | 1 ✓ | 2 ✕ | 3 ✕ | 4 ✓ | 5 ✕ | 6 ✕ | 7 ✓ | 8 ✕ | 9 ✓ | 10 ✓ |

1

Wǒmen jīntiān yǒu kǎoshì.
我们　今天　有　考试。　　（ ✓ ）
우리는 오늘 시험이 있습니다.

단어　今天 jīntiān 명 오늘 | 有 yǒu 통 있다 | 考试 kǎoshì 명 시험

해설　사진 속 인물들이 모두 자리에 앉아 무언가에 집중하는 모습으로 '시험, 공부' 등의 단어가 나올 것을 예상할 수 있다. 녹음 내용에 '考试(시험)'가 사진이 묘사하는 것과 관련이 있으므로 정답은 ✓다.

2

Tā hái méi qǐchuáng ne.
她　还　没　起床　呢。　　（ ✕ ）
그녀는 아직 안 일어났습니다.

단어　还没 hái méi 아직(도) ~안하다 | 起床 qǐchuáng 통 일어나다 | 呢 ne 조 서술문 뒤에 쓰여 동작이나 상황이 지속됨을 나타냄

해설　사진 속 인물은 이미 일어나 기지개를 펴는 모습으로 '아직 일어나지 않았다'는 녹음 내용과 일치하지 않는다.

3

Shàngwǔ wǒ hēle　yì bēi niúnǎi.
上午　我 喝了 一 杯 牛奶。　　（ ✕ ）
오전에 저는 우유 한 잔을 마셨습니다.

단어　上午 shàngwǔ 명 오전 | 喝 hē 통 마시다 | 一 yī 수 하나, 1 | 杯 bēi 양 컵, 잔 | 牛奶 niúnǎi 명 우유

해설　사진 속 사물은 '차 茶 chá'이므로 '우유 한 잔을 마셨다'는 녹음 내용과 일치하지 않는다.

4

Jīntiān xià xuě le.
今天　下 雪 了。　　（ ✓ ）
오늘 눈이 내렸습니다.

단어　今天 jīntiān 명 오늘 | 下雪 xià xuě 눈이 내리다 | 了 le 조 ~했다(동사 또는 형용사 뒤에 쓰여 동작 또는 변화가 이미 완료되었음을 나타냄)

해설 사진 속 눈이 내리는 버스정류장 풍경과 녹음 내용이 일치하므로 정답은 √다.

Tip ▶ 날씨 관련 표현

热 rè 덥다	**天气** tiānqì 날씨
冷 lěng 춥다	**阴天** yīntiān 날씨가 흐리다
下雪 xià xuě 눈이 내리다	**晴天** qíngtiān 날씨가 맑다
下雨 xià yǔ 비가 오다	

5

Wǒ nǚ'ér shēngbìng le.
我 女儿　 生病　了。　　(×)

제 딸은 병이 났습니다.

단어 **女儿** nǚ'ér 몡 딸 | **生病** shēngbìng 동 병이 나다 | **了** le 조 ~했다

해설 사진 속 등장하는 인물은 딸이 아닌 '아들 儿子 érzi'이므로 정답은 X다.

6

Zuótiān wǒ mǎile　yí ge xīguā.
昨天　 我 买了 一 个 西瓜。　　(×)

어제 저는 수박 하나를 샀습니다.

단어 **昨天** zuótiān 몡 어제 | **买** mǎi 동 사다 | **一** yī 주 하나, 1 | **个** gè 양 개, 사람, 명 | **西瓜** xīguā 몡 수박

해설 사진 속 사물은 '사과 苹果 píngguǒ'이므로 녹음 내용과 일치하지 않는다.

7

Yǐjing　 diǎn le,　 tā hái zài wán diànnǎo.
已经 10 点 了，她 还 在 玩 电脑。　　(√)

벌써 10시인데 그녀는 아직도 컴퓨터를 하고 있습니다.

단어 **已经** yǐjing 분 이미, 벌써 | **点** diǎn 양 시 | **还** hái 분 아직도 | **在** zài 분 ~하고 있다 | **玩** wán 동 놀다 | **电脑** diànnǎo 몡 컴퓨터

해설 사진 속 인물이 녹음 내용과 동일하게 컴퓨터 앞에 앉아 무언가를 하고 있으므로 정답은 √다.

8

Wǒ xiǎng sòng māma yí ge piàoliang de bēizi.
我 想 送 妈妈 一 个 漂亮 的 杯子。　　(×)

저는 어머니께 예쁜 컵을 선물하고 싶습니다.

단어 **想** xiǎng 조동 ~하길 원하다 | **送** sòng 동 선물하다 | **妈妈** māma 몡 엄마, 어머니 | **个** gè 양 개, 사람 | **漂亮** piàoliang 형 예쁘다 | **的** de 조 ~한(관형어와 중심어 사이가 일반적인 수식 관계임을 나타냄) | **杯子** bēizi 몡 잔, 컵

해설 사진 속 사물은 '꽃 花 huā'이므로 녹음 내용과 일치하지 않는다.

9

Wǒ yǒu yí ge jiějie.
我 有 一 个 <u>姐姐</u>。 (√)

저는 <u>언니(누나)</u> 한 명이 있습니다.

단어 有 yǒu 통 있다 | 一 yī 주 하나, 1 | 个 gè 양 개, 사람, 명 | 姐姐 jiějie 명 누나, 언니

해설 사진 속 인물이 여자이므로 녹음 중 '누나, 언니(姐姐)'와 관련이 있다. 따라서 정답은 √다.

Tip
▶ 가족 관계

爷爷 yéye 할아버지	爸爸 bàba 아빠	哥哥 gēge 형, 오빠	弟弟 dìdi 남동생
奶奶 nǎinai 할머니	妈妈 māma 엄마	姐姐 jiějie 누나, 언니	妹妹 mèimei 여동생

10

Jīntiān shì wǒ péngyou de shēngrì.
今天 是 我 朋友 的 <u>生日</u>。 (√)

오늘은 제 친구 <u>생일</u>입니다.

단어 今天 jīntiān 명 오늘 | 是 shì 통 ~이다 | 朋友 péngyou 명 친구 | 的 de 조 ~의(관형어와 중심어 사이가 종속 관계임을 나타냄) |
生日 shēngrì 명 생일

해설 사진 속 사물 '케이크'를 근거로 녹음 내용에 '생일이다'와 관련지어 생각할 수 있다. 따라서 정답은 √다.

실전 연습 **2** – 제1부분 🎧 MP3-05 》 전략서 28p

정답 1 √ 2 √ 3 × 4 √ 5 × 6 √ 7 × 8 √ 9 √ 10 ×

1

Fúwùyuán hěn piàoliang.
<u>服务员</u> 很 <u>漂亮</u>。 (√)

종업원이 매우 예쁩니다.

단어 服务员 fúwùyuán 명 종업원 | 很 hěn 부 매우, 대단히 | 漂亮 piàoliang 형 예쁘다, 아름답다, 보기 좋다

해설 녹음이 사진 속 인물을 형용하는 내용과 일치하므로 정답은 √다.

2

Tā zài pǎobù ne.
她 在 <u>跑步</u> 呢。 (√)

그녀는 <u>달리기</u>를 하고 있습니다.

3

Wǒ yào yì bēi kāfēi.
我 要 一 杯 咖啡。　(×)

저는 커피 한 잔을 원합니다.

단어 要 yào 图 얻기(가지기)를 희망하다 | 一 yī 주 하나, 1 | 杯 bēi 영 컵, 잔 | 咖啡 kāfēi 명 커피

해설 사진 속 사물은 '물 水 shuǐ'이므로 녹음 내용과 일치하지 않는다.

4

Tā xǐhuan dǎ lánqiú.
他 喜欢 打 篮球。　(√)

그는 농구하는 것을 좋아합니다.

단어 喜欢 xǐhuan 图 좋아하다 | 打篮球 dǎ lánqiú 농구를 하다

해설 사진 속 인물이 농구를 하고 있으므로 녹음 내용과 관계가 있다. 따라서 정답은 √다.

Tip

▶ 운동(활동) 관련 표현

跳舞 tiàowǔ 춤을 추다	打篮球 dǎ lánqiú 농구하다
跑步 pǎobù 달리기하다	游泳 yóuyǒng 수영하다
踢足球 tī zúqiú 축구를 하다	

5

Wǒ zuò gōnggòng qìchē qù shàngxué.
我 坐 公共 汽车 去 上学。　(×)

저는 버스를 타고 학교 갑니다.

단어 坐 zuò 图 (교통수단을) 타다 | 公共汽车 gōnggòng qìchē 명 버스 | 去 qù 图 가다 | 上学 shàngxué 图 등교하다

해설 사진 속 사물이 '오토바이 摩托车 mótuōchē'이므로 녹음 내용과 일치하지 않는다.

Tip

▶ 교통수단

公共汽车 gōnggòng qìchē 버스	火车 huǒchē 기차
出租车 chūzūchē 택시	飞机 fēijī 비행기

▶ 관련 표현

坐 zuò 타다
怎么 zěnme 어떻게 (수단·방법을 묻는 말)

6

Zuótiān wǎnshang de diànyǐng hěn hǎokàn.

昨天　晚上 的 电影 很 好看。　　(√)

어제 저녁 영화는 매우 재미있었습니다.

단어　昨天 zuótiān 몡 어제 | 晚上 wǎnshang 몡 저녁 | 电影 diànyǐng 몡 영화 | 好看 hǎokàn 혱 (내용이) 재미있다, 흥미진진하다

해설　사진 속 장소가 영화관이므로 영화와 관련된 녹음내용과 관계가 있다. 따라서 정답은 √다.

7

Jīntiān tiānqì hěn hǎo.

今天 天气 很 好。　　(✕)

오늘 날씨는 좋습니다.

단어　今天 jīntiān 몡 오늘 | 天气 tiānqì 몡 날씨 | 很 hěn 뭐 매우, 대단히 | 好 hǎo 혱 좋다

해설　사진 속 아이가 두꺼운 옷을 입고 추워하는 모습으로 '날씨가 매우 좋다'는 녹음 내용과 일치하지 않는다.

8

Zhè shì wǒ de xīn shǒubiǎo.

这 是 我的新 手表。　　(√)

이것은 제 새 손목시계입니다.

단어　这 zhè 때 이것 | 是 shì 동 ~이다 | 新 xīn 혱 새 것의 | 手表 shǒubiǎo 몡 손목시계

해설　사진 속 사물이 손목시계로 녹음 내용과 일치한다. 따라서 정답은 √다.

9

Tāmen shì wǒ de xuésheng.

她们 是我的 学生。　　(√)

그녀들은 저의 학생입니다.

단어　她们 tāmen 때 그녀들 | 是 shì 동 ~이다 | 学生 xuésheng 몡 학생

해설　사진 속 인물이 '그녀들' 복수이고 교복 입은 학생으로 녹음 내용과 일치한다.

10

Tā zhèngzài kàn shū ne.

她 正在　看 书 呢。　　(✕)

그녀는 지금 책을 보고 있습니다.

단어　正在 zhèngzài 뭐 지금 ~하고 있다 | 看 kàn 동 보다 | 书 shū 몡 책 | 呢 ne 조 동작이나 상황이 지속됨을 나타냄

해설　사진 속 인물은 잠을 자고 있으므로 녹음 내용과 일치하지 않는다.

11

🎧 미리보기 │ 해석

🔔 제2부분 🎧 MP3-06   》 전략서 32p

Nǐ xǐhuan shénme yùndòng?
女：你 喜欢 什么 运动?
Wǒ zuì xǐhuan tī zúqiú.
男：我 最 喜欢 踢 足球。

여 : 당신은 무슨 운동을 좋아하나요?

남 : 저는 축구하는 것을 가장 좋아합니다. │D│

실전 연습 1 – 제2부분 🎧 MP3-09   》 전략서 36p

정답   11 B   12 D   13 E   14 A   15 C

11 – 15

A    B

C    D

E

11

Nǐ de shū kànwán le ma?
女：你 的 书 看完 了 吗?
Hái méiyǒu.
男：还 没有。

여 : 당신 책을 다 보았나요?

남 : 아직이요.   │B│

단어 书 shū 명 책 │ 看 kàn 통 보다 │ 完 wán 통 마치다 │ 了 le 조 ~했다 │ 还 hái 부 여전히, 아직도 │ 没有 méiyǒu 부 아직~않다(경험·행위·사실 따위가 아직 일어나지 않았음을 나타냄)

해설 여자가 책을 다 보았는지를 남자에게 묻고 있으므로 책을 보고 있는 남자 사진 B가 정답이다.

12

Nǐ měi tiān jǐ diǎn shuìjiào?
男 : 你 每 天 几 点 睡觉?

Wǎnshang shí diǎn.
女 : 晚上 十 点。

남 : 당신은 매일 몇 시에 잠을 자나요?

여 : 밤 10시요.

D

단어 每天 měi tiān 매일 | 几 jǐ ㈜ 몇 | 点 diǎn ⑱ 시 | 睡觉 shuìjiào ⑧ 잠을 자다 | 晚上 wǎnshang ⑲ 저녁, 밤 | 十 shí ㈜ 열, 10

해설 대화 내용의 핵심어는 '几点(몇 시)', '十点(10시)' 이다. 따라서 10시를 나타내는 시계 사진 D가 정답이다.

Tip

▶ 시간 표현	▶ 시간 읽는 법
点 diǎn 시	1. 两点 liǎng diǎn 2시
分钟 fēnzhōng 분	2시는 '二点'이 아니라 '两点'으로 읽는다.
分 fēn 분	2시를 제외한 시간들은 기본 숫자 읽는 방식 그대로 읽는다.
几 jǐ 몇	2. 半 bàn 30분
多长 时间 duōcháng shíjiān (시간이)얼마나	30분은 '三十分'이라고 하지만, 주로 '半'을 더 자주 사용한다.
	☑ 两 点 半 liǎng diǎn bàn 2시 반(= 2시 30분)

13

Nǐ shēngbìng le ma?
女 : 你 生病 了 吗?

Shì de, wǒ xiànzài yào qù yīyuàn.
男 : 是 的, 我 现在 要 去 医院。

여 : 당신 병났어요?

남 : 네, 지금 병원에 가려고 해요.

E

단어 生病 shēngbìng ⑧ 병나다 | 是 shì ⑲ 맞다, 옳다 | 现在 xiànzài ⑲ 지금, 현재 | 要 yào 조동 ~하려고 하다 | 去 qù ⑧ 가다 | 医院 yīyuàn ⑲ 병원

해설 남자가 병원에 가려 한다고 하였으므로 병원 내부 사진인 E가 정답이다.

14

Nǐ jīntiān shàngbān ma?
男 : 你 今天 上班 吗?

Bù, jīntiān wǒ xiūxi.
女 : 不, 今天 我 休息。

남 : 당신은 오늘 출근하나요?

여 : 아니요, 오늘은 쉬어요.

A

단어 今天 jīntiān ⑲ 오늘 | 上班 shàngbān ⑧ 출근하다 | 不 bù ⑨ 아니다 | 休息 xiūxi ⑧ 쉬다

해설 출근하는지를 묻는 남자의 질문에 여자가 쉰다고 하였으므로 정답은 사진 A다.

15

Nǐ érzi jīnnián duō dà le?
女 : 你 儿子 今年 多 大 了?

Tā kuài liǎng suì le.
男 : 他 快 两 岁 了。

여 : 당신 아들은 올해 몇 살인가요?

남 : 그는 곧 2살이에요.

C

단어 儿子 érzi 몡 아들 | 今年 jīnnián 몡 올해, 금년 | 多 duō 몜 얼마나 | 大 dà 톙 크다 | 快 kuài 몜 곧, 머지않아 | 两 liǎng 㑮 둘 |
岁 suì 몡 살, 세 (연령을 세는 단위)

해설 대화 내용의 핵심어는 '儿子(아들)'이다. 따라서 정답은 사진 C다.

정답　16 D　17 E　18 C　19 A　20 B

---

16 – 20

16

女 : 昨天 的 电影 怎么样?
　　Zuótiān de diànyǐng zěnmeyàng?

男 : 很 不错, 我 喜欢。
　　Hěn búcuò, wǒ xǐhuan.

여 : 어제 영화 어땠어요?

남 : 아주 좋았어요, 저는 좋아요.　　D

단어 昨天 zuótiān 몡 어제 | 电影 diànyǐng 몡 영화 | 怎么样 zěnmeyàng 㒲 어떻다, 어떠하다 | 很 hěn 몜 매우, 대단히 | 不错
búcuò 톙 좋다, 괜찮다 | 喜欢 xǐhuan 동 좋아하다

해설 영화에 대해서 이야기 하고 있으므로 영화관 매표소 사진인 D가 가장 적합하다.

17

男 : 你 身体 不好, 要 多 休息。
　　Nǐ shēntǐ bù hǎo, yào duō xiūxi.

女 : 好 的, 谢谢。
　　Hǎo de, xièxie.

남 : 당신 몸이 좋지 않아요, 많이 쉬어야 해요.

여 : 그럴께요, 감사합니다.　　E

단어 身体 shēntǐ 몡 몸, 신체, 건강 | 不好 bù hǎo 나쁘다 | 要 yào 조동 ~해야 한다 | 多 duō 톙 많다 | 休息 xiūxi 동 쉬다 | 好的
hǎo de 좋아, 됐어 | 谢谢 xièxie 동 감사합니다, 고맙습니다

해설 대화 내용의 핵심어는 '身体(몸, 건강)', '不好(좋지 않다)'이다. 따라서 몸이 좋지 않아 보이는 여자 사진 E가 가장 적합하다.

18

Nǐ xiǎng hē shénme?
女 : 你 想 喝 什么?

Chá, xièxie!
男 : 茶，谢谢!

여 : 당신은 무엇을 마시고 싶나요?

남 : 차요, 감사합니다!

C

단어 想 xiǎng 조통 ~하고 싶다 | 喝 hē 통 마시다 | 什么 shénme 대 무엇 | 茶 chá 명 차 | 谢谢 xièxie 통 감사합니다, 고맙습니다

해설 마시고 싶은 대상이 차이므로 '차' 사진인 C가 정답이다.

19

Zhè běn shū hěn yǒu yìsi, sòng gěi nǐ.
男 : 这 本 书 很 有 意思，送 给 你。

Xièxie.
女 : 谢谢。

남 : 이 책은 매우 재미있어요, 당신 줄게요.

여 : 고마워요.

A

단어 这 zhè 대 이것 | 本 běn 양 권 | 书 shū 명 책 | 很 hěn 부 매우, 대단히 | 有意思 yǒu yìsi 형 재미있다, 흥미 있다 | 送 sòng 통 주다, 선물하다 | 给 gěi 통 주다 | 谢谢 xièxie 통 감사합니다, 고맙습니다

해설 남녀가 책에 대해서 이야기하고 있으므로 사진 A가 가장 대화 내용에 적합하다.

20

Nǐmen zuò huǒchē qù Běijīng ma?
女 : 你们 坐 火车 去 北京 吗?

Bù, wǒmen xiǎng zuò fēijī qù.
男 : 不，我们 想 坐飞机 去。

여 : 당신들은 기차타고 베이징에 가요?

남 : 아니요, 비행기 타고 갈 생각이에요.

B

단어 坐 zuò 통 (교통수단을) 타다 | 火车 huǒchē 명 기차, 열차 | 去 qù 통 가다 | 北京 Běijīng 고유 베이징, 북경 | 不 bù 부 아니다 | 想 xiǎng 조통 ~하려고 하다 | 飞机 fēijī 명 비행기

해설 교통수단이 대화의 핵심어이므로 비행기 사진이 나온 B가 정답이다.

Tip

▶ 연동문이란? 문장 속에 하나의 주어에 2개 혹은 2개 이상의 동사가 술어로 구성된 문장

　☞ 연동문에서 동사의 순서 : 동작이 발생하는 순서대로

　예 我　　坐　飞机　去　　上海。 Wǒ zuò fēijī qù Shànghǎi. 저는 비행기를 타고 상하이에 갑니다.
　　　주어　동사1 목적어1 동사2 목적어 2

　　Point : 비행기를 먼저 타야 상하이에 갈 수 있으므로 '坐'를 먼저 사용한다.

▶ 연동문에서 동태조사 '了/过/着'의 위치

　☞ 지속을 나타내는 '着'는 첫 번째 동사 뒤에, 완료와 경험을 나타내는 '了와 过'는 두 번째 동사 뒤에 위치한다.

　예 他　　走　着　　去　　学校。 Tā zǒuzhe qù xuéxiào. 그는 걸어서 학교에 갑니다.
　　　　　동사1 + 着　　동사2 → '동사1(걷다)'한 채로 '동사2(가다)'를 함.

　　　我　去　北京　学习　过　汉语。 Wǒ qù Běijīng xuéxíguo Hànyǔ.
　　　　　　　　　　　　　　　저는 베이징에 가서 중국어를 배운 적이 있습니다.
　　　동사1　　동사2 + 过 → '동사1(가다)'해서 '동사2(배우다)'를 한 적 있음.

　　　她　去　上海　旅游　了。 Tā qù Shànghǎi lǚyóu le. 그녀는 상하이로 여행을 갔습니다.
　　　동사1　　동사2 + 了 → '동사1(가다)'하고 '동사2(여행)'을 했음.

정답 | 11 B　 12 D　 13 E　 14 A　 15 C

11 – 15

A

B

C

D

E

11

Nǐmen jiā yǒu jǐ ge háizi?
女 : 你们 家 有 几 个 孩子?

Liǎng ge, mèimei hé wǒ.
男 : 两 个, 妹妹 和 我。

여 : 당신 집은 아이들이 몇 명인가요?

남 : 두 명이요, 여동생과 저예요.　　B

단어 | 你们 nǐmen 団 너희들, 당신들 | 家 jiā 명 집 | 有 yǒu 동 있다 | 几 jǐ 준 몇 | 个 gè 양 개, 사람, 명 | 孩子 háizi 명 자녀(자식) | 两 liǎng 준 둘 | 妹妹 mèimei 명 여동생 | 和 hé 접 ~와

해설 | 형제자매를 묻는 말에 남자가 여동생과 자신이라고 하였으므로 사진 중 남매가 있는 가족사진 B가 가장 적합하다.

12

Jīntiān tiānqì zěnmeyàng?
男 : 今天 天气 怎么样?

Jīntiān tiānqì hěn hǎo.
女 : 今天 天气 很 好。

남 : 오늘 날씨는 어때요?

여 : 오늘 날씨는 좋아요.　　D

단어 | 今天 jīntiān 명 오늘 | 天气 tiānqì 명 날씨 | 怎么样 zěnmeyàng 団 어떻다 | 很 hěn 면 매우, 대단히 | 好 hǎo 형 좋다

해설 | 날씨에 대해서 이야기하고 있으므로 맑은 날이 묘사된 사진 D가 정답이다.

13

女：我们 去吃 东西 吧!
Wǒmen qù chī dōngxi ba!

男：好 的，去吃 中国 菜吧!
Hǎo de, qù chī Zhōngguó cài ba!

여 : 우리 뭐 먹으러 가요!

남 : 좋아요, 중국 요리 먹으러 가요!　　E

단어 去 qù 图 가다 | 吃 chī 图 먹다 | 东西 dōngxi 圀 (구체적인 or 추상적인) 것, 물건 | 好的 hǎo de 좋아, 됐어 | 中国 Zhōngguó 고유 중국 | 菜 cài 圀 요리

해설 중국 요리 먹으러 가자고 하였고 사진 중에 음식 사진은 E뿐이다. 따라서 정답으로 가장 적합한 사진은 E다.

14

男：你 妈妈 怎么样?
Nǐ māma zěnmeyàng?

女：我 妈妈 病 了，在 医院。
Wǒ māma bìng le, zài yīyuàn.

남 : 당신 어머니는 좀 어때요?

여 : 저의 엄마는 편찮으셔서 병원에 계세요.　　A

단어 妈妈 māma 圀 엄마, 어머니 | 怎么样 zěnmeyàng 圃 어떻다, 어떠하다 | 病 bìng 图 병나다 | 在 zài 图 ~에 있다 | 医院 yīyuàn 圀 병원

해설 어머니가 편찮으셔서 병원에 계신다는 대화 내용과 가장 적합한 사진은 A다.

15

女：这 家 商店 的 东西 很 贵。
Zhè jiā shāngdiàn de dōngxi hěn guì.

男：我们 别 去 了。
Wǒmen bié qù le.

여 : 이 상점 물건은 비싸요.

남 : 우리 가지 말아요.　　C

단어 这 zhè 圃 이것 | 家 iā 圀 집, 상점 등을 세는 단위 | 商店 shāngdiàn 圀 상점, 판매점 | 东西 dōngxi 圀 것, 물건 | 很 hěn 图 매우, 대단히 | 贵 guì 圀 비싸다 | 别 bié 图 ~하지 마라 | 去 qù 图 가다

해설 대화의 핵심은 상점에 대한 것으로 이에 가장 적절한 사진은 C다.

16 – 20

16

Nǐ nǚ'ér qù nǎr le?
女 : 你 女儿 去 哪儿 了?

Qù pǎobù le.
男 : 去 跑步 了。

여 : 당신 딸은 어디 갔어요?

남 : 달리기하러 갔어요.

C

단어 女儿 nǚ'ér 명 딸 | 去 qù 동 가다 | 哪儿 nǎr 대 어디, 어느 곳 | 跑步 pǎobù 동 달리다

해설 남자의 딸이 달리기하러 갔다는 말을 근거로 트랙 위에서 뛰고 있는 여자 사진 C가 가장 적합하다.

17

Nǐ kànjiàn wǒ de shǒubiǎo le ma?
男 : 你 看见 我 的 手表 了 吗?

Zài zhuōzi shang.
女 : 在 桌子 上。

남 : 제 손목시계를 보셨나요?

여 : 테이블 위에 있어요.

B

단어 看见 kànjiàn 동 보다, 눈에 띄다 | 手表 shǒubiǎo 명 손목시계 | 在 zài 동 ~에 있다 | 桌子 zhuōzi 명 탁자, 테이블 | 上 shang 명 ~에, ~위에

해설 대화의 핵심어인 '手表(손목시계)'를 근거로 정답 사진은 B다.

18

Jīntiān bǐ zuótiān lěng.
女 : 今天 比 昨天 冷。

Shì a, jīntiān xià xuě le.
男 : 是 啊, 今天 下 雪 了。

여 : 오늘은 어제보다 추워요.

남 : 맞아요, 오늘 눈이 왔어요.

E

단어 今天 jīntiān 명 오늘 | 比 bǐ 게 ~에 비해, ~보다 | 昨天 zuótiān 명 어제 | 冷 lěng 형 춥다, 차다 | 是 shì 형 맞다, 옳다 | 下雪 xià xuě 눈이 내리다

해설 눈이 내렸다고 하였으므로 눈과 관련된 눈사람 사진 E가 대화 내용에 가장 적합하다.

Tip

▶ 비교문 알아보기

① 기본 형식

> A 比 B + 술어   A는 B보다 ~하다

예 今天　比　昨天　冷。 Jīntiān bǐ zuótiān lěng. 오늘이 어제보다 춥습니다.
　　주어　전치사　명사　술어

② 정도 표현

> A 比 B + 술어 + 一点儿 / 一些   A가 B보다 조금 ~하다
> A 比 B + 술어 + 得 多 / 多 了   A가 B보다 많이 ~하다

비교문의 정도 표현은 술어 뒤에 보어를 사용하여 나타낼 수도 있다.

예 今天 比 昨天 冷 一点儿。 Jīntiān bǐ zuótiān lěng yìdiǎnr. 오늘이 어제보다 조금 춥습니다.
　　今天 比 昨天 冷 得 多。 Jīntiān bǐ zuótiān lěng de duō. 오늘이 어제보다 많이 춥습니다.

19

Nǐ měi tiān jǐ diǎn qǐchuáng?
男 : 你 每 天 几 点　起床?

Bā diǎn.
女 : 八 点。

남 : 당신은 매일 몇 시에 일어나요?

여 : 8시요.

A

단어 每天 měi tiān 매일, 날마다 | 几 jǐ 쉬 몇 | 点 diǎn 양 시 | 起床 qǐchuáng 동 일어나다 | 八 bā 쉬 8, 여덟

해설 여자가 8시에 일어난다고 하였으므로 8시를 가리키는 시계 사진 A가 정답이다.

20

Nǐ zuótiān wèishéme méi lái?
女 : 你 昨天　为什么　没 来?

Yīnwèi wǒ nǚ'ér shēngbìng le.
男 : 因为　我 女儿　生病　了。

여 : 당신 어제 왜 안 왔어요?

남 : 제 딸이 아파서요.

D

단어 昨天 zuótiān 명 어제 | 为什么 wèishénme 왜, 어째서 | 没来 méi lái 안 오다 | 因为 yīnwèi 집 왜냐하면 | 女儿 nǚ'ér 명 딸 | 生病 shēngbìng 동 병이 나다

해설 딸이 아프다는 내용을 묘사하고 있는 사진 D가 정답이다.

미리보기 | 해석

제3부분 🎧 MP3-11

≫ 전략서 42p

21.	21.
Wǎnshang wǒmen yào qù kàn diànyǐng. 男：晚上 我们 要 去 看 电影。 Nǐ qù ma? 你 去 吗？ Wǒ bú qù, míngtiān yào kǎoshì. 女：我 不 去，明天 要 考试。 Nǚ de shì shénme yìsi? 问：女 的 是 什么 意思？ tā yě qù　　　　　tā bú qù A 她 也 去　　B 她 不 去 tā qùguo le C 她 去 过 了	남 : 저녁에 우리 영화 보러 갈 거예요. 　　당신도 갈래요? 여 : 저는 안 가요, 내일 시험을 보거든요. 문 : 여자의 말 뜻은? A 그녀도 간다　　B 그녀는 가지 않는다 C 그녀는 가본 적이 있다

제4부분 🎧 MP3-12

≫ 전략서 43p

31.	31.
Píngguǒ zěnme mài? 男：苹果 怎么 卖？ Sān kuài wǔ yì jīn. 女：三 块 五 一 斤。 Wǒ mǎi sān jīn, néng piányi yìdiǎnr ma? 男：我 买 三 斤，能 便宜 一点儿 吗？ Sān kuài qián yì jīn ba. 女：三 块 钱 一 斤 吧。 Nǚ de mài gěi nán de píngguǒ 问：女 的 卖 给 男 的 苹果 duōshao qián yì jīn? 多少 钱 一 斤？ sān kuài　　sān kuài wǔ　　sì kuài A 三 块　　B 三 块 五　　C 四 块	남 : 사과는 어떻게 팔아요? 여 : 한 근에 3.5위안이에요. 남 : 세 근 살께요, 좀 깎아주실 수 있나요? 여 : 한 근에 3위안으로 해드릴게요. 문 : 여자가 남자에게 판 사과는 　　한 근에 얼마인가? A 3위안　　B 3.5위안　　C 4위안

실전 연습 **1** – 제3·4부분

🔔 제3부분　🎧 MP3-17　　　　　　　　　　　　　　　　　　　　　　》전략서 50p

| 정답 | 21 A | 22 B | 23 C | 24 B | 25 A | 26 C | 27 B | 28 C | 29 B | 30 A |

21

　　　Nǐ qù gàn shénme?
男 : 你 去 干 什么?

　　　Wǒ qù mǎi yào, wǒ dìdi bìng le.
女 : 我 去 买 药, 我 弟弟 病 了。

　　　Nǚde de dìdi zěnme le?
问 : 女的 的 弟弟 怎么 了?

　　bìng le　　　lèi le　　　shuìjiào le
A 病 了　　B 累 了　　C 睡觉 了

남 : 당신은 무엇을 하러 가나요?

여 : 약 사러 가요, 남동생이 병이 났어요.

문 : 여자의 남동생은 어떠한가?

A 병이 났다　　B 피곤하다　　C 잠을 잔다

단어　去 qù 통 가다 | 干 gàn 통 ~하다 | 什么 shénme 때 무엇 | 买 mǎi 통 사다 | 药 yào 명 약 | 弟弟 dìdi 명 남동생 | 病 bìng 통 병나다, 앓다 | 怎么 zěnme 때 어떻게 (방식·원인 등을 물음) | 累 lèi 형 피곤하다 | 睡觉 shuìjiào 통 잠을 자다

해설　여자가 남동생이 아파서 약을 사러 간다고 하였으므로 남동생은 병이 났음을 알 수 있다. 따라서 정답은 A다.

22

　　　Bàozhǐ shang shuō míngtiān huì xià yǔ.
女 : 报纸 上 说 明天 会 下雨。

　　　Míngtiān wǒmen zài jiā kàn diànshì ba.
男 : 明天 我们 在 家 看 电视 吧。

　　　Nǚ de zài gàn shénme?
问 : 女的 在 干 什么?

　　kàn diànshì　　　　kàn bàozhǐ
A 看 电视　　B 看 报纸

　　kàn shū
C 看 书

여 : 신문에 내일 비가 온데요.

남 : 내일은 우리 집에서 텔레비전 봐요.

문 : 여자는 무엇을 하고 있는가?

A 텔레비전을 본다　　B 신문을 본다

C 책을 본다

단어　报纸 bàozhǐ 명 신문 | 上 shang 명 ~에서, ~상 | 说 shuō 통 말하다 | 明天 míngtiān 명 내일 | 会 huì 조통 ~일 것이다, ~할 것이다 | 下雨 xiàyǔ 통 비가 오다(내리다) | 我们 wǒmen 때 우리(들) | 在 zài 개 ~에서 | 家 jiā 명 집 | 看 kàn 통 보다 | 电视 diànshì 명 텔레비전 | 吧 ba 조 문장 맨 끝에 쓰여, 상의·제의·청유·기대·명령 등의 어기를 나타냄 | 在 zài 부 ~하고 있다 | 干 gàn 통 하다 | 什么 shénme 때 무엇 | 书 shū 명 책

해설　신문에 비가 올 것이라고 했다는 여자의 말을 미루어 현재 여자는 신문을 보고 있는 중이라는 것을 유추할 수 있다. 따라서 정답은 B다.

<table>
<tr><td colspan="2">23</td></tr>
<tr>
<td>
Zǒulù tài màn le, wǒmen zuò chūzūchē ba.
男：走路 太 慢 了，我们 坐 出租车 吧。
Hǎo de. Diànyǐng kuài kāishǐ le.
女：好 的。电影 快 开始了。

Tāmen yào qù zuò shénme?
问：他们 要 去 做 什么？
    zǒulù   huí jiā
A 走路   B 回 家
    kàn diànyǐng
C 看 电影
</td>
<td>
남 : 걸어가면 너무 늦어요, 우리 택시 타요.

여 : 좋아요. 영화가 곧 시작하겠어요.

문 : 그들은 무엇을 하러 가는가?

A 걷기   B 집으로 돌아가기

C 영화 보기
</td>
</tr>
</table>

단어 走路 zǒulù 동 걷다 | 太 tài 부 너무, 몹시 | 慢 màn 형 느리다 | 我们 wǒmen 대 우리(들) | 坐 zuò 동 (교통수단을) 타다 | 出租车 chūzūchē 명 택시 | 吧 ba 조 문장 맨 끝에 쓰여, 상의·제의·청유·명령 등의 어기를 나타냄 | 好的 hǎo de 좋아, 됐어 | 电影 diànyǐng 명 영화 | 快 kuài 부 곧, 머지않아 | 开始 kāishǐ 동 시작되다 | 他们 tāmen 대 그들, 저들 | 要 yào 조동 ~하려고 하다 | 去 qù 동 가다 | 做 zuò 동 하다 | 什么 shénme 대 무엇 | 回家 huí jiā 집으로 돌아가다

해설 택시 타자는 남자의 말에 여자가 영화가 곧 시작되겠다고 하였으므로 그들은 영화를 보러 가는 것임을 알 수 있다.

<table>
<tr><td colspan="2">24</td></tr>
<tr>
<td>
Kuài qī diǎn le, qǐchuáng ba.
女：快 七 点 了，起床 吧。
Wǒ yào qù shàngbān le.
我 要 去 上班 了。
Wǒ hái xiǎng shuì.
男：我 还 想 睡。

Nǚ de ràng nán de zuò shénme?
问：女 的 让 男 的 做 什么？
    shàngbān   qǐchuáng   shuìjiào
A 上班   B 起床   C 睡觉
</td>
<td>
여 : 7시가 다 되어 가요, 일어나요.

    저 출근해야 해요.

남 : 저는 더 자고 싶어요.

문 : 여자는 남자에게 무엇을 하라고 하는가?

A 출근하기   B 기상하기   C 잠 자기
</td>
</tr>
</table>

단어 快 kuài 부 곧, 머지않아 | 七 qī 수 일곱, 7 | 点 diǎn 양 시 | 起床 qǐchuáng 동 일어나다 | 要 yào 조동 ~해야 한다 | 去 qù 동 가다 | 上班 shàngbān 동 출근하다 | 还 hái 부 또, 더 | 想 xiǎng 조동 ~하고 싶다, 희망하다 | 睡 shuì 동 (잠을) 자다 | 让 ràng 동 권하다, ~하도록 시키다 | 做 zuò 동 하다 | 什么 shénme 대 무엇 | 睡觉 shuìjiào 동 잠을 자다

해설 여자가 출근하기 전에 남자를 깨우고 있으므로 정답은 B다.

25

男 : Nǐ wèishéme méi mǎi nà jiàn yīfu?
你 为什么 没 买 那 件 衣服?

남 : 당신은 왜 그 옷을 사지 않았나요?

女 : Wǒ juéde tài guì le.
我 觉得 太贵了。

여 : 제 생각에 너무 비싼 것 같아서요.

问 : Nǚ de juéde yīfu zěnmeyàng?
女 的 觉得 衣服 怎么样?

문 : 여자는 옷이 어떻다고 생각하는가?

guì	piányi	piàoliang
A 贵	B 便宜	C 漂亮

A 비싸다 B 싸다 C 예쁘다

단어 为什么 wèishénme 왜, 어째서 | 没 méi 閉 ~않다(과거의 경험·행위·사실 등을 부정) | 买 mǎi 图 사다 | 那 nà 団 그, 저 | 件 jiàn 窗 건, 개 | 衣服 yīfu 闓 옷 | 觉得 juéde 图 ~라고 여기다(생각하다) | 太 tài 閉 매우 | 贵 guì 窗 비싸다 | 怎么样 zěnmeyàng 団 어떻다, 어떠하다 | 便宜 piányi 窗 (값이) 싸다 | 漂亮 piàoliang 窗 예쁘다, 아름답다, 보기 좋다

해설 옷을 사지 않은 이유에 대해 묻는 남자의 말에 여자는 비싼 것 같다고 하였으므로 정답은 A다.

26

女 : Zuótiān de diànyǐng tài méi yìsi le.
昨天 的 电影 太 没 意思 了。

여 : 어제 영화는 너무 재미 없었어요.

男 : Shì a, wǒ yě shì zhème xiǎng de.
是 啊, 我 也 是 这么 想 的。

남 : 맞아요, 저도 그렇게 생각해요.

问 : Zuótiān tāmen gàn shénme le?
昨天 他们 干 什么 了?

문 : 어제 그들은 무엇을 했나?

lǚyóu	gōngzuò	kàn diànyǐng
A 旅游	B 工作	C 看 电影

A 여행하다 B 일하다 C 영화를 보다

단어 昨天 zuótiān 闓 어제 | 电影 diànyǐng 闓 영화 | 太 tài 閉 매우 | 没 méi 图 없다 | 意思 yìsi 闓 흥미, 재미 | 是 shì 窗 맞다, 옳다 | 啊 a 图 문장 끝에 쓰여 긍정을 나타냄 | 也 yě 閉 ~도 | 这么 zhème 団 이렇게, 이와 같은 | 想 xiǎng 图 생각하다 | 他们 tāmen 団 그들, 저들 | 干 gàn 图 하다 | 什么 shénme 団 무엇 | 旅游 lǚyóu 图 여행하다, 관광하다 | 工作 gōngzuò 图 일하다 | 看 kàn 图 보다

해설 어제 본 영화가 재미 없었다는 내용을 미루어 볼 때 그들이 어제 영화 봤다는 것을 유추할 수 있다. 따라서 정답은 C다.

27

Nǐ zhàngfu zěnme méi yìqǐ lái?
男 : 你 丈夫 怎么 没 一起 来?　　　　남 : 당신 남편은 왜 같이 안 왔어요?

Tā jīntiān shàngbān.
女 : 他 今天 上班。　　　　　　　　여 : 그는 오늘 출근했어요.

Nǚde de zhàngfu wèishéme méi lái?
问 : 女的 的 丈夫 为什么 没 来?　　　문 : 여자의 남편은 왜 오지 않았는가?

yào shàngkè　　　　yào shàngbān
A 要 上课　　B 要 上班　　　　　　A 수업해야 해서　　B 출근해야 해서

yào xiūxi
C 要 休息　　　　　　　　　　　　　C 쉬어야 해서

단어 丈夫 zhàngfu 몡 남편 | 怎么 zěnme 떼 어떻게, 왜 | 没 méi 튄 ~않다 | 一起 yìqǐ 튄 같이, 함께 | 来 lái 튕 오다 | 今天 jīntiān 몡 오늘 | 上班 shàngbān 튕 출근하다 | 为什么 wèishénme 왜, 어째서 | 要 yào 조동 ~해야 한다 | 上课 shàngkè 튕 수업하다 | 休息 xiūxi 튕 휴식하다

해설 남편이 같이 오지 않은 이유가 출근이였으므로 정답은 B다.

28

Nǐ jiā lí xuéxiào yuǎn ma?
女 : 你 家 离 学校 远 吗?　　　　　여 : 당신 집은 학교에서 먼가요?

Bù yuǎn, wǒ měi tiān zǒulù shàngxué.
男 : 不 远, 我 每 天 走路 上学。　　남 : 멀지 않아요, 저는 매일 아침 걸어서 등교해요.

Nán de měi tiān zěnme qù xuéxiào?
问 : 男 的 每 天 怎么 去 学校?　　　문 : 남자는 매일 어떻게 학교에 가는가?

qí chē　　　　zuò gōnggòng qìchē
A 骑车　　B 坐 公共 汽车　　　　　A 자전거 타고　　B 버스 타고

zǒulù
C 走路　　　　　　　　　　　　　　C 걸어서

단어 家 jiā 몡 집 | 离 lí 깨 ~에서, ~로 부터, ~까지 | 学校 xuéxiào 몡 학교 | 远 yuǎn 혱 멀다 | 不 bù 튄 아니다 | 每天 měi tiān 매일, 날마다 | 走路 zǒulù 튕 걷다 | 上学 shàngxué 튕 등교하다 | 怎么 zěnme 떼 어떻게 | 去 qù 튕 가다 | 骑车 qí chē 자전거 타다 | 坐 zuò 튕 (교통수단을) 타다 | 公共汽车 gōnggòng qìchē 몡 버스

해설 보기만 보고도 교통수단을 묻는 문제임을 유추할 수 있다. 남자가 자신은 매일 아침 걸어서 등교한다고 하였으므로 정답은 C다.

29

Nǐ háizi jǐ suì le?	
男：你 孩子 几 岁 了?	남 : 당신의 아이는 몇 살인가요?
Wǒ nǚ'ér liǎng suì le, érzi yǐjing shí suì le.	
女：我 女儿 两 岁 了, 儿子 已经 十 岁 了。	여 : 제 딸은 2살이고, 아들은 이미 10살이에요.
Nǚ de yǒu jǐ ge háizi?	
问：女 的 有 几 个 孩子?	문 : 그녀는 몇 명의 아이가 있는가?
yí ge　　liǎng ge　　sān ge	
A 一 个　 B 两 个　 C 三 个	A 1명　　B 2명　　C 3명

단어 孩子 háizi 몡 자녀(자식) | 几 jǐ 연 몇 | 岁 suì 몡 살, 세 (연령을 세는 단위) | 女儿 nǚ'ér 몡 딸 | 两 liǎng 연 둘 | 儿子 érzi 몡 아들 | 已经 yǐjing 면 이미, 벌써 | 十 shí 연 열, 10 | 有 yǒu 통 있다 | 个 gè 양 개, 사람, 명 | 一 yī 연 하나, 1 | 三 sān 연 셋, 3

해설 아이가 몇 살인지 묻는 말에 딸과 아들의 나이를 각각 언급하였으므로 여자에게는 아이가 2명 있다는 것을 유추 할 수 있다. 따라서 정답은 B다.

30

Zhège wèntí hěn nán, nǐ huì ma?	
女：这个 问题 很 难, 你 会 吗?	여 : 이 문제는 어려워요, 당신은 할 줄 아나요?
Wǒ huì, wǒ bāng nǐ.	
男：我 会, 我 帮 你。	남 : 할 줄 알아요, 제가 도와 줄께요.
Tāmen kěnéng zài gàn shénme?	
问：他们 可能 在 干 什么?	문 : 그들은 무엇을 하고 있을까?
xuéxí　　chànggē　　yùndòng	
A 学习　　B 唱歌　　C 运动	A 공부하기　　B 노래 부르기　　C 운동

단어 问题 wèntí 몡 문제 | 很 hěn 면 매우, 대단히 | 难 nán 혱 어렵다 | 会 huì 조동 (배워서) ~할 수 있다, ~할 줄 알다 | 帮 bāng 통 돕다, 거들다 | 他们 tāmen 데 그들, 저들 | 可能 kěnéng 조동 아마도 ~할 것이다 | 在 zài 면 ~하고 있다 | 干 gàn 통 하다 | 什么 shénme 데 무엇 | 学习 xuéxí 통 학습하다, 공부하다, 배우다 | 唱歌 chànggē 통 노래 부르다 | 运动 yùndòng 통 운동하다

해설 문제가 어려워 남자에게 물어보는 여자의 말을 미루어 그들은 공부를 하고 있는 중임을 쉽게 알 수 있다. 따라서 정답은 A다.

정답	31 A	32 A	33 B	34 A	35 B

31

Nǐ wǎnshang zhǔnbèi zuò shénme cài?
男: 你 晚上 准备 做 什么 菜?

Yú hé yángròu.
女: 鱼 和 羊肉。

Jiā li hái yǒu shuǐguǒ ma?
男: 家里 还有 水果 吗?

Hái yǒu yí ge xīguā.
女: 还 有 一个 西瓜。

Tāmen wǎnshang zài nǎr chī fàn?
问: 他们 晚上 在 哪儿吃 饭?

zìjǐ jiā   péngyou jiā   fàndiàn
A 自己 家   B 朋友 家   C 饭店

남 : 오늘 저녁에 무슨 음식을 준비할 거예요?

여 : 생선과 양고기요.

남 : 집에 과일도 있나요?

여 : 수박 하나 있어요.

문 : 그들은 저녁에 어디서 밥을 먹는가?

A 자기 집   B 친구 집   C 식당

단어 晚上 wǎnshang 몡 저녁 | 做 zuò 동 하다, 만들다 | 什么 shénme 때 무엇 | 菜 cài 몡 반찬, 요리 | 鱼 yú 몡 생선 | 和 hé 접 ~와 | 羊肉 yángròu 몡 양고기 | 家 jiā 몡 집 | 里 li 안 | 还 hái 뮈 또, 더 | 水果 shuǐguǒ 몡 과일 | 个 gè 양 개 | 西瓜 xīguā 몡 수박 | 他们 tāmen 때 그들 | 在 zài 깨 ~에서 | 哪儿 nǎr 때 어디, 어느 곳 | 吃 chī 동 먹다 | 饭 fàn 몡 밥, 식사 | 自己 zìjǐ 때 자기, 자신 | 朋友 péngyou 몡 친구 | 饭店 fàndiàn 몡 식당

해설 남자가 집에 과일이 있는지 묻는 말을 근거로 그들은 저녁에 집에서 밥을 먹으려고 함을 알 수 있다. 따라서 정답은 A다.

32

Jīntiān xià yǔ le.
女: 今天 下 雨 了。

Shì a, jīntiān bǐ zuótiān lěng.
男: 是 啊, 今天 比 昨天 冷。

Duō chuān jiàn yīfu.
女: 多 穿 件 衣服。

Zhīdào le.
男: 知道 了。

Jīntiān tiānqì zěnmeyàng?
问: 今天 天气 怎么样?

lěng   rè   xià xuě
A 冷   B 热   C 下 雪

여 : 오늘 비가 오네요.

남 : 맞아요, 오늘은 어제보다 추워요.

여 : 옷 많이 입으세요.

남 : 알겠어요.

문 : 오늘 날씨는 어떠한가?

A 춥다   B 덥다   C 눈이 온다

단어 今天 jīntiān 몡 오늘 | 下雨 xiàyǔ 동 비가 오다(내리다) | 比 bǐ 깨 ~보다, ~에 비해 | 昨天 zuótiān 몡 어제 | 冷 lěng 형 춥다, 차다 | 多 duō 형 많다 | 穿 chuān 동 입다, 신다 | 件 jiàn 양 벌, 개 | 衣服 yīfu 몡 옷 | 知道 zhīdào 동 알다 | 天气 tiānqì 몡 날씨 | 怎么样 zěnmeyàng 때 어떻다 | 热 rè 형 덥다 | 下雪 xià xuě 눈이 내리다

해설 오늘이 어제보다 더 춥다고 하였으므로 오늘 날씨가 춥다는 것을 알 수 있다. 따라서 정답은 A다.

33

男：这 是 我 新 买 的 衣服。
Zhè shì wǒ xīn mǎi de yīfu.

여：很 漂亮，多少 钱 买 的?
Hěn piàoliang, duōshao qián mǎi de?

남：이것은 제가 새로 산 옷이에요.

여：매우 예뻐요, 얼마주고 샀어요?

男：400 块 钱，怎么样?
kuài qián, zěnmeyàng?

여：有 点儿 贵。
Yǒu diǎnr guì.

남：400위안이요, 어때요?

여：조금 비싼거 같아요.

问：女 的 觉得 这 件 衣服 怎么样?
Nǚ de juéde zhè jiàn yīfu zěnmeyàng?

문：여자는 이 옷이 어떻다고 생각하는가?

A 大　　B 贵　　C 便宜
dà　　guì　　piányi

A 크다　　B 비싸다　　C 싸다

단어 这 zhè 때 이것 | 是 shì 통 ~이다 | 新 xīn 튀 방금, 새로이 | 买 mǎi 통 사다 | 的 de 조 ~의 | 衣服 yīfu 명 옷 | 很 hěn 튀 매우, 대단히 | 漂亮 piàoliang 형 예쁘다, 아름답다, 보기 좋다 | 多少 duōshao 때 얼마 | 钱 qián 명 돈 | 块 kuài 양 위안(중국 화폐 단위) | 有点儿 yǒudiǎnr 튀 조금, 약간 | 贵 guì 형 비싸다 | 觉得 juéde 통 ~라고 여기다(생각하다) | 件 jiàn 양 건, 개 | 怎么样 zěnmeyàng 때 어떻다 | 大 dà 형 크다 | 便宜 piányi 형 (값이) 싸다

해설 옷 가격을 듣고 조금 비싼 것 같다는 여자의 말에 근거하여 정답은 B다.

34

女：老师，我们 明天 上 新课 吗?
Lǎoshī, wǒmen míngtiān shàng xīnkè ma?

男：不是，明天 考试。
Bú shì, míngtiān kǎoshì.

여：선생님, 내일 새로운 과 수업을 하나요?

남：아니, 내일은 시험 볼 거예요.

女：那 什么 时候 上 新课?
Nà shénme shíhou shàng xīnkè?

男：下 个 星期一。
Xià ge xīngqīyī.

여：그럼 언제부터 새로운 과 수업을 해요?

남：다음주 월요일부터.

问：明天 要 干 什么?
Míngtiān yào gàn shénme?

문：내일은 무엇을 하는가?

A 考试　　B 上 新课
kǎoshì　　shàng xīnkè

C 休息
xiūxi

A 시험을 보다　　B 새로운 과 수업을 하다

C 휴식하다

단어 老师 lǎoshī 명 선생님 | 明天 míngtiān 명 내일 | 上课 shàngkè 통 수업하다 | 考试 kǎoshì 통 시험을 치다 | 那 nà 접 그러면 | 什么时候 shénme shíhou 언제 | 下个星期一 xià ge xīngqī yī 다음 주 월요일 | 星期一 xīngqīyī 명 월요일 | 要 yào 조통 ~을 하려하다 | 干 gàn 통 하다 | 什么 shénme 때 무엇 | 休息 xiūxi 통 휴식하다

해설 내일 신설 과목 수업을 하는지 묻는 말에 남자가 내일은 시험이라고 하였으므로 정답은 A다.

男：下 雨 了。
Xià yǔ le.

女：所以 你 没有 去 踢 足球。
Suǒyǐ nǐ méiyǒu qù tī zúqiú.

男：是 啊，我们 做 什么 呢?
Shì a, wǒmen zuò shénme ne?

女：一起 看 书 吧。
Yìqǐ kàn shū ba.

问：男 的 为什么 没有 去 踢 足球?
Nán de wèishéme méiyǒu qù tī zúqiú?

A 不 高兴　　B 下 雨
bù gāoxìng　　xià yǔ

C 不 喜欢
bù xǐhuan

남 : 비가 와요.

여 : 그래서 당신이 축구하러 가지 않았군요.

남 : 그래요, 우리 뭘 할까요?

여 : 같이 책 봐요.

문 : 남자는 왜 축구하러 가지 않았는가?

A 기분이 좋지 않아서　　B 비가 와서

C 안 좋아해서

단어 所以 suǒyǐ 젭 그래서, 그러므로 | 没有 méiyǒu 뵌 ~않다 | 踢 tī 동 차다, 발길질하다 | 足球 zúqiú 명 축구, 축구공 | 是 shì 형 맞다, 옳다 | 我们 wǒmen 대 우리(들) | 做 zuò 동 하다, 종사하다 | 一起 yìqǐ 뵌 같이, 함께 | 看 kàn 동 보다 | 书 shū 명 책 | 为什么 wèi shénme 왜, 어째서 | 高兴 gāoxìng 형 기쁘다, 즐겁다, 신나다 | 喜欢 xǐhuan 동 좋아하다

해설 비가 와서 축구하러 가지 않았다는 대화 내용을 근거로 정답은 B임을 알 수 있다.

실전 연습 ② – 제3·4부분

🔔 제3부분 🎧 MP3-19
》 전략서 52p

정답 21 B　22 B　23 A　24 C　25 A　26 B　27 A　28 C　29 B　30 B

21

男：快 起床 吧，已经 七 点 半 了。
Kuài qǐchuáng ba, yǐjing qī diǎn bàn le.

女：没 关系，
Méi guānxi,

离 上课 还 有 半 个 小时 呢。
lí shàngkè hái yǒu bàn ge xiǎoshí ne.

问：什么 时候 上课?
Shénme shíhou shàngkè?

A 七点 半　　B 八 点
qī diǎn bàn　　bā diǎn

C 八 点 半
bā diǎn bàn

남 : 빨리 일어나요, 벌써 7시 반이에요.

여 : 괜찮아요,

수업 시작하려면 아직 30분 남았어요.

문 : 수업은 언제 시작하는가?

A 7시 반　　　　B 8시

C 8시 반

단어 　快 kuài 閉 빨리, 급히 ┃ 起床 qǐchuáng 동 일어나다 ┃ 已经 yǐjing 閉 이미, 벌써 ┃ 七 qī 수 일곱, 7 ┃ 点 diǎn 양 시 ┃ 半 bàn 수 절반, 2분의 1 ┃ 没关系 méi guānxi 괜찮습니다 ┃ 离 lí 깨 ~로 부터, ~까지 ┃ 上课 shàngkè 동 수업하다 ┃ 还 hái 閉 여전히, 아직도 ┃ 有 yǒu 동 있다 ┃ 小时 xiǎoshí 명 시간 ┃ 什么时候 shénme shíhou 언제 ┃ 八 bā 수 여덟, 8

해설 　남자의 말을 근거로 현재 시간이 7시 반임을 알 수 있고, 수업 시작하려면 아직 30분 남았다는 여자의 말을 통해 수업이 8시에 시작함을 알 수 있다. 따라서 정답은 B다.

22

Jīntiān shì nǐ de shēngrì ma?
女 : 今天 是 你 的 生日 吗?

여 : 오늘이 당신의 생일인가요?

Bú shì, wǒ de shēngrì shì míngtiān,
男 : 不是, 我 的 生日 是 明天,

남 : 아니요, 제 생일은 내일이에요,

liù yuè sì rì.
六 月 四 日。

6월 4일이요.

Jīntiān shì jǐ yuè jǐ rì?
问 : 今天 是 几 月 几 日?

문 : 오늘은 몇 월 며칠인가?

liù yuè èr rì　　　　liù yuè sān rì
A 六 月 二 日　　B 六 月 三 日

A 6월 2일　　　　　　B 6월 3일

liù yuè sì rì
C 六 月 四 日

C 6월 4일

단어 　今天 jīntiān 명 오늘 ┃ 是 shì 동 ~이다 ┃ 生日 shēngrì 명 생일 ┃ 不 bù 閉 아니다 ┃ 明天 míngtiān 명 내일 ┃ 六 liù 수 여섯, 6 ┃ 月 yuè 명 달 ┃ 四 sì 수 넷, 4 ┃ 日 rì 명 일, 날 ┃ 几 jǐ 명 몇 ┃ 二 èr 수 둘, 2 ┃ 三 sān 수 셋, 3

해설 　남자가 자신의 생일은 내일인 6월 4일이라고 하였으므로 오늘 날짜는 6월 3일임을 유추할 수 있다. 따라서 정답은 B다.

23

Nǐ hǎo,
男 : 你好,

남 : 안녕하세요?

qǐngwèn zhè jiàn yīfu yǒu hóngsè de ma?
请问 这 件 衣服 有 红色 的 吗?

실례지만 이 옷 빨간색도 있나요?

Yǒu, nín děng yíxià.
女 : 有, 您 等 一下。

여 : 있어요, 잠시만 기다리세요.

Tāmen zài nǎr?
问 : 他们 在 哪儿?

문 : 그들은 어디에 있나?

shāngdiàn　　huǒchēzhàn　　jiā
A 商店　　B 火车站　　C 家

A 상점　　　　B 기차역　　　　C 집

단어 　请问 qǐngwèn 동 말씀 좀 여쭙겠습니다 ┃ 这 zhè 대 이것 ┃ 件 jiàn 양 벌, 개 ┃ 衣服 yīfu 명 옷 ┃ 有 yǒu 동 있다 ┃ 红色 hóngsè 명 붉은색, 빨강 ┃ 等 děng 동 기다리다 ┃ 一下 yíxià 수량 ~해 보다, 좀 ~하다 ┃ 他们 tāmen 대 그들, 저들 ┃ 在 zài 동 ~에 있다 ┃ 哪儿 nǎr 대 어디, 어느 곳 ┃ 商店 shāngdiàn 명 상점, 판매점 ┃ 火车站 huǒchēzhàn 명 기차역 ┃ 家 jiā 명 집

해설 　남자가 옷에 관해 묻고 있으므로 대화가 상점에서 이루어지고 있음을 알 수 있다. 따라서 정답은 A다.

24

女：Míngtiān yào kǎoshì le,
明天　要 考试 了,

我们 一起 学习 吧。
wǒmen yìqǐ xuéxí ba.

男：Hǎo de.
好 的。

问：Tāmen míngtiān yào gàn shénme?
他们　明天　要 干 什么?

xuéxí　　　gōngzuò　　kǎoshì
A 学习　　B 工作　　C 考试

여 : 내일 시험을 봐야 하니,

　　우리 같이 공부해요.

남 : 좋아요.

문 : 그들은 내일 무엇을 해야 하는가?

A 공부하기　　B 일하기　　C 시험 보기

단어 明天 míngtiān 몡 내일 | 要 yào 조동 ~해야 한다 | 考试 kǎoshì 통 시험을 치다 | 我们 wǒmen 때 우리(들) | 一起 yìqǐ 児 같이, 함께 | 学习 xuéxí 통 학습하다, 공부하다 | 吧 ba 조 문장 맨 끝에 쓰여, 상의·제의·청유·기대·명령 등의 어기를 나타냄 | 他们 tāmen 때 그들, 저들 | 干 gàn 통 하다 | 什么 shénme 때 무엇 | 工作 gōngzuò 통 일하다

해설 여자가 내일 시험을 봐야 한다고 했으므로 정답은 C다.

25

男：Zhèlǐ de kāfēi hěn hǎohē.
这里 的 咖啡 很 好喝。

女：Wǒ bù xǐhuan, wǒ yào yì bēi niúnǎi.
我 不 喜欢, 我 要 一 杯 牛奶。

问：Nǚ de xǐhuan shénme?
女 的 喜欢　什么?

niúnǎi　　　kāfēi　　　chá
A 牛奶　　B 咖啡　　C 茶

남 : 여기 커피는 매우 맛있어요.

여 : 저는 좋아하지 않아요, 저는 우유 한 잔 원해요.

문 : 여자가 좋아하는 것은 무엇인가?

A 우유　　B 커피　　C 차

단어 这里 zhèlǐ 때 이곳, 여기 | 咖啡 kāfēi 몡 커피 | 很 hěn 児 매우, 대단히 | 好喝 hǎohē 혱 맛있다 | 不 bù 児 아니다 | 喜欢 xǐhuan 통 좋아하다 | 要 yào 통 바라다, 원하다 | 一 yī 증 하나, 1 | 杯 bēi 양 컵, 잔 | 牛奶 niúnǎi 몡 우유 | 什么 shénme 때 무엇 | 茶 chá 몡 차

해설 커피가 맛있다는 남자의 말에 여자는 커피를 좋아하지 않고 우유를 원한다고 하였으므로 정답은 A다.

女：Nǐmen jiā yǒu jǐ ge háizi?
你们 家 有 几 个 孩子?

男：Wǒ yǒu liǎng ge mèimei, yí ge jiějie.
我 有 两 个 妹妹, 一 个 姐姐。

问：Nán de jiā li yǒu jǐ ge háizi?
男 的 家里 有 几 个 孩子?

sān ge　　　sì ge　　　wǔ ge
A 三 个　　B 四 个　　C 五 个

여 : 당신 집에는 몇 명의 아이들이 있나요?

남 : 저는 2명의 여동생과, 1명의 누나가 있어요.

문 : 남자의 집에는 몇 명의 아이들이 있는가?

A 3명　　B 4명　　C 5명

단어 　你们 nǐmen 때 너희들, 당신들 | 家 jiā 명 집 | 有 yǒu 통 있다 | 几 jǐ 준 몇 | 个 gè 양 개, 사람, 명 | 孩子 háizi 명 자녀, 아이 | 两 liǎng 준 둘 | 妹妹 mèimei 명 여동생 | 一 yī 준 하나, 1 | 姐姐 jiějie 명 누나, 언니 | 里 li 명 안 | 三 sān 준 셋, 3 | 四 sì 준 넷, 4 | 五 wǔ 준 다섯, 5

해설 　여자의 질문에 남자는 2명의 여동생과 1명의 누나가 있다고 하였으므로 자신까지 포함해서 모두 4명의 아이가 있다는 것을 알 수 있다. 따라서 정답은 B다.

27

Qǐngwèn huǒchēzhàn zài nǎr?
男 : 请问 火车站 在 哪儿?
Zài yīyuàn de hòumiàn.
女 : 在 医院 的 后面。

남 : 실례지만 기차역이 어디에 있나요?

여 : 병원 뒤쪽에 있어요.

Yīyuàn zài huǒchēzhàn de shénme fāngxiàng?
问 : 医院 在 火车站 的 什么 方向?

문 : 병원은 기차역의 어느 방향에 있는가?

　　　qiánmiàn　　　　hòumiàn　　　　pángbiān
A 前面　　　B 后面　　　　C 旁边

　A 앞 쪽　　　　B 뒷 쪽　　　　C 옆 쪽

단어 　请问 qǐngwèn 통 말씀 좀 여쭙겠습니다 | 火车站 huǒchēzhàn 명 기차역 | 在 zài 통 ~에 있다 | 哪儿 nǎr 때 어디, 어느 곳 | 医院 yīyuàn 명 병원 | 后面 hòumiàn 명 뒤쪽 | 什么 shénme 때 어느, 무엇 | 方向 fāngxiàng 명 방향 | 前面 qiánmiàn 명 앞 | 旁边 pángbiān 명 옆

해설 　이번 문제는 주의 깊게 듣지 않고 대화에서 나온 '后面(뒤쪽)' 단어만 듣고 정답을 선택한다면 실수하기 쉽다. 대화는 기차역이 병원 뒤쪽에 있다고 하였고, 질문은 병원이 기차역의 어느 방향인지 물었으므로 병원은 기차역 앞쪽에 있다는 것을 알 수 있다. 따라서 정답은 A다. 질문이 대화 속 그대로 물을 수도 있지만, 위와 같이 한 번 더 생각해야 하는 문제도 있으니 반드시 질문을 잘 듣고 정답을 선택하도록 하자.

Tip ▶ 방향 관련 표현

左边 zuǒbian 왼쪽	下边 xiàbian 아래쪽	里边 lǐbian 안쪽
右边 yòubian 오른쪽	前边 qiánbian 앞쪽	外边 wàibian 바깥쪽
上边 shàngbian 위쪽	后边 hòubian 뒤쪽	旁边 pángbiān 옆

28

Huǒchē tài màn le. Wǒmen zuò fēijī qù ba.
女 : 火车 太 慢 了。我们 坐 飞机 去 吧。
Dànshì huǒchē piányi.
男 : 但是 火车 便宜。

여 : 기차는 너무 느려요. 우리 비행기 타고 가요.

남 : 하지만 기차는 저렴해요.

Nán de xiǎng zěnme qù?
问 : 男 的 想 怎么 去?

문 : 남자는 어떻게 갈 생각인가?

　　　zuò chuán　　　zuò fēijī　　　zuò huǒchē
A 坐 船　　B 坐 飞机　　C 坐 火车

　A 배 타고　　　B 비행기 타고　　　C 기차 타고

단어 火车 huǒchē 몡 기차, 열차 | 太 tài 児 너무 | 慢 màn 톙 느리다 | 坐 zuò 동 (교통수단을) 타다 | 飞机 fēijī 몡 비행기, 항공기 | 去 qù 동 가다 | 但是 dànshì 쩝 그러나 | 便宜 piányi 톙 (값이) 싸다 | 想 xiǎng 조동 ~하려고 생각하다, ~하고 싶다 | 怎么 zěnme 대 어떻게, 왜 | 船 chuán 몡 배

해설 비행기 타고 가자는 여자의 말에 기차가 저렴하다고 하였으므로 남자는 느리더라도 가격이 저렴한 기차를 타고 가고 싶어함을 알 수 있다. 따라서 정답은 C다.

29

Píngguǒ sān kuài qián yì jīn, nǐ yào jǐ jīn? 男 : 苹果 三 块 钱 一 斤，你 要 几 斤？ Wǒ yào liǎng jīn. 女 : 我 要 两 斤。	남 : 사과는 1근에 3위안이에요, 몇 근을 원하세요? 여 : 저는 2근을 원해요.
Nǚ de yào mǎi jǐ jīn píngguǒ? 问 : 女 的 要 买 几 斤 苹果？	문 : 여자는 사과 몇 근을 사려고 하는가?
sān jīn　　liǎng jīn　　yì jīn A 三 斤　　B 两 斤　　C 一 斤	A 3근　　　B 2근　　　C 1근

단어 苹果 píngguǒ 몡 사과 | 三 sān 주 셋, 3 | 块 kuài 양 위안(중국 화폐 단위) | 钱 qián 몡 화폐, 돈 | 一 yī 주 하나, 1 | 斤 jīn 양 근 | 要 yào 동 바라다, 원하다 | 两 liǎng 주 둘 | 要 yào 조동 ~하려고 하다 | 买 mǎi 동 사다 | 几 jǐ 주 몇

해설 몇 근을 원하는지 묻는 남자의 말에 여자가 2근을 원한다고 하였으므로 정답은 B다.

30

Wǒ xuéle yí ge yuè Hànyǔ, nǐ ne? 女 : 我 学 了 一 个 月 汉语，你 呢？ Wǒ yǐjing xuéle yì nián le. 男 : 我 已 经 学 了 一 年 了。	여 : 저는 한 달간 중국어를 배웠어요, 당신은요? 남 : 저는 이미 1년을 배웠어요.
Nán de xué Hànyǔ duō jiǔ le? 问 : 男 的 学 汉语 多 久 了？	문 : 남자는 중국어를 얼마나 배웠는가?
yí ge yuè　　yì nián　　liǎng nián A 一 个 月　　B 一 年　　C 两 年	A 한 달　　　B 1년　　　C 2년

단어 学 xué 동 학습하다, 공부하다, 배우다 | 了 le 조 동작의 완료, 상황의 변화를 나타냄 | 一 yī 주 하나, 1 | 月 yuè 몡 달 | 汉语 Hànyǔ 몡 중국어 | 已经 yǐjing 児 이미, 벌써 | 年 nián 몡 년 | 多久 duō jiǔ 얼마나 오래, 얼마 동안 | 两 liǎng 주 둘

해설 남자가 자신은 이미 1년 동안 중국어를 배웠다고 하였으므로 정답은 B다.

정답　31 B　32 B　33 A　34 C　35 A

31

Zhè zhī shǒubiǎo zěnmeyàng?
男：这 只 手表 怎么样？

Hěn piàoliang,
女：很 漂亮，

dànshì wǒ bù xǐhuan zhè yánsè.
但是 我 不 喜欢 这 颜色。

Nǐ xǐhuan shénme yánsè de?
男：你 喜欢 什么 颜色 的？

Báisè de.
女：白色 的。

Nǚ de bù xǐhuan shénme?
问：女 的 不 喜欢 什么？

shǒubiǎo　　　　　shǒubiǎo de yánsè
A 手表　　　 B 手表 的 颜色

báisè
C 白色

남 : 이 손목시계 어때요?

여 : 매우 예뻐요,

　　하지만 저는 이 색을 좋아하지 않아요.

남 : 당신은 무슨 색을 좋아하나요?

여 : 흰색이요.

문 : 여자가 싫어하는 것은 무엇인가?

A 손목시계　　　　 B 손목시계의 색상

C 흰색

단어　这 zhè 때 이것 | 只 zhī 양 개(일부 사물을 세는 단위) | 手表 shǒubiǎo 명 손목시계 | 怎么样 zěnmeyàng 때 어떻다, 어떠하다 | 很 hěn 부 매우, 대단히 | 漂亮 piàoliang 형 예쁘다, 아름답다 | 但是 dànshì 접 그러나 | 不 bù 부 아니다 | 喜欢 xǐhuan 동 좋아하다 | 颜色 yánsè 명 색깔 | 什么 shénme 때 무엇 | 白色 báisè 명 흰색

해설　손목시계가 어떠한지 묻는 남자의 질문에 여자는 '이 색을 좋아하지 않는다'라고 하였으므로 정답은 B다.

32

Qǐngwèn huǒchēzhàn zài nǎr?
女：请问 火车站 在 哪儿？

Zài qiánmiàn nà jiā shāngdiàn de hòumiàn.
男：在 前面 那家 商店 的 后面。

Zǒulù yào jǐ fēnzhōng ne?
女：走路 要 几 分钟 呢？

Wǔ fēnzhōng.
男：五 分钟。

Huǒchēzhàn zài shāngdiàn de
问：火车站 在 商店 的

shénme fāngxiàng?
什么 方向？

qiánmiàn　　　hòumiàn　　　pángbiān
A 前面　　 B 后面　　 C 旁边

여 : 실례지만 기차역이 어디에 있나요?

남 : 앞에 있는 저 상점의 뒤쪽에 있어요.

여 : 걸어서 몇 분 걸려요?

남 : 5분이요.

문 : 기차역은 상점의 어느 방향에 있는가?

A 앞　　　 B 뒤　　　 C 옆

단어 请问 qǐngwèn 图 말씀 좀 여쭙겠습니다 | 火车站 huǒchēzhàn 图 기차역 | 在 zài 图 ~에 있다 | 哪儿 nǎr 데 어디, 어느 곳 | 前面 qiánmiàn 图 앞 | 那 nà 데 그, 저 | 家 jiā 窗 집, 상점을 세는 단위 | 商店 shāngdiàn 图 상점, 판매점 | 后面 hòumiàn 图 뒤쪽 | 走路 zǒulù 图 걷다 | 要 yào 图 필요로 하다 | 几 jǐ 쉬 몇 | 分钟 fēnzhōng 图 분 | 五 wǔ 쉬 다섯, 5 | 什么 shénme 데 무엇 | 方向 fāngxiàng 图 방향 | 旁边 pángbiān 图 옆

해설 기차역이 어디있는지 묻는 여자의 말에 남자가 상점 뒤쪽에 있다고 하였으므로 정답은 B다.

33

Kuài qǐchuáng ba, yǐjing qī diǎn bàn le. 男 : 快 起床 吧, 已经 七点 半 了。	남 : 빨리 일어나요, 벌써 7시 반이에요.
Méi guānxi, 女 : 没 关系,	여 : 괜찮아요,
qí chē qù xuéxiào zhǐ yào wǔ fēnzhōng. 骑车 去 学校 只要 五 分钟。	자전거 타고 학교 가는데 5분 밖에 안 걸려요.
Dànshì zìxíngchē huài le. 男 : 但是 自行车 坏 了。	남 : 하지만 자전거 고장났어요.
Zǒulù qù yě zhǐ yào èrshí fēnzhōng. 女 : 走路 去 也 只要 二十 分钟。	여 : 걸어서 가도 20분이면 되요.
Xiànzài jǐ diǎn le? 问 : 现在 几点 了?	문 : 지금 몇 시인가?
qī diǎn sānshí A 七点 三十　　　B 七点 三十五 qī diǎn sānshíwǔ qī diǎn wǔshí C 七点 五十	A 7시 30분　　　B 7시 35분 C 7시 50분

단어 快 kuài 图 빨리 | 起床 qǐchuáng 图 일어나다 | 已经 yǐjing 图 이미, 벌써 | 七 qī 쉬 일곱, 7 | 点 diǎn 窗 시 | 半 bàn 쉬 절반, 2분의 1 | 没关系 méi guānxi 괜찮습니다 | 骑车 qí chē 자전거를 타다 | 去 qù 图 가다 | 学校 xuéxiào 图 학교 | 只 zhǐ 图 겨우, 단지 | 要 yào 图 필요로 하다, 걸리다 | 五 wǔ 쉬 다섯, 5 | 分钟 fēnzhōng 图 분 | 但是 dànshì 쩝 그러나 | 自行车 zìxíngchē 图 자전거 | 坏 huài 图 고장나다 | 走路 zǒulù 图 걷다 | 也 yě ~도 | 二十 èrshí 쉬 스물, 20 | 现在 xiànzài 图 지금, 현재 | 几 jǐ 쉬 몇 | 三十 sānshí 쉬 서른, 30 | 三十五 sānshíwǔ 쉬 서른다섯, 35 | 五十 wǔshí 쉬 쉰, 50

해설 대화 속 남자가 이미 7시 반이라고 하였으므로 현재 시간이 7시 30분임을 알 수 있다. 따라서 정답은 A다.

Zhè jiàn yīfu zěnme mài?
女：这 件 衣服 怎么 卖?

여 : 이 옷은 어떻게 팔아요?

kuài.
男：100 块。

남 : 100위안이요.

Tài guì le, néng piányi yìdiǎnr ma?
女：太 贵 了，能 便宜 一点儿 吗?

여 : 너무 비싸요, 싸게 해주실 수 있나요?

Nàme, kuài.
男：那么，80 块。

남 : 그러면 80위안이요.

Nǚ de juéde yīfu zěnmeyàng?
问：女 的 觉得 衣服 怎么样?

문 : 여자는 옷이 어떻다고 생각하는가?

piàoliang　　　dà　　　　guì
A 漂亮　　　B 大　　　C 贵

A 예쁘다　　　B 크다　　　C 비싸다

단어 这 zhè 때 이것 | 件 jiàn 양 벌, 개 | 衣服 yīfu 명 옷 | 怎么 zěnme 때 어떻게 | 卖 mài 통 팔다 | 块 kuài 양 위안(중국 화폐 단위) | 太 tài 부 매우 | 贵 guì 형 비싸다 | 能 néng 조통 ~할 수 있다 | 便宜 piányi 형 (값이) 싸다 | 一点儿 yìdiǎnr 양 조금 | 那么 nàme 접 그러면, 그렇다면 | 觉得 juéde 통 ~라고 여기다(생각하다) | 怎么样 zěnmeyàng 때 어떻다 | 漂亮 piàoliang 형 예쁘다, 아름답다, 보기좋다 | 大 dà 형 크다

해설 100위안이라는 가격에 여자가 너무 비싸다고 하였으므로 정답은 C다.

Wǒ xiǎng xuéxí Hànyǔ.
男：我 想 学习 汉语。

남 : 저는 중국어를 공부하고 싶어요.

Wǒ xuéguo yí ge yuè, hěn yǒu yìsi.
女：我 学过 一个 月，很 有 意思。

여 : 저는 한 달 배운 적이 있는데 매우 재미있어요.

Zhēn de ma?
男：真 的 吗?

남 : 정말요?

Wǒmen yìqǐ qù mǎi Hànyǔ shū ba.
我们 一起 去 买 汉语 书 吧。

우리 같이 중국어 책 사러 가요.

Hǎo de.
女：好 的。

여 : 좋아요.

Nǚ de xué Hànyǔ duō jiǔ le?
问：女 的学 汉语 多 久 了?

문 : 여자는 중국어를 얼마나 배웠는가?

yí ge yuè　　　　　liǎng ge yuè
A 一 个 月　　　B 两 个 月

A 한 달　　　　B 두 달

méi xuéguo
C 没 学过

C 배운적 없다

단어 想 xiǎng 조동 ~하고 싶다 | 学习 xuéxí 동 학습하다, 공부하다 | 汉语 Hànyǔ 명 중국어 | 学 xué 동 배우다 | 过 guo 조 ~한 적이 있다 | 一 yī 수 하나, 1 | 月 yuè 명 월, 달 | 很 hěn 부 매우, 대단히 | 有意思 yǒu yìsi 형 재미있다, 흥미있다 | 真的 zhēn de 정말로 | 我们 wǒmen 대 우리(들) | 一起 yìqǐ 부 같이, 함께 | 去 qù 동 가다 | 买 mǎi 동 사다 | 书 shū 명 책 | 好的 hǎo de 좋아, 됐어 | 多久 duō jiǔ 얼마나, 오래, 얼마 동안 | 两 liǎng 수 둘 | 没 méi 부 아직 ~않다

해설 여자가 중국어를 한 달 배운 적이 있는데 아주 재미있다고 하였으므로 정답은 A다.

Memo

듣기 实战 실전 테스트 🎧 MP3-21

>> 전략서 55p

정답

제1부분	1 ×	2 ×	3 ✓	4 ✓	5 ×
	6 ✓	7 ✓	8 ×	9 ×	10 ×
제2부분	11 C	12 F	13 B	14 A	15 E
	16 C	17 E	18 A	19 D	20 B
제3부분	21 C	22 B	23 B	24 A	25 B
	26 C	27 C	28 A	29 C	30 A
제4부분	31 C	32 A	33 B	34 B	35 B

듣기 제1부분

1

Zuótiān wǒ zuò chūzūchē shàngbān le.
昨天 我 坐 出租车 上班 了。 （ × ）

어제 저는 택시를 타고 출근했습니다.

단어 昨天 zuótiān 몡 어제 | 坐 zuò 동 (교통수단을)타다 | 出租车 chūzūchē몡 택시 | 上班 shàngbān 동 출근하다 | 了 le 조 ~했다

해설 사진 속 사물은 '버스 公共汽车 gōnggòng qìchē'이므로 정답은 X다.

2

Tā yǒu yí bù xīn shǒujī.
他 有 一 部 新 手机。 （ × ）

그는 새 휴대전화가 있습니다.

단어 有 yǒu 동 있다 (소유를 나타냄) | 部 bù 양 대(기계나 차량을 세는 단위) | 新 xīn 형 새 것의 | 手机 shǒujī 몡 휴대전화

해설 사진 속 사물은 '사진기 照相机 zhàoxiàngjī'이므로 정답은 X다.

3

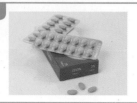

Bàba qù mǎi yào le.
爸爸 去 买 药 了。　　(✓)

아버지는 약을 사러 가셨습니다.

단어　爸爸 bàba 몡 아빠, 아버지 | 去 qù 동 가다 | 买 mǎi 동 사다 | 药 yào 몡 약

해설　사진 속 사물이 약이므로 녹음 내용과 일치한다. 따라서 정답은 ✓다.

4

Wǒmen zuò fēijī qù.
我们 坐 飞机 去。　　(✓)

우리는 비행기를 타고 갑니다.

단어　我们 wǒmen 뎨 우리(들) | 坐 zuò 동 (교통수단을) 타다 | 飞机 fēijī 몡 비행기 | 去 qù 동 가다

해설　사진 속 교통수단이 비행기이므로 녹음 내용이 일치한다. 따라서 정답은 ✓다.

5

Māma zuótiān mǎile yìxiē niúnǎi.
妈妈 昨天 买了 一些 牛奶。　　(✕)

엄마는 어제 우유를 조금 샀습니다.

단어　妈妈 māma 몡 엄마, 어머니 | 昨天 zuótiān 몡 어제 | 买 mǎi 동 사다 | 一些 yìxiē 수량 약간 | 牛奶 niúnǎi 몡 우유

해설　사진 속 사물은 달걀이므로 정답은 ✕다.

6

Zhuōzi shang yǒu yì bēi chá.
桌子 上 有 一 杯 茶。　　(✓)

탁자 위에 차 한 잔이 있습니다.

단어　桌子 zhuōzi 몡 탁자, 테이블 | 上 shang 몡 ~에, ~위에 | 有 yǒu 동 있다 | 一 yī 수 하나, 1 | 杯 bēi 양 컵, 잔 | 茶 chá 몡 차

해설　사진 속 사물이 찻잔이므로 녹음 내용과 일치한다. 따라서 정답은 ✓다.

7

Tā měi tiān wǎnshang dōu yào kàn diànshì.
他 每天 晚上 都 要 看 电视。　　(✓)

그는 매일 저녁 텔레비전을 봅니다.

단어 每天 měi tiān 매일, 날마다 | 晚上 wǎnshang 명 저녁 | 都 dōu 부 모두, 전부 | 要 yào 조동 ~하려고 하다 | 看 kàn 동 보다 | 电视 diànshì 명 텔레비전

해설 사진 속 인물이 리모콘을 들고 텔레비전보는 모습으로 녹음 내용과 일치한다.

8

Wǒ zhèngzài xǐ yīfu.
我 正在 洗 衣服。 (×)
저는 지금 옷을 빨고 있습니다.

단어 正在 zhèngzài 부 지금 ~하고 있다 | 洗 xǐ 동 빨다, 씻다 | 衣服 yīfu 명 옷

해설 사진 속 인물은 신문을 보고 있으므로 녹음 내용과 아무런 연관성이 없다. 따라서 정답은 X다.

9

Wǒ gěi nǚ'ér chuān yīfu.
我 给 女儿 穿 衣服。 (×)
저는 딸에게 옷을 입힙니다.

단어 给 gěi 개 ~에게 | 女儿 nǚ'ér 명 딸 | 穿 chuān 동 입다, 신다 | 衣服 yīfu 명 옷

해설 단순히 사진 속 아이의 성별이 남자아이인 것만으로도 정답을 알 수 있다.

10

Tā zhèngzài shuìjiào ne.
他 正在 睡觉 呢。 (×)
그는 지금 잠을 자고 있습니다.

단어 正在 zhèngzài 부 지금 ~하고 있다 | 睡觉 shuìjiào 동 잠을 자다 | 呢 ne 조 서술문 뒤에 쓰여 동작이나 상황이 지속됨을 나타냄

해설 사진 속 인물은 사진을 찍고 있으므로 잠을 자고 있다는 녹음 내용과 아무런 연관성이 없다. 따라서 정답은 X다.

11 – 15

A

B

C

D

E

F

11

Xiànzài jǐ diǎn le?
女 : 现在 几点 了?

Yǐjing   diǎn le.
男 : 已经 12 点 了。

여 : 지금 몇 시예요?

남 : 이미 12시예요.

C

단어 现在 xiànzài 몡 지금, 현재 | 几 jǐ 㑈 몇 | 点 diǎn 양 시 | 已经 yǐjing 㖓 이미, 벌써 | 十二 shí'èr 㑈 열둘, 12

해설 몇 시인지 묻는 여자의 질문에 12시라고 대답하였으므로 12시를 가르키고 있는 시계 사진 C가 정답이다.

12

Tāmen qù nǎr le?
男 : 他们 去哪儿 了?

Tāmen yìqǐ qù huǒchēzhàn le.
女 : 他们 一起 去 火车站 了。

남 : 그들은 어디에 갔나요?

여 : 그들은 같이 기차역에 갔어요.

F

단어 他们 tāmen 데 그들 | 去 qù 됭 가다 | 哪儿 nǎr 데 어디, 어느 곳 | 一起 yìqǐ 㖓 같이, 함께 | 火车站 huǒchēzhàn 몡 기차역

해설 '去'뒤에 오는 장소가 문제의 핵심이다. 기차역에 간다고 하였으므로 기차역 사진인 F가 정답이다.

13

Míngtiān tiānqì zěnmeyàng?
女 : 明天   天气 怎么样?

Míngtiān kěnéng huì xià yǔ.
男 : 明天   可能 会下雨。

여 : 내일 날씨는 어때요?

남 : 내일은 아마 비가 올 것 같아요.

B

단어 明天 míngtiān 몡 내일 | 天气 tiānqì 몡 날씨 | 怎么样 zěnmeyàng 데 어떻다 | 可能 kěnéng 조동 아마도 ~할 것이다 | 会 huì 조동 ~일 것이다 | 下雨 xiàyǔ 됭 비가 오다

해설 내일 날씨를 묻는 말에 비가 올 것 같다고 하였으므로 비가 오는 거리를 묘사한 사진 **B**가 정답이다.

14

男： Nǐmen xuéxiào yǒu duōshao xuésheng?
你们 学校 有 多少 学生?
　　　　　　　　rén.
女： 10,000 人。

남 : 당신 학교 학생은 몇 명이에요?

여 : 만 명이요.

$\boxed{A}$

단어 学校 xuéxiào 명 학교 | 有 yǒu 동 있다 | 多少 duōshao 대 얼마, 몇 | 学生 xuésheng 명 학생 | 人 rén 명 사람

해설 남녀가 학교 학생 수에 대해서 이야기하고 있으므로 정답은 **A**다.

15

女： Nǐ nǚ'ér zěnme le?
你 女儿 怎么 了?
男： Tā bìng le.
她 病 了。

여 : 당신 딸은 왜 그래요?

남 : 그녀는 아파요.

$\boxed{E}$

단어 女儿 nǚ'ér 명 딸 | 怎么了 zěnme le 무슨일이야? 어떻게 된거야? | 病 bìng 동 병나다

해설 딸이 아프다는 남자의 말을 근거로 침대에 누워 아파하는 여자 아이 사진 **E**가 가장 적합하다.

---

16 – 20

A
B
C
D
E

16

男： Nǐ zài gàn shénme?
你 在 干 什么?
女： Wǒ zài xǐ yīfu.
我 在 洗 衣服。

남 : 당신은 무엇을 하고 있나요?

여 : 저는 옷을 빨고 있어요.

$\boxed{C}$

단어 在 zài 뮈 ~하고 있다 | 干 gàn 동 하다 | 什么 shénme 데 무엇 | 洗 xǐ 동 빨다, 씻다 | 衣服 yīfu 명 옷

해설 옷을 빨고 있다는 여자의 말을 근거로 빨랫감이 놓여 있는 대야 사진 C가 정답이다.

17

女 : 对不起,
Duìbuqǐ,

我 今天 不 能 去 医院 看 你 了。
wǒ jīntiān bù néng qù yīyuàn kàn nǐ le.

男 : 没 关系。
Méi guānxi.

여 : 미안해요,

　　　오늘 당신을 보러 병원에 갈 수 없어요.

남 : 괜찮아요.

E

단어 对不起 duìbuqǐ 동 미안합니다, 죄송합니다 | 今天 jīntiān 명 오늘 | 不 bù 뮈 아니다 | 能 néng 조동 ~할 수 있다, ~일 것 같다 | 去 qù 동 가다 | 医院 yīyuàn 명 병원 | 看 kàn 동 보다 | 没关系 méi guānxi 괜찮다, 상관 없다

해설 대화의 핵심어는 '医院(병원)'이다. 남자를 보러 병원에 갈 수 없다는 여자의 말은 병문안에 갈 수 없다는 말이므로 병실 사진인 E가 가장 적합하다.

18

男 : 你 跳舞 跳 得 很 好。
Nǐ tiàowǔ tiào de hěn hǎo.

女 : 谢谢!
Xièxie!

남 : 당신은 춤을 잘 추시네요.

여 : 감사합니다!

A

단어 跳舞 tiàowǔ 동 춤을 추다 | 得 de 조 동사나 형용사 뒤에 쓰여 결과나 정도를 나타내는 보어와 연결시킴 | 很 hěn 뮈 매우, 대단히 | 好 hǎo 형 좋다 | 谢谢 xièxie 동 감사합니다, 고맙습니다

해설 남자가 여자에게 춤을 잘 춘다고 칭찬하고 있으므로 정답은 A다.

19

女 : 你 妻子 在 哪儿?
Nǐ qīzi zài nǎr?

男 : 她 在 家 休息 呢。
Tā zài jiā xiūxi ne.

여 : 당신 아내는 어디에 있나요?

남 : 그녀는 집에서 쉬고 있어요.

D

단어 妻子 qīzi 명 아내 | 在 zài 동 ~에 있다 | 哪儿 nǎr 데 어디, 어느 곳 | 在 zài 개 ~에서 | 家 jiā 명 집 | 休息 xiūxi 동 쉬다

해설 아내가 집에서 쉬고 있다고 하였으므로 정답은 D다.

20

男 : 服务员, 我 要 一 杯 咖啡。
Fúwùyuán, wǒ yào yì bēi kāfēi.

女 : 好 的。
Hǎo de.

남 : 종업원, 커피 한 잔 주세요.

여 : 알겠습니다.

B

단어 服务员 fúwùyuán 명 종업원 | 要 yào 동 바라다, 원하다 | 杯 bēi 양 컵, 잔 | 咖啡 kāfēi 명 커피

해설 커피 한 잔을 달라는 남자의 말을 근거로 커피가 나온 사진 B가 정답이다.

21

Nǐ zuótiān de kǎoshì zěnmeyàng?
女 : 你 昨天 的 考试 怎么样?

Bú tài hǎo.
男 : 不 太 好。

여 : 어제 시험은 어땠어요?

남 : 그다지 좋지 않았어요.

Nán de zuótiān gàn shénme le?
问 : 男 的 昨天 干 什么 了?

　　gōngzuò　　　xuéxí　　　　kǎoshì
A 工作　　B 学习　　C 考试

문 : 남자는 어제 무엇을 했는가?

A 일하다　　B 공부하다　　C 시험을 보다

단어　昨天 zuótiān 몡 어제 | 考试 kǎoshì 몡 시험 | 怎么样 zěnmeyàng 때 어떻다 | 不太 bú tài 그다지 ~않다 | 干 gàn 동 하다 | 什么 shénme 때 무엇 | 工作 gōngzuò 동 일하다 | 学习 xuéxí 동 공부하다, 배우다 | 考试 kǎoshì 동 시험을 치다

해설　어제 시험이 어땠는지 묻는 여자의 말을 근거로 남자는 어제 시험을 봤음을 알 수 있다. 따라서 정답은 C다.

22

Nǐ de Hànzì xiě de hěn piàoliang.
男 : 你 的 汉字 写 得 很 漂亮。

Xièxie!
女 : 谢谢!

남 : 한자를 예쁘게 잘 쓰시네요.

여 : 감사합니다!

Tāmen kěnéng zài gàn shénme?
问 : 他们 可能 在 干 什么?

　　kàn bàozhǐ　　　xuéxí　　　　gōngzuò
A 看 报纸　　B 学习　　C 工作

문 : 그들은 무엇을 하고 있을까?

A 신문을 본다　　B 공부한다　　C 일한다

단어　汉字 Hànzì 몡 한자 | 写 xiě 동 (글씨를) 쓰다 | 得 de 조 동사나 형용사 뒤에 쓰여 결과나 정도를 나타내는 보어와 연결시킴 | 很 hěn 뷔 매우, 대단히 | 漂亮 piàoliang 혱 예쁘다, 아름답다, 보기 좋다 | 谢谢 xièxie 동 감사합니다, 고맙습니다 | 他们 tāmen 때 그들, 저들 | 可能 kěnéng 조동 아마도 ~할 것이다 | 在 zài 뷔 ~하고 있다 | 干 gàn 동 하다 | 什么 shénme 때 무엇 | 看 kàn 동 보다 | 报纸 bàozhǐ 몡 신문 | 学习 xuéxí 동 학습하다, 공부하다, 배우다 | 工作 gōngzuò 동 일하다

해설　한자를 예쁘게 쓴다고 칭찬하는 남자의 말을 미루어 그들은 공부하고 있음을 알 수 있다. 따라서 정답은 B다.

Tip

▶ 구조조사 '得' 용법

☞ 술어(동사/형용사) 뒤에서 술어를 보충하는 정도보어와 가능보어를 만들 때 사용한다.

① 정도보어 : 동사/ 형용사 뒤에 쓰여 정도를 나타냄

　예 他 说 得 非常 好。 Tā shuō de fēicháng hǎo. 그는 말을 매우 잘합니다.
　　　동사 + 得 + 형용사구 → '동사(말하다)'한 정도가 '형용사구(매우 잘)'함.

② 가능보어 : 동사 뒤에 쓰여서 가능을 나타냄

　예 你 听 得 懂 吗? Nǐ tīng de dǒng ma? 당신은 알아 들었나요?
　　　동사 + 得 + 동사 → '동사(듣다)'한 결과 '동사(이해하다)'가 가능함.

23

女 : 我　想　买　一　块　新　手表。
Wǒ xiǎng mǎi yí kuài xīn shǒubiǎo.

男 : 我　也　想　买，一起　去　吧。
Wǒ yě xiǎng mǎi, yìqǐ qù ba.

问 : 男　的　想　买　什么?
Nán de xiǎng mǎi shénme?

A 衣服　　B 手表　　C 手机
　yīfu　　　shǒubiǎo　　shǒujī

여 : 저는 새 손목시계 하나를 사고 싶어요.

남 : 저도 사고 싶어요, 같이 가요.

문 : 남자는 무엇을 사고 싶어하는가?

A 옷　　　　B 손목시계　　　C 휴대전화

단어 想 xiǎng 조동 ~하고 싶다 | 买 mǎi 동 사다 | 块 kuài 양 덩이로 된 물건을 세는 단위 | 新 xīn 형 새 것의 | 手表 shǒubiǎo 명 손목시계 | 也 yě 부 ~도 | 一起 yìqǐ 부 같이, 함께 | 去 qù 동 가다 | 什么 shénme 대 무엇 | 衣服 yīfu 명 옷 | 手机 shǒujī 명 휴대전화

해설 손목시계를 사고 싶다는 여자의 말에 남자 자신도 그렇다고 하였으므로 남자 역시 손목시계를 사고 싶어 함을 알 수 있다.

24

男 : 这个　问题　哪个　同学　会　回答?
Zhège wèntí nǎge tóngxué huì huídá?

女 : 老师，我　会。
Lǎoshī, wǒ huì.

问 : 他们　在　干　什么?
Tāmen zài gàn shénme?

A 上课　　B 休息　　C 玩
　shàngkè　　xiūxi　　　wán

남 : 이 문제 어떤 학생이 대답할 수 있나요?

여 : 선생님, 제가 할 수 있어요.

문 : 그들은 무엇을 하고 있는가?

A 수업하다　　B 휴식하다　　C 놀다

단어 这个 zhège 대 이것 | 问题 wèntí 명 문제 | 哪个 nǎge 대 어느(것) | 同学 tóngxué 명 학교 친구, 동창(생) | 会 huì 조동 (배워서) ~할 수 있다 | 回答 huídá 동 대답하다 | 老师 lǎoshī 명 선생님 | 他们 tāmen 대 그들, 저들 | 在 zài 부 ~하고 있다 | 干 gàn 동 하다 | 什么 shénme 대 무엇 | 上课 shàngkè 동 수업하다 | 休息 xiūxi 동 휴식하다 | 玩 wán 동 놀다, 장난하다

해설 남자의 말과 여자의 말에 각각 학생과 선생님이라는 핵심어를 근거로 현재 수업 중임을 알 수 있다. 따라서 정답은 A다.

25

女 : 你女儿　跳舞　跳　得　很　好。
Nǐ nǚ'ér tiàowǔ tiào de hěn hǎo.

男 : 谢谢!
Xièxie!

问 : 男的　的　女儿　会　什么?
Nánde de nǚ'ér huì shénme?

A 唱歌　　B 跳舞　　C 游泳
　chànggē　　tiàowǔ　　　yóuyǒng

여 : 당신 딸이 춤을 잘 추네요.

남 : 감사합니다!

문 : 남자의 딸은 무엇을 할 줄 아는가?

A 노래 부르기　　B 춤추기　　C 수영하기

단어 女儿 nǚ'ér 명 딸 | 跳舞 tiàowǔ 동 춤을 추다 | 得 de 조 동사나 형용사 뒤에 쓰여 결과나 정도를 나타내는 보어와 연결시킴 | 很 hěn 부 매우, 대단히 | 好 hǎo 형 좋다 | 谢谢 xièxie 동 감사합니다, 고맙습니다 | 会 huì 조동 (배워서) ~할 수 있다, ~할 줄 알다 | 什么 shénme 대 무엇 | 唱歌 chànggē 동 노래 부르다 | 游泳 yóuyǒng 동 수영하다

해설 여자가 남자의 딸이 춤을 잘 춘다고 칭찬하였으므로 남자의 딸이 할 줄 아는 것은 춤추는 것이다. 따라서 정답은 B다.

26

Zhuōzi shang de shū shì nǐ de ma?
男 : 桌子　上　的书 是 你 的 吗?

Bú shì, shì wǒ péngyou de.
女 : 不 是, 是 我 朋友　的。

Zhuōzi shang yǒu shénme?
问 : 桌子　上　有 什么?

diànnǎo　　　　cài　　　　　shū
A 电脑　　　B 菜　　　C 书

남 : 테이블 위에 책은 당신 건가요?

여 : 아니요, 제 친구 거예요.

문 : 테이블 위에 무엇이 있는가?

A 컴퓨터　　　B 음식　　　C 책

단어 桌子 zhuōzi 명 탁자, 테이블 | 上 shang 명 ~에, ~위에 | 书 shū 명 책 | 不 bù 부 아니다 | 朋友 péngyou 명 친구 | 有 yǒu 동 있다 | 什么 shénme 대 무엇 | 电脑 diànnǎo 명 컴퓨터 | 菜 cài 명 요리

해설 테이블 위의 책이 누구 것인지에 대해 이야기 하고 있으므로 테이블 위에 있는 사물은 '书(책)'임을 알 수 있다.

27

Wǒ de māo bìng le.
女 : 我 的 猫　病 了。

Kuài dài tā qù yīyuàn ba.
男 : 快　带 它 去 医院 吧。

Shéi bìng le?
问 : 谁　病 了?

nǚrén　　　　nánrén　　　　māo
A 女人　　　B 男人　　　C 猫

여 : 제 고양이가 아파요.

남 : 빨리 병원으로 데리고 가세요.

문 : 누가 아픈가?

A 여자　　　B 남자　　　C 고양이

단어 的 de 조 ~의 | 猫 māo 명 고양이 | 病 bìng 동 병나다 | 快 kuài 부 빨리, 급히 | 带 dài 동 인솔하다, 이끌다, 데리다 | 它 tā 대 그것, 저것 | 去 qù 동 가다 | 医院 yīyuàn 명 병원 | 吧 ba 조 문장 맨 끝에 쓰여, 상의·제의·청유·기대·명령 등의 어기를 나타냄 | 谁 shéi 대 누구 | 女人 nǚrén 명 여인, 여자 | 男人 nánrén 명 남자

해설 고양이가 아프다는 여자의 말을 근거로 정답은 C다.

28

男 : 这个 问题 我 不 懂。
Zhège wèntí wǒ bù dǒng.

女 : 明天 问问 老师 吧。
Míngtiān wènwen lǎoshī ba.

问 : 他们 可能 在 做 什么?
Tāmen kěnéng zài zuò shénme?

A 学习 xuéxí　　　B 打 电话 dǎ diànhuà

C 看 电影 kàn diànyǐng

남 : 이 문제 저는 모르겠어요.

여 : 내일 선생님께 여쭤봐요.

문 : 그들은 무엇을 하고 있을까?

A 공부한다　　　B 전화한다

C 영화 본다

단어 这个 zhège 데 이것 | 问题 wèntí 몡 문제 | 不懂 bù dǒng 알지 못하다 | 明天 míngtiān 몡 내일 | 问 wèn 툉 묻다, 질문하다 | 吧 ba 죄 문장 맨 끝에 쓰여, 상의·제의·청유·기대·명령 등의 어기를 나타냄 | 老师 lǎoshī 몡 선생님 | 他们 tāmen 데 그들, 저들 | 可能 kěnéng 죄툉 아마도 ~할 것이다 | 在 zài 퇴 ~하고 있다 | 做 zuò 툉 하다 | 什么 shénme 데 무엇 | 学习 xuéxí 툉 학습하다, 공부하다, 배우다 | 打电话 dǎ diànhuà 전화를 걸다 | 看 kàn 툉 보다 | 电影 diànyǐng 몡 영화

해설 문제를 이해할 수 없다는 남자의 말에 여자가 선생님께 여쭤보라고 하였으므로 현재 그들이 공부를 하고 있음을 예상 할 수 있다.
따라서 정답은 A다.

29

女 : 我们 一起 做 运动 吧。
Wǒmen yìqǐ zuò yùndòng ba.

男 : 好啊, 一起 去 游泳 吧。
Hǎo a, yìqǐ qù yóuyǒng ba.

问 : 他们 要 一起 做 什么?
Tāmen yào yìqǐ zuò shénme?

A 跑步 pǎobù　　B 打 篮球 dǎ lánqiú　　C 游泳 yóuyǒng

여 : 우리 같이 운동해요.

남 : 좋아요, 같이 수영하러 가요.

문 : 그들은 같이 무엇을 하려고 하는가?

A 달리기　　B 농구하기　　C 수영하기

단어 我们 wǒmen 데 우리(들) | 一起 yìqǐ 퇴 같이, 함께 | 做 zuò 툉 하다, 종사하다 | 运动 yùndòng 몡 운동 | 吧 ba 죄 문장 맨 끝에 쓰여, 상의·제의·청유·기대·명령 등의 어기를 나타냄 | 好 hǎo 혱 좋다 | 去 qù 툉 가다 | 游泳 yóuyǒng 툉 수영하다 | 他们 tāmen 데 그들, 저들 | 要 yào 죄툉 ~할 것이다, ~하려고 하다 | 什么 shénme 데 무엇 | 跑步 pǎobù 툉 달리다 | 打篮球 dǎ lánqiú 농구하다

해설 같이 운동하자는 여자의 말에 남자가 같이 수영하자고 하였으므로 정답은 C다.

30

男：Qǐngwèn xiǎng hē diǎn shénme?
男：请问 想 喝点 什么？

Yì bēi chá, xièxie.
女：一杯茶，谢谢。

问：Nán de kěnéng shì zuò shénme de?
问：男 的可能 是 做 什么 的？

fúwùyuán yīshēng lǎoshī
A 服务员　　B 医生　　C 老师

남 : 무엇을 드시겠습니까?

여 : 차 한 잔 주세요, 감사합니다.

문 : 남자는 무엇을 하는 사람일까?

A 종업원　　　　B 의사　　　　C 선생님

단어 请问 qǐngwèn 통 말씀 좀 여쭙겠습니다, 실례지만 | 想 xiǎng 조통 ~하고 싶다 | 喝 hē 통 마시다 | 点 diǎn 양 약간, 조금 | 一 yī 수 하나, 1 | 杯 bēi 양 컵, 잔 | 茶 chá 명 차 | 谢谢 xièxie 통 감사합니다, 고맙습니다 | 可能 kěnéng 조통 아마도 ~할 것이다 | 做 zuò 통 하다, 종사하다 | 什么 shénme 때 무엇 | 服务员 fúwùyuán 명 종업원 | 医生 yīshēng 명 의사 | 老师 lǎoshī 명 선생님

해설 차 한잔 달라고 부탁하는 여자의 말을 근거로 남자의 직업은 종업원임을 알 수 있다. 따라서 정답은 A다.

 듣기 제4부분

31

男：Nǐ kànjiàn Xiǎo Wáng le ma?
男：你 看见 小 王 了 吗？

女：Zhǎo tā yǒu shì ma?
女：找 他 有 事 吗？

男：Wǒ yǒu ge wèntí xiǎng wènwen tā.
男：我 有 个 问题 想 问问 他。

女：Tā zài jiàoshì ne.
女：他 在 教室 呢。

问：Nán de wèishéme zhǎo Xiǎo Wáng?
问：男 的 为什么 找 小 王？

chī fàn yìqǐ wán
A 吃饭　　　　B 一起玩

wèn wèntí
C 问 问题

남 : 샤오왕을 보셨나요?

여 : 무슨 일로 그를 찾으시나요?

남 : 그에게 좀 묻고 싶은 문제가 있어서요.

여 : 그는 교실에 있어요.

문 : 남자는 왜 샤오왕을 찾는가?

A 밥 먹으려고　　　B 같이 놀려고

C 문제를 물어보려고

단어 看见 kànjiàn 통 보다 | 找 zhǎo 통 찾다 | 有 yǒu 통 있다 | 事 shì 명 일 | 个 gè 양 개, 사람, 명 | 问题 wèntí 명 문제 | 想 xiǎng 조통 ~하고 싶다 | 问 wèn 통 묻다 | 在 zài 통 ~에 있다 | 教室 jiàoshì 명 교실 | 为什么 wèishénme 왜, 어째서 | 吃 chī 통 먹다 | 饭 fàn 명 밥, 식사 | 一起 yìqǐ 부 같이, 함께 | 玩 wán 통 놀다

해설 샤오왕을 왜 찾냐는 여자의 질문에 남자가 그에게 물어볼 문제가 있다고 하였으므로 정답은 C다.

Nǐ érzi bú zài jiā ma? 女 : 你 儿子 不 在 家 吗?	여 : 당신 아들은 집에 없나요?
Tā chūqu yùndòng le. 男 : 他 出去 运动 了。	남 : <u>운동하러 나갔어요.</u>
Tā xǐhuan shénme yùndòng? 女 : 他 喜欢 什么 运动?	여 : 그는 무슨 운동을 좋아하나요?
Dǎ lánqiú. 男 : 打 篮球。	남 : 농구하는거요.
Nánde de érzi qù gàn shénme le? 问 : 男的 的 儿子 去 干 什么 了? yùndòng　　lǚyóu　　　xuéxí A 运动　　B 旅游　　C 学习	문 : 남자의 아들은 무엇을 하러 갔는가? A 운동하러　　B 여행하러　　C 공부하러

단어 儿子 érzi 뗑 아들 | 在 zài 동 ~에 있다 | 家 jiā 뗑 집 | 出去 chūqu 동 나가다 | 运动 yùndòng 뗑 운동 | 喜欢 xǐhuan 동 좋아하다 | 什么 shénme 떼 무엇 | 打篮球 dǎ lánqiú 농구를 하다 | 去 qù 동 가다 | 干 gàn 동 하다 | 旅游 lǚyóu 동 여행하다 | 学习 xuéxí 동 학습하다, 공부하다, 배우다

해설 아들이 운동을 하러 나갔다고 한 남자의 말을 근거로 정답은 A다.

Qǐng zài zhèr xiě nín de shǒujī hàomǎ. 男 : 请 在 这儿 写 您的 <u>手机 号码</u>。	남 : 여기에 당신 <u>휴대전화 번호</u>를 좀 적어주세요.
Shì zhèr ma? 女 : 是 这儿 吗?	여 : 여기요?
Bú shì, shì zhèr. 男 : 不 是, 是 这儿。	남 : 아니요, 여기요.
Hǎo de, xièxie! 女 : 好 的, 谢谢!	여 : 알겠어요, 감사합니다!
Nǚ de yào xiě shénme? 问 : 女 的 要 写 什么? míngzi　　shǒujī hàomǎ　　dìzhǐ A 名字　　B 手机 号码　　C 地址	문 : 여자는 무엇을 써야 하는가? A 이름　　B 휴대전화 번호　　C 주소

단어 请 qǐng 동 청하다, 부탁하다 | 在 zài 깨 ~에 | 这儿 zhèr 떼 여기, 이곳 | 写 xiě 동 글씨를 쓰다 | 您 nín 뗑 당신, 귀하('你'의 존칭) | 手机 shǒujī 휴대전화 | 号码 hàomǎ 뗑 번호 | 是 shì 동 ~이다 | 不 bù 동 아니다 | 好的 hǎo de 좋아, 됐어 | 谢谢 xièxie 동 감사합니다, 고맙습니다 | 要 yào 조동 ~해야 한다 | 什么 shénme 떼 무엇 | 名字 míngzi 뗑 이름 | 地址 dìzhǐ 뗑 주소

해설 남자가 여자에게 휴대전화 번호를 적어달라고 하였으므로 정답은 B다.

34

Wǎnshang yìqǐ chī fàn ba.
女 : 晚上　一起 吃 饭 吧。

여 : 저녁에 같이 밥 먹어요.

Jīntiān bù xíng,
男 : 今天 不 行,

남 : 오늘은 안 되요,

jīntiān wǒ hé péngyou qù kàn diànyǐng.
今天 我 和 朋友 去 看 电影。

오늘 저는 친구와 영화 보기로 했어요.

Míngtiān wǎnshang kěyǐ ma?
女 : 明天　晚上 可以 吗?

여 : 내일 저녁은 가능해요?

Hǎo de.
男 : 好 的。

남 : 좋아요.

Nán de jīntiān wǎnshang
问 : 男 的 今天　晚上

문 : 남자는 오늘 저녁

hé péngyou yìqǐ zuò shénme?
和 朋友 一起 做 什么?

친구와 같이 무엇을 하는가?

chī fàn　　kàn diànyǐng　　kàn diànshì
A 吃 饭　B 看 电影　C 看 电视

A 식사한다　B 영화를 본다　C 텔레비전을 본다

단어 晚上 wǎnshang 몡 저녁 | 一起 yìqǐ 뮈 같이, 함께 | 吃 chī 동 먹다 | 饭 fàn 몡 밥, 식사 | 今天 jīntiān 몡 오늘 | 不行 bù xíng 안 된다 | 和 hé 접 ~와 | 朋友 péngyou 몡 친구 | 去 qù 동 가다 | 看 kàn 동 보다 | 电影 diànyǐng 몡 영화 | 明天 míngtiān 몡 내일 | 可以 kěyǐ 조동 ~할 수 있다, 가능하다 | 做 zuò 동 하다 | 什么 shénme 때 무엇 | 电视 diànshì 몡 텔레비전

해설 같이 밥 먹자는 여자의 말에 남자가 친구랑 영화를 보기로 했다고 하였으므로 정답은 B다.

35

Píngguǒ duōshao qián yì jīn?
男 : 苹果　多少 钱 一 斤?

남 : 사과 1근에 얼마예요?

Sì kuài qián yì jīn.
女 : 四 块 钱 一 斤。

여 : 1근에 4위안이에요.

Wǒ yào liǎng jīn.
男 : 我 要 两 斤。

남 : 저는 2근 주세요.

Hǎo de, gěi nǐ.
女 : 好 的, 给 你。

여 : 알겠습니다, 여기 있습니다.

Nán de yào gěi nǚ de duōshao qián?
问 : 男 的 要 给 女 的 多少 钱?

문 : 남자는 여자에게 얼마를 줘야 하는가?

sì kuài　　bā kuài　　shí'èr kuài
A 四 块　　B 八 块　　C 十二 块

A 4위안　　　B 8위안　　　C 12위안

단어 苹果 píngguǒ 몡 사과 | 多少 duōshao 때 얼마 | 钱 qián 몡 돈 | 一 yī 수 하나, 1 | 斤 jīn 양 근 | 四 sì 수 넷, 4 | 块 kuài 양 위안(중국 화폐 단위) | 要 yào 동 원하다, 필요하다 | 两 liǎng 수 둘 | 要 yào 조동 ~해야 한다 | 好的 hǎo de 좋아, 됐어 | 给 gěi 동 주다 | 八 bā 수 여덟, 8 | 十二 shí'èr 수 열둘, 12

해설 1근에 4위안이고 남자는 2근을 달라고 하였으므로 남자가 지불할 금액은 8위안이다. 따라서 정답은 B다.

제1부분

🐾 **미리보기** | 해석

🛎 **제1부분**

〉〉 전략서 68p

例如：
Měi ge xīngqītiān wǒ dōu qù pǎobù
每 个 星期天 我 都 去 跑步。

F

매주 일요일마다
저는 달리기를 하러 갑니다.

실전 연습 1 – 제1부분

〉〉 전략서 72p

정답 | 36 C   37 D   38 A   39 E   40 B

---

36 – 40

A

B

C

D

E

36

Tā tài lèi le,   jiù zài shāfā shang
他 太 累 了， 就 在 沙发 上
shuìzháo le.
睡着 了。

C

그는 매우 피곤해서 바로 소파에서
잠이 들었습니다.

단어 | 太 tài 🄫 매우 | 累 lèi 🄟 피곤하다 | 就 jiù 🄫 바로 | 在 zài 🄐 ~에서 | 沙发 shāfā 🄜 소파 | 上 shang 🄜 ~에, ~위에 | 睡着
shuìzháo 🄓 잠들다

해설 | 소파에서 잠이 든 사람을 묘사하고 있는 사진 C가 정답이다.

37

Wǒ huí jiā de shíhou,
我 回 家 的 时候，

māma zhèngzài zuò cài.
妈妈 正在 做 菜。

| D |

제가 집에 돌아갔을 때,

엄마는 음식을 만들고 계셨습니다.

단어 回家 huí jiā 图 집으로 돌아가다 | 的时候 de shíhou ~할 때 | 妈妈 māma 圆 엄마, 어머니 | 正在 zhèngzài 凰 지금 ~하고 있다 | 做 zuò 图 만들다, 하다 | 菜 cài 圆 요리, 반찬

해설 엄마가 음식을 만들고 계셨다고 하였으므로 가장 적합한 사진은 음식을 묘사한 사진 D다.

Tip

▶ 동작의 진행 : 在/ 正在 + 동사 ……(呢)

☞ 동작의 진행은 동작이 현재 진행 중임(~을 하고 있는 중이다)을 나타내는 것으로, 동사 앞에 부사 '在, 正在'를 사용하며, 문장 맨 마지막에 '呢'는 생략할 수 있다.

주어　　부사　술어　목적어　어기조사
① 他们　　在　看　电影　　呢。 Tāmen zài kàn diànyǐng ne. 그들은 영화를 보고 있는 중입니다.
인칭대명사 (진행) 동사 명사 (진행)

　　　　주어　　　　부사　　술어 + 목적어
② 我　　弟弟　正在　打　篮球。 Wǒ dìdi zhèngzài dǎ lánqiú. 제 남동생은 농구를 하고 있는 중입니다.
인칭대명사 사람명사 (진행) 동사 + 명사

38

Wǒ nǚ'ér shēngbìng le,
我 女儿 生病 了，

wǒ yào dài tā qù yīyuàn.
我 要 带 她 去 医院。

| A |

제 딸이 병이 났습니다,

저는 그녀를 데리고 병원에 가려고 합니다.

단어 女儿 nǚ'ér 圆 딸 | 生病 shēngbìng 图 병이 나다, 병에 걸리다 | 要 yào 조동 ~하려고 하다 | 带 dài 图 데리다, 이끌다 | 去 qù 图 가다 | 医院 yīyuàn 圆 병원

해설 '医院(병원)'에 가려고 한다는 말을 근거로 의사에게 진찰 받고 있는 여자 아이 사진 A가 정답이다.

39

Bié zǒulù de shíhou kàn shū,
别 走路 的 时候 看 书，

duì yǎnjing bù hǎo.
对 眼睛 不 好。

| E |

길을 걸을 때 책을 보지 마세요,

눈에 좋지 않습니다.

단어 别 bié 图 ~하지마라 | 走路 zǒulù 图 길을 걷다 | 的时候 de shíhou ~할 때 | 看 kàn 图 보다 | 书 shū 圆 책 | 对 duì 闭 ~에 대해 | 眼睛 yǎnjing 圆 눈 | 不好 bù hǎo 나쁘다, 좋지 않다

해설 길을 걸을 때 책을 보지 말라고 당부하는 내용이므로 길을 걸으면서 책을 보는 모습을 묘사한 사진 E가 정답이다.

40

Wǒ mǎile diànyǐng piào,
我 买了 电影　票，
jīntiān kàn diànyǐng ba.
今天　看　电影　吧。

B

제가 영화 표를 샀어요,

오늘 영화 봐요.

단어 买 mǎi 통 사다 | 电影票 diànyǐngpiào 명 영화 표 | 今天 jīntiān 명 오늘 | 看 kàn 통 보다 | 电影 diànyǐng 명 영화 | 吧 ba 조 문장 맨 끝에 쓰여, 상의·제의·청유·기대·명령 등의 어기를 나타냄

해설 문장 속 '电影票(영화표)'를 근거로 정답은 사진 B다.

실전 연습 ❷ – 제1부분

》 전략서 73p

정답 36 A 37 D 38 C 39 E 40 B

36 – 40

A

B

C

D

E

36

Tā xiàozhe shuō : "Míngtiān jiàn."
她 笑着　说 : "明天　见。"

A

그녀가 웃으면서 말합니다 : "내일 봐요."

단어 笑 xiào 통 웃다 | 着 zhe 조 ~하면서, ~한 채로 | 说 shuō 통 말하다 | 明天 míngtiān 명 내일 | 见 jiàn 통 보다

해설 '明天见(내일 봐요)'는 헤어질 때 하는 인사이다. 따라서 헤어지는 상황을 묘사하며 손을 흔드는 여자 사진 A가 정답이다.

37

Zhè shì wǒ de shū, shì péngyou sòng de.
这 是 我的书, 是　朋友　送 的。

D

이것은 제 책이에요, 친구가 선물해 준 것입니다.

단어 这 zhè 대 이것 | 书 shū 명 책 | 朋友 péngyou 명 친구 | 送 sòng 통 선물하다, 주다

해설 단순하게 책에 대해서 설명을 하고 있으므로 책 사진이 나온 사진 D가 정답이다.

38

Hē bēi chá ba, hē chá duì shēntǐ hǎo.
喝 杯 茶 吧, 喝 茶 对 身体 好。　　C　　차 한잔 마시세요, 차는 몸에 좋아요.

단어 喝 hē 동 마시다 | 杯 bēi 양 컵, 잔 | 茶 chá 명 차 | 对 duì 개 ~에 대해 | 身体 shēntǐ 명 건강, 몸 | 好 hǎo 형 좋다

해설 문장의 핵심어는 '茶(차)'이다. 따라서 차 사진이 나온 C가 정답이다.

39

Nǐ shēngbìng le, zǎo diǎn xiūxi ba.
你 生病 了, 早 点 休息 吧。　　E　　당신은 병이 났으니, 일찍 쉬세요.

단어 生病 shēngbìng 동 병이 나다 | 早点 zǎo diǎn 좀 일찍 | 休息 xiūxi 동 휴식하다

해설 아프다는 말을 근거로 약을 먹고 있는 모습을 연관지어 생각할 수 있다. 따라서 사진 E가 정답이다.

40

Tā yǐjing suì le, dànshì shēntǐ hěn hǎo.
他 已经 80 岁 了, 但是 身体 很 好。　　B　　그는 이미 80살인데도 건강합니다.

단어 已经 yǐjing 부 이미, 벌써 | 岁 suì 명 살, 세 | 但是 dànshì 접 그러나 | 身体 shēntǐ 명 건강 | 很 hěn 부 매우, 대단히 | 好 hǎo 형 좋다

해설 인물 사진이 여러 장 제시되어 있지만 80살이라는 말을 근거로 나이 가 많은 남자 사진인 B가 정답이다.

 독해^{阅读} 제2부분

》 전략서 76p

😀 미리보기 │ 해석

🔔 제2부분

A 便宜 piányi	B 时候 shíhou	C 介绍 jièshào	A 싸다	B 때, 무렵	C 소개하다
D 颜色 yánsè	E 晴 qíng	F 离 lí	D 색깔	E 맑다	F ~에서

Zhèr de cài hěn piányi, dànshì bù hǎochī. 这儿 的 菜 很 （A 便宜），但是 不 好吃。	여기의 음식은 매우 (A 싸다), 그러나 맛이 없어요.

실전 연습 1 – 제2부분

》 전략서 78p

정답   41 D   42 A   43 C   44 E   45 B

41 – 45

A 时候 shíhou	B 介绍 jièshào	C 颜色 yánsè	A 때, 무렵	B 소개하다	C 색깔
D 晴 qíng	E 离 lí		D 맑다	E ~에서	

단어 时候 shíhou 圀 때, 시각 | 介绍 jièshào 图 소개하다 | 颜色 yánsè 圀 색깔 | 晴 qíng 휑 맑다 | 离 lí 끼 ~에서

41

Jīntiān tiānqì hěn hǎo, shì qíngtiān. 今天 天气 很 好，是 （D 晴）天。	오늘 날씨가 좋아요, (D 맑은) 날씨예요.

단어 今天 jīntiān 圀 오늘 | 天气 tiānqì 圀 날씨 | 很 hěn 囝 매우, 대단히 | 好 hǎo 휑 좋다 | 天 tiān 圀 날씨, 기후

해설 빈칸 앞 문장 내용이 날씨에 관한 이야기이므로 날씨를 나타내는 D가 정답이다.

42

Nǐ shénme shíhou qù shāngdiàn? 你 什么 （A 时候）去 商店？ Wǒmen yìqǐ qù ba. 我们 一起 去 吧。	당신은 어느 (A 때) 상점에 가나요? 우리 같이 가요.

단어 什么时候 shénme shíhou 언제 | 去 qù 图 가다 | 商店 shāngdiàn 圀 상점, 판매점 | 我们 wǒmen 데 우리 | 一起 yìqǐ 囝 같이

해설 '时候'는 '什么' 뒤에 쓰여 시각·때를 나타낸다. 따라서 정답은 A다.

43

Tā xǐhuan shénme yánsè de yīfu? 她 喜欢 什么（C 颜色）的 衣服?	그녀는 어떤 (C 색깔)의 옷을 좋아하나요?

단어 喜欢 xǐhuan 圄 좋아하다 ┃ 什么 shénme 때 무엇 ┃ 衣服 yīfu 圀 옷

해설 빈칸에는 옷을 수식할 수 있는 단어가 와야 한다. 의미적으로 옷을 수식할 수 있는 알맞은 단어는 C다.

44

Qǐngwèn, huǒchēzhàn lí zhèr yuǎn ma? 请问, 火车站 （E 离）这儿 远 吗?	실례지만, 기차역은 여기 (E 에서) 먼가요?

단어 请问 qǐngwèn 圄 말씀 좀 여쭙겠습니다 ┃ 火车站 huǒchēzhàn 圀 기차역 ┃ 这儿 zhèr 때 여기, 이곳 ┃ 远 yuǎn 혱 멀다

해설 빈칸 앞뒤로 나와 있는 장소 '火车站', '这儿'과 술어 '远'을 근거로 '~에서' 의미를 나타내는 개사 '离'가 정답이다.

45

Wǒ lái jièshào yíxià, 男：我 来（B 介绍）一下, zhè shì wǒ mèimei. 这 是 我 妹妹。 Hěn gāoxìng rènshi nǐ. 女：很 高兴 认识 你。	남 : 제가 (B 소개) 좀 할게요, 이쪽은 제 여동생입니다. 여 : 당신을 알게 되어 매우 기뻐요.

단어 来 lái 圄 어떤 동작을 하다 ┃ 介绍 jièshào 圄 소개하다 ┃ 一下 yíxià 수량 좀 ~하다 ┃ 这 zhè 때 이것 ┃ 是 shì 圄 ~이다 ┃ 妹妹 mèimei 圀 여동생 ┃ 很 hěn 빏 매우, 대단히 ┃ 高兴 gāoxìng 혱 기쁘다 ┃ 认识 rènshi 圄 알다, 인식하다

해설 여자가 상대방을 처음 만났을 때 하는 인사말을 했으므로 정답은 B다.

실전 연습 ② – 제2부분

》 전략서 79p

정답 41 C　42 A　43 B　44 D　45 E

41 – 45

qīzi A 妻子	juéde B 觉得	cóng C 从	A 아내	B ~라고 생각하다	C ~부터
bǐ D 比	lǚyóu E 旅游		D ~보다	E 여행하다	

단어 妻子 qīzi 圀 아내 ┃ 觉得 juéde 圄 ~라고 여기다(생각하다) ┃ 从 cóng 깨 ~부터 ┃ 比 bǐ 깨 ~보다 ┃ 旅游 lǚyóu 圄 여행하다

41

Cóng zhèr dào xuéxiào yào zǒu wǔ fēnzhōng. （C 从）这儿 到 学校 要 走 五 分钟。	여기서 (C 부터) 학교까지 걸어서 5분 걸립니다.

단어 这儿 zhèr 때 여기, 이곳 | 到 dào 깨 ~까지 | 学校 xuéxiào 명 학교 | 要 yào 조통 ~해야 한다 | 走 zǒu 통 걷다 | 五 wǔ 준 다섯, 5 | 分钟 fēnzhōng 명 분

해설 '从'은 '~부터'라는 뜻으로 기점을 나타내며 대부분 '到'와 함께 쓰여 '~부터 ~까지'라는 의미를 나타낸다.

42

Nàbiān dǎ diànhuà de shì wǒ de　　qīzi.
那边　打 电话　的 是 我 的（A 妻子）。

저쪽에서 전화하는 사람은 제（A 아내 ）입니다.

단어 那边 nàbiān 때 저쪽, 그쪽 | 打电话 dǎ diànhuà 전화를 걸다 | 是 shì 통 ~이다

해설 '的' 뒤에는 명사가 올 수 있으므로 빈칸에 들어갈 단어의 품사는 명사임을 알 수 있다. 또한 '저쪽에서 전화하는 사람'은 인물이므로 빈칸 역시 인물을 나타내는 단어를 선택해야 한다. 따라서 정답은 A다.

43

Wǒ　　juéde　zhège wèntí hěn nán.
我 （B 觉得）这个 问题 很 难。

제 （B 생각에 ）이 문제가 어려워요.

단어 这 zhè 때 이것 | 问题 wèntí 명 문제 | 很 hěn 위 매우, 대단히 | 难 nán 형 어렵다

해설 문제가 어려운 것 같다는 자신의 생각을 나타내고 있으므로 정답은 B다.

44

Jīntiān　　bǐ　zuótiān rè.
今天 （D 比）昨天 热。

오늘은 어제（ D 보다 ）덥습니다.

단어 今天 jīntiān 명 오늘 | 昨天 zuótiān 명 어제 | 热 rè 형 덥다

해설 '比'는 개사로 정도의 차이를 비교하는데 쓰인다.

45

Wǒmen yìqǐ qù　　lǚyóu　ba.
女：我们　一起 去 （E 旅游）吧。

여 : 우리 같이 （ E 여행 ）가요.

Hǎo de,　wǒ xiǎng qù Shànghǎi.
男：好 的，我 想 去　上海。

남 : 좋아요, 저는 상하이에 가고 싶어요.

단어 我们 wǒmen 때 우리 | 一起 yìqǐ 위 같이 | 去 qù 통 가다 | 想 xiǎng 조통 ~하고 싶다 | 上海 Shànghǎi 고유 상하이, 상해

해설 남자가 상하이를 가고 싶다고 한 말을 근거로 정답이 E임을 알 수 있다.

미리보기 | 해석

제3부분

》 전략서 82p

Xiànzài shì liù diǎn shí fēn, 现在 是六点 十分， lí diànyǐng kāishǐ hái yǒu shí fēnzhōng. 离 电影 开始 还 有 十 分钟。	지금은 6시 10분입니다, 영화가 시작하기까지 아직 10분 남았습니다.
Diànyǐng liù diǎn èrshí kāishǐ. ★ 电影 六点 二十 开始。 (✓)	★ 영화는 6시 20분에 시작한다. (✓)
Wǒ huì yóuyǒng, dànshì yóu de bù hǎo. 我 会 游泳，但是 游 得 不 好。	저는 수영을 할 줄 알지만, 수영을 잘하지는 못합니다.
Tā yóu dé fēicháng hǎo. ★ 他 游 得 非常 好。 (✗)	★그는 수영을 매우 잘한다. (✗)

01. ★ 표 문장 먼저 파악하기

유형 확인 문제

》 전략서 83p

1

Wǒ kànle yì tiān de shū, suǒyǐ yǎnjing hěn lèi, 我 看了 一 天 的 书，所以 眼睛 很 累， xiǎng shuìjiào le. 想 睡觉 了。	저는 하루 종일 책을 봤더니 <u>눈이 피곤해요</u>, 자고 싶어요.
Tā de yǎnjing hěn hǎo. ★ 他 的 眼睛 很 好。 (✗)	★ 그의 눈은 좋다. (✗)

단어 看 kàn 图 보다 | 一天 yì tiān 하루 | 书 shū 몡 책 | 所以 suǒyǐ 젭 그래서 | 眼睛 yǎnjing 몡 눈 | 累 lèi 혱 피곤하다, 힘들다 | 想 xiǎng 조통 ~하고 싶다 | 睡觉 shuìjiào 통 잠을 자다

해설 ★표 문장의 핵심은 '眼睛很好'다. 이 단어들을 문제 문장에서는 찾아볼 수 없으므로 정답은 X다.

정답   46 ✕   47 ✕   48 ✓   49 ✓   50 ✓

46

Wǒ jīntiān gōngzuò dào diǎn, hěn lèi,
我 今天 工作 到 12 点，很 累，
yào zǎo diǎnr xiūxi.
要 早 点儿 休息。

나는 오늘 12시까지 일해서 피곤합니다,

좀 일찍 쉬려고 합니다.

     Jīntiān wán de hěn lèi.
★ 今天 玩 得 很 累。   (✕)

★ 오늘 피곤하게 놀았다.   (✕)

단어 今天 jīntiān 뗑 오늘 | 工作 gōngzuò 뗑 직업 | 到 dào 깨 ~까지 | 点 diǎn 얭 시 | 很 hěn 뛰 매우, 대단히 | 累 lèi 톙 피곤하다 | 要 yào 조통 ~하려고 하다 | 早 zǎo 톙 이르다, 빠르다 | 点儿 diǎnr 얭 약간, 조금 | 休息 xiūxi 통 휴식하다 | 玩 wán 통 놀다

해설 오늘 12시까지 일을 하였다고 하였으므로 정답은 ✕다.

47

Tā nǚ'ér shēngbìng le, zhàngfu zài shàngbān,
她 女儿 生病 了，丈夫 在 上班，
suǒyǐ yí ge rén sòng nǚ'ér qù yīyuàn.
所以 一 个 人 送 女儿 去 医院。

그녀의 딸은 병이 났습니다, 남편은 출근해서

혼자서 딸을 병원에 데려다 줬습니다.

     Tā zhàngfu yě shēngbìng le.
★ 她 丈夫 也 生病 了。   (✕)

★ 그녀의 남편도 아프다.   (✕)

단어 女儿 nǚ'ér 뗑 딸 | 生病 shēngbìng 통 병나다 | 丈夫 zhàngfu 뗑 남편 | 在 zài 뛰 ~하고 있다 | 上班 shàngbān 통 출근하다 | 所以 suǒyǐ 졉 그래서 | 一个人 yí ge rén 혼자, 한사람 | 送 sòng 통 데려다 주다 | 去 qù 통 가다 | 医院 yīyuàn 뗑 병원

해설 딸이 아프고 남편은 출근했다고 하였으므로 정답은 ✕다.

48

Yīnwèi zuótiān shì wǒ shēngrì,
因为 昨天 是 我 生日，
suǒyǐ wǒ de péngyou mǎile shǒubiǎo sòng gěi wǒ.
所以我 的 朋友 买了 手表 送 给我。

어제가 제 생일이었기 때문에

제 친구가 손목시계를 선물해 줬습니다.

     Shǒubiǎo shì péngyou sòng de.
★ 手表 是 朋友 送 的。   (✓)

★ 손목시계는 친구가 선물해줬다.   (✓)

단어 因为 yīnwèi 졉 왜냐하면 | 昨天 zuótiān 뗑 어제 | 生日 shēngrì 뗑 생일 | 所以 suǒyǐ 졉 그래서 | 朋友 péngyou 뗑 친구 | 买 mǎi 통 사다 | 手表 shǒubiǎo 뗑 손목시계 | 送 sòng 통 선물하다 | 给 gěi 깨 ~에게

해설 손목시계는 생일날 친구가 선물로 사준 것이라고 하였으므로 정답은 ✓다.

49

Wǒ dìdi fēicháng xǐhuan dǎ lánqiú,
我 弟弟 非常 喜欢 打 篮球,
měi ge xīngqīliù dōu hé péngyou yìqǐ dǎ lánqiú.
每 个 星期六 都 和 朋友 一起 打 篮球。

Dìdi měi ge xīngqī dǎ yí cì lánqiú.
★ 弟弟 每 个 星期 打 一 次 篮球。(✓)

제 남동생은 농구하는 것을 매우 좋아합니다,

매주 토요일 친구와 함께 농구를 합니다.

★ 내 남동생은 매주 한 번 농구를 한다. (✓)

단어 弟弟 dìdi 몡 남동생 | 非常 fēicháng 뷘 매우, 아주 | 喜欢 xǐhuan 동 좋아하다 | 打篮球 dǎ lánqiú 농구하다 | 每个 měige 몡 매주 | 星期六 xīngqīliù 몡 토요일 | 都 dōu 뷘 모두 | 和 hé 개 ~와 | 朋友 péngyou 몡 친구, 벗 | 一起 yìqǐ 뷘 같이, 함께 | 星期 xīngqī 몡 요일 | 一 yī 슈 하나, 1 | 次 cì 얭 번, 회

해설 매주 토요일 친구와 농구를 하러 간다고 하였으므로 정답은 ✓다.

50

Wǒ shì nǐmen de Hànyǔ lǎoshī,
我 是 你们 的 汉语 老师,
yǒu bù dǒng de wèntí kěyǐ wèn wǒ.
有 不 懂 的 问题 可以 问 我。

Lǎoshī ràng xuésheng wèn wèntí.
★ 老师 让 学生 问 问题。(✓)

저는 여러분의 중국어 선생님입니다,

이해가 안가는 문제는 저에게 질문해도 됩니다.

★ 선생님은 학생들에게 질문하게 했다. (✓)

단어 你们 nǐmen 데 너희들, 당신들 | 汉语 Hànyǔ 몡 중국어 | 老师 lǎoshī 몡 선생님 | 有 yǒu 동 있다 | 不 bù 뷘 아니다 | 懂 dǒng 동 이해하다, 알다 | 问题 wèntí 몡 문제 | 可以 kěyǐ 조동 ~해도 좋다, ~해도 된다 | 问 wèn 동 묻다, 질문하다 | 让 ràng 동 ~하게 하다, ~하도록 시키다 | 学生 xuésheng 몡 학생

해설 중국어 선생님이 학생들에게 모르는 문제가 있으면 질문하라고 하였으므로 정답은 ✓다.

실전 연습 **2** - 제3부분
>> 전략서 85p

정답 46 ✕ 47 ✓ 48 ✕ 49 ✕ 50 ✕

46

Zuótiān wǒ yào shàngbān,
昨天 我 要 上班,
suǒyǐ méiyǒu hé péngyou yìqǐ qù lǚyóu.
所以 没有 和 朋友 一起 去 旅游。

Tā zuótiān hé péngyou yìqǐ qù lǚyóu.
★ 他 昨天 和 朋友 一起 去 旅游。(✕)

어제 저는 출근해야 해서,

친구와 함께 여행을 가지 않았습니다.

★ 그는 어제 친구와 함께 여행을 갔다. (✕)

단어 昨天 zuótiān 몡 어제 | 要 yào 조동 ~해야 한다 | 上班 shàngbān 동 출근하다 | 所以 suǒyǐ 젭 그래서 | 没有 méiyǒu 뷘 ~않다 | 和 hé 개 ~와 | 朋友 péngyou 몡 친구 | 一起 yìqǐ 뷘 같이, 함께 | 去 qù 동 가다 | 旅游 lǚyóu 동 여행하다

해설 어제 출근해야 해서 친구와 여행을 가지 않았다고 하였으므로 정답은 X다.

47

Wǒ shēngbìng le,　suǒyǐ jīntiān méiyǒu qù shàngkè.
我　生病　了，所以 今天　没有 去 上课。

제가 아파서 오늘 수업을 가지 않았습니다.

Jīntiān méiyǒu qù shàngkè le.
★ 今天　没有 去 上课　了。　　(✓)

★ 오늘 수업을 가지 않았다.　　　(✓)

단어 生病 shēngbìng 통 병이 나다 | 所以 suǒyǐ 접 그래서 | 今天 jīntiān 명 오늘 | 没有 méiyǒu 부 ~않다 | 去 qù 통 가다 | 上课 shàngkè 통 수업하다

해설 오늘 아파서 수업을 가지 않았다고 하였으므로 정답은 ✓다.

48

Wǒ jiā zài tā jiā de pángbiān,
我 家 在 他 家 的　旁边，

우리 집은 그의 집 옆에 있습니다,

wǒmen měi tiān yìqǐ　shàngkè,　yìqǐ wán.
我们　每 天 一起 上课，一起 玩。

우리는 매일 같이 수업하고, 같이 놉니다.

Tāmen zhù zài yìqǐ.
★ 他们　住 在 一起。　　(✗)

★ 그들은 함께 산다.　　　(✗)

단어 家 jiā 명 집 | 在 zài 통 ~에 있다 | 旁边 pángbiān 명 옆 | 我们 wǒmen 대 우리(들) | 每天 měi tiān 매일, 날마다 | 一起 yìqǐ 부 같이, 함께 | 上课 shàngkè 통 수업하다 | 玩 wán 통 놀다 | 住 zhù 통 거주하다

해설 우리 집이 그의 집 옆이라고 하였지 같이 사는 것은 아니므로 정답은 ✗다.

49

Wǒ xīwàng míngtiān shì qíngtiān,
我 希望　明天　是 晴天，

내일은 맑은 날씨였으면 좋겠습니다,

yīnwèi wǒ xiǎng hé péngyoumen yìqǐ pǎobù.
因为 我 想 和　朋友们　一起 跑步。

왜냐하면 친구들과 함께 달리기하고 싶기 때문입니다.

Míngtiān shì qíngtiān.
★ 明天　是 晴天。　　(✗)

★ 내일은 맑은 날씨이다.　　(✗)

단어 希望 xīwàng 통 바라다, 희망하다 | 明天 míngtiān 명 내일 | 晴天 qíngtiān 명 맑은 날씨 | 因为 yīnwèi 접 왜냐하면 | 想 xiǎng 조동 ~하고 싶다 | 和 hé 개 ~와 | 朋友们 péngyoumén 명 친구들 | 一起 yìqǐ 부 같이, 함께 | 跑步 pǎobù 통 달리다

해설 내일 날씨가 맑았으면 좋겠다고 화자의 희망사항을 이야기한 것이지 내일이 맑은 날씨인 것은 아니다.

50

Wǒ tīngjiàn yǒu rén jiào wǒ de míngzi,
我 听见 有 人 叫 我 的 名字，

어떤 사람이 저의 이름을 부르는 소리를 듣고,

qù kāi mén, dànshì méiyǒu rén.
去 开门，但是　没有 人。

문을 열었지만 아무도 없었습니다.

Yǒu rén zài mén wài.
★ 有 人 在 门 外。　　(✗)

★누군가 문밖에 있다.　　(✗)

단어　听见 tīngjiàn 屠 듣다 | 有人 yǒurén 누군가, 어떤 사람 | 叫 jiào 屠 외치다, 부르다 | 名字 míngzi 몡 이름 | 去 qù 屠 가다 | 开门 kāimén 屠 문을 열다 | 但是 dànshì 쩝 그러나 | 没有 méiyǒu 屠 없다(부정을 나타냄) | 在 zài 屠 ~에 있다 | 门外 ménwài 몡 문밖

해설　문을 열었지만 아무도 없었다고 하였으므로 정답은 X다.

Memo

미리보기 해석

🔔 제4부분

》 전략서 88p

Wǒ xīwàng tā kuài diǎnr hǎo qǐlái.
A 我 希望 他 快 点儿 好 起来。

A 저는 그가 빨리 좋아지길 희망합니다.

Tā bù néng tī zúqiú le,
B 他 不 能 踢 足球 了,
zhǐ néng zài jiàoshì li xuéxí.
只 能 在 教室 里 学习。

B 그는 축구를 할 수 없습니다,

다만 교실에서 공부할 수 있을 뿐입니다.

Duō hē kāfēi duì nǚrén bù hǎo.
C 多 喝 咖啡 对 女人 不好。

C 커피를 많이 마시면 여자에게 좋지 않습니다.

Wǒ yào mǎi yìxiē sòng gěi péngyou.
D 我 要 买 一些 送 给 朋友。

D 저는 조금 사서 친구에게 주고 싶습니다.

Wǒ měi tiān zuò gōnggòng qìchē shàngxué.
E 我 每 天 坐 公共 汽车 上学。

E 저는 매일 버스를 타고 등교합니다.

Tā zài jiā xiūxi.
F 他 在 家 休息。

F 그는 집에서 쉽니다.

Tā zài nǎr ne?
他 在 哪儿 呢?
Wǒ jīntiān méi kànjiàn tā.
我 今天 没 看见 他。 ☐ F

그는 어디에 있나요?

저는 오늘 그를 보지 못했습니다.

정답　51 D　52 A　53 E　54 B　55 C　56 C　57 B　58 D　59 E　60 A

51 – 55

Jīntiān yǒu kǎoshì.
A 今天 有 考试。　　　　　　　　　A 오늘 시험이 있습니다.

Tāmen zhèngzài wèn lù.
B 他们 正在 问 路。　　　　　　　B 그들은 길을 물어보고 있습니다.

Wǒ yě chī yi chī.
C 我 也 吃 一 吃。　　　　　　　　C 저도 좀 먹어보겠습니다.

Hěn yǒu yìsi,
D 很 有 意思,　　　　　　　　　　D 아주 재미있어요,

dànshì yǒu hěn duō wèntí bù dǒng.
但是 有 很 多 问题 不 懂。　　　　 그러나 많은 문제를 모르겠어요.

Tài hǎo le, xièxie!
E 太 好 了, 谢谢!　　　　　　　　E 너무 좋아요, 감사합니다!

단어 今天 jīntiān 몡 오늘 | 有 yǒu 동 있다 | 考试 kǎoshì 몡 시험 | 他们 tāmen 때 그들, 저들 | 正在 zhèngzài 뿐 지금 ~하고 있다 | 问 wèn 동 묻다 | 路 lù 몡 길 | 也 yě 뿐 ~도 | 吃 chī 동 먹다 | 很 hěn 뿐 매우 | 有意思 yǒu yìsi 혱 재미있다 | 但是 dànshì 젭 그러나 | 多 duō 혱 많다 | 问题 wèntí 몡 문제 | 懂 dǒng 동 이해하다, 알다 | 太 tài 뿐 매우 | 谢谢 xièxie 동 감사합니다

51

Nǐ juéde Hànyǔ zěnmeyàng?
你 觉得 汉语 怎么样?　　　　| D |　당신 생각에 중국어는 어떤가요?

단어 觉得 juéde 동 ~라고 느끼다(생각하다) | 汉语 Hànyǔ 몡 중국어 | 怎么样 zěnmeyàng 때 어떻다, 어떠하다

해설 중국어에 대한 생각을 묻고 있으므로 자신의 생각을 대답하고 있는 D가 정답이다.

52

Tā zuótiān hěn zǎo jiù shuì le.
她 昨天 很 早 就 睡 了。　　　| A |　그녀는 어제 일찍 잤습니다.

단어 昨天 zuótiān 몡 어제 | 很 hěn 뿐 매우, 대단히 | 早 zǎo 혱 일찍 | 就 jiù 뿐 바로, 곧 | 睡 shuì 동 (잠을) 자다

해설 어제 일찍 잔 이유에 대해서 설명하는 A가 정답이다.

53

Nǐ hěn xǐhuan tā ma?
你 很 喜欢 它 吗?　　　　　　　　당신은 그것을 좋아하나요?

Shēngrì de shíhou wǒ sòng gěi nǐ.
生日 的 时候 我 送 给 你。　　| E |　생일 때 제가 당신께 선물할게요.

很 hěn 튄 매우, 대단히 | 喜欢 xǐhuan 튕 좋아하다 | 它 tā 땜 그것 | 生日 shēngrì 명 생일 | 的时候 de shíhou ~할 때 | 送 sòng 튕 선물하다 | 给 gěi 튕 주다

해설 선물한다고 하였으므로 감사 인사를 표하는 **E**가 정답이다.

54

Wǒmen yào qù yīyuàn, 我们　要 去 医院, qǐngwèn cóng zhèlǐ zěnme qù? 请问　从 这里 怎么 去?	우리는 병원에 가려고 합니다, B　실례지만 여기서 어떻게 가야하나요?

단어 我们 wǒmen 땜 우리(들) | 要 yào 조동 ~하려고 하다 | 去 qù 튕 가다 | 医院 yīyuàn 명 병원 | 请问 qǐngwèn 튕 말씀 좀 여쭙겠습니다 | 从 cóng 껜 ~부터, ~을 | 这里 zhèlǐ 땜 여기 | 怎么 zěnme 땜 어떻게

해설 상대방에게 길을 묻고 있으므로 정답은 **B**다.

55

Zhōngguórén hěn xǐhuan chī yángròu. 中国人　很 喜欢 吃 羊肉。	C	중국인은 양고기 먹는 것을 매우 좋아합니다.

단어 中国人 Zhōngguórén 명 중국인 | 很 hěn 튄 매우, 대단히 | 喜欢 xǐhuan 튕 좋아하다 | 吃 chī 튕 먹다 | 羊肉 yángròu 명 양고기

해설 양고기 먹는 것에 대해 이야기 하고 있으므로 '吃(먹다)'가 언급된 **C**가 정답이다.

---

56 – 60

A	Tā yīfu chuān de hěn shǎo. 她 衣服 穿 得 很 少。	A	그녀는 옷을 적게 입었습니다.
B	Tā zuótiān hěn wǎn shuìjiào, jīntiān shēngbìng le. 他 昨天 很 晚 睡觉, 今天 生病 了。	B	그는 어제 늦게 자서 오늘 병이 났습니다.
C	Duìbuqǐ, màiwán le, nǐ yào zǎo jǐ tiān mǎi. 对不起, 卖完 了, 你 要 早 几 天 买。	C	죄송합니다, 다 팔렸습니다, 며칠 전에는 사야 해요.
D	Hǎo a, yìqǐ qù ba. 好 啊, 一起 去 吧。	D	좋습니다, 같이 가요.
E	Tā zài dǎ diànhuà. 她 在 打 电话。	E	그녀는 전화하고 있습니다.

단어 衣服 yīfu 명 옷 | 穿 chuān 튕 입다 | 得 de 조 동사나 형용사 뒤에 쓰여 결과나 정도를 나타내는 보어와 연결시킴 | 很 hěn 튄 매우, 대단히 | 少 shǎo 형 적다 | 昨天 zuótiān 명 어제 | 晚 wǎn 형 늦다 | 今天 jīntiān 명 오늘 | 生病 shēngbìng 튕 병이 나다 | 对不起 duìbuqǐ 튕 미안합니다 | 卖 mài 튕 팔다 | 完 wán 튕 끝나다 | 要 yào 조동 ~해야 한다 | 早 zǎo 형 일찍 | 几 jǐ 쉬 몇 | 天 tiān 명 일, 날 | 买 mǎi 튕 사다 | 好 hǎo 형 좋다 | 一起 yìqǐ 튄 같이, 함께 | 去 qù 튕 가다 | 在 zài 튄 ~하고 있다 | 打电话 dǎ diànhuà 전화를 걸다

56

Yǒu míngtiān shàngwǔ qù Běijīng de
有 明天 上午 去北京 的

huǒchē piào ma?
火车 票 吗?

내일 오전 베이징으로 가는

| C | 기차표가 있나요?

단어) 有 yǒu 동 있다 | 明天 míngtiān 명 내일 | 上午 shàngwǔ 명 오전 | 去 qù 동 가다 | 北京 Běijīng 고유 북경, 베이징 | 火车 huǒchē 명 기차 | 票 piào 명 표, 티켓

해설) 기차표가 있는지 없는지에 대한 답변으로 적절한 정답은 C다.

57

Wǒ jīntiān zài jiàoshì méi kàndào tā, qù nǎr le?
我 今天 在 教室 没 看到 他, 去哪儿 了?

Wèishénme bù lái shàngkè?
为什么 不 来上课?

오늘 교실에서 그를 못 봤어요, 어디에 갔나요?

| B | 왜 수업 들으러 오지 않았나요?

단어) 今天 jīntiān 명 오늘 | 在 zài 개 ~에서 | 教室 jiàoshì 명 교실 | 没 méi 부 ~않다 | 看到 kàndào 보다 | 去 qù 동 가다 | 哪儿 nǎr 대 어디, 어느 곳 | 为什么 wèishénme 왜, 어째서 | 不 bù 부 아니다 | 来 lái 동 오다 | 上课 shàngkè 동 수업을 듣다

해설) 수업을 오지 않은 이유에 대해서 설명하는 B가 가장 적합하다.

58

Jīntiān shì xīngqītiān, wǒmen qù yùndòng ba.
今天 是 星期天, 我们 去 运动 吧。

Nǐ juéde pǎobù zěnmeyàng?
你 觉得 跑步 怎么样?

오늘은 일요일이에요, 우리 운동하러 갑시다.

| D | 당신은 달리기 어때요?

단어) 今天 jīntiān 명 오늘 | 是 shì 동 ~이다 | 星期天 xīngqītiān 명 일요일 | 我们 wǒmen 대 우리(들) | 去 qù 동 가다 | 运动 yùndòng 명 운동 | 觉得 juéde 동 ~라고 느끼다 | 跑步 pǎobù 동 달리다 | 怎么样 zěnmeyàng 대 어떻다, 어떠하다

해설) 상대방에게 제안을 하고 있으므로 제안에 대한 대답으로 가장 적합한 D가 정답이다.

59

Wéi, qǐngwèn Zhāng xiǎojiě zài ma?
喂, 请问 张 小姐 在 吗?

Wǒ shì tā de péngyou Lǐ Míng.
我 是 她 的 朋友 李 明。

여보세요, 실례지만 장 양 있나요?

| E | 저는 그녀의 친구 리밍입니다.

단어) 喂 wéi 감 (전화상에서) 여보세요 | 请问 qǐngwèn 동 말씀 좀 여쭙겠습니다 | 小姐 xiǎojiě 명 젊은 여자, 아가씨 | 在 zài 동 (~에) 있다 | 朋友 péngyou 명 친구

해설) '여보세요' 라는 말을 근거로 전화하고 있는 상황임을 알 수 있으므로 정답은 E다.

65

60

Zhōngwǔ de shíhou hěn rè,
中午　的 时候 很 热,

dànshì wǎnshang yǒu diǎn lěng.
但是　晚上 有点儿 冷。　　　A

점심때는 더워요,

하지만 저녁에는 약간 춥네요.

> **단어** 中午 zhōngwǔ 몡 낮, 12시, 정오 | 的时候 de shíhou ~할 때 | 很 hěn 튀 매우, 대단히 | 热 rè 혱 덥다 | 但是 dànshì 젭 그러나 | 晚上 wǎnshang 몡 저녁 | 有点儿 yǒudiǎnr 튀 조금, 약간 | 冷 lěng 혱 춥다, 차다

> **해설** '저녁에 약간 춥다'라는 말 뒤에 이어질 상황에 가장 적절한 지문은 A다.

실전 연습 2 – 제4부분
>> 전략서 94p

> **정답** 51 B 52 A 53 E 54 D 55 C 56 E 57 B 58 C 59 D 60 A

51 – 55

Tā zuò zài chūzūchē shang.
A 他 坐 在 出租车 上。

Tā xiànzài hěn bù gāoxìng.
B 她 现在 很 不 高兴。

Tāmen zài fàndiàn chī fàn.
C 他们 在 饭店 吃 饭。

Qiúyī wǒ lái xǐ ba, nǐ xiūxi xiūxi.
D 球衣 我 来 洗 吧, 你 休息 休息。

Qù wènwen lǎoshī, wǒ yě bù dǒng.
E 去 问问 老师, 我 也 不 懂。

A 그는 택시를 타고 있습니다.

B 그녀는 지금 기분이 언짢습니다.

C 그들은 식당에서 밥을 먹고 있습니다.

D 운동복은 제가 빨 테니 당신은 쉬세요.

E 선생님께 여쭤보세요, 저도 잘 몰라요.

> **단어** 坐 zuò 동 (교통수단을) 타다 | 在 zài 개 ~에 | 出租车 chūzūchē 몡 택시 | 上 shang 몡 ~에, ~위에 | 很 hěn 튀 매우, 대단히 | 不高兴 bù gāoxìng 언짢다 | 饭店 fàndiàn 몡 식당 | 吃 chī 동 먹다 | 饭 fàn 몡 밥, 식사 | 球衣 qiúyī 몡 운동복 | 来 lái 동 (어떤 동작을)하다 | 洗 xǐ 동 빨다, 씻다 | 休息 xiūxi 동 휴식하다 | 去 qù 동 가다 | 问 wèn 동 묻다, 질문하다 | 老师 lǎoshī 몡 선생님 | 也 yě 튀 ~도 | 不 bù 튀 아니다 | 懂 dǒng 동 이해하다, 알다

51

Wǒ bā diǎn cái qǐchuáng,
我 八 点 才 起床,

méiyǒu chī zǎofàn jiù qù shàngxué le.
没有 吃 早饭 就 去 上学 了。　　B

저는 8시에 겨우 일어나,

아침밥을 못 먹고 바로 등교했습니다.

> **단어** 八 bā 수 여덟, 8 | 点 diǎn 양 시 | 才 cái 튀 겨우 | 起床 qǐchuáng 동 일어나다 | 没有 méiyǒu 튀 ~않다 | 吃 chī 동 먹다 | 早饭 zǎofàn 몡 아침밥 | 就 jiù 튀 바로, 곧 | 去 qù 동 가다 | 上学 shàngxué 동 등교하다

> **해설** 8시에 일어나 아침도 못 먹고 바로 등교하여 현재 어떤 상태인지를 보여주는 B가 정답이다.

52

Nǐ hǎo, wǒ yào qù jīchǎng,
你好, 我要去机场,

kěyǐ kuài diǎnr ma?
可以快点儿吗?

A 안녕하세요, 공항에 가려고 하는데

빨리 가 주실 수 있나요?

단어 要 yào 조동 ~하려고 하다 | 去 qù 동 가다 | 机场 jīchǎng 명 공항 | 可以 kěyǐ 조동 ~할 수 있다, 가능하다 | 快 kuài 형 빠르다 |
点儿 diǎnr 양 약간, 조금

해설 택시를 타서 기사에게 요청하는 상황이므로 택시라는 단어가 언급된 A가 정답이다.

53

Zhège wèntí wǒ bù dǒng, nǐ ne?
这个问题我不懂, 你呢?

E 이 문제 저는 모르겠어요, 당신은요?

단어 这个 zhège 대 이것 | 问题 wèntí 명 문제 | 不 bù 부 아니다 | 懂 dǒng 동 이해하다, 알다

해설 상대방에게 문제가 이해되는지 묻고 있으므로 답변 역시 관련 있는 말로 대답해야 한다. 따라서 정답은 E다.

54

Wǒ gāng tīwán qiú, juéde hěn lèi.
我 刚 踢完球, 觉得很累。

D 저는 지금 막 축구가 끝나서 피곤해요.

단어 刚 gāng 부 방금 | 踢球 tīqiú 동 축구하다 | 完 wán 동 끝나다 | 觉得 juéde 동 ~라고 느끼다 | 很 hěn 부 매우, 대단히 | 累 lèi
형 피곤하다

해설 '踢球'와 의미적으로 연관된 '球衣(운동복)'를 근거로 정답은 D다.

55

Fúwùyuán xiàozhe wèn :
服务员 笑着 问 :

"Nǐ xiǎng hē diǎnr shénme?"
"你 想 喝点儿 什么?"

종업원이 웃으면서 묻습니다 :

C "당신은 무엇을 마시겠습니까?"

단어 服务员 fúwùyuán 명 종업원 | 笑 xiào 동 웃다 | 着 zhe 조 ~한 채로(지속) | 问 wèn 동 묻다 | 想 xiǎng 조동 원하다, ~하고 싶
다 | 喝 hē 동 마시다 | 点儿 diǎnr 양 약간, 조금 | 什么 shénme 대 무엇

해설 종업원이 일하는 곳, 즉 식당이 언급된 C가 정답이다.

Zhè shì wǒ shēngrì shí péngyou sòng de.
A 这 是 我 生日 时 朋友 送 的。 　　A 이것은 제 생일 때 친구가 선물해준 것입니다.

Wǒmen qù kàn diànyǐng ba.
B 我们 去 看 电影 吧。 　　B 우리 영화 보러 갑시다.

Jīntiān wǎnshang xuéxí dào diǎn ba.
C 今天 晚上 学习 到 12 点 吧。 　　C 오늘 밤 12시까지 공부합시다.

Duō chī shuǐguǒ duì shēntǐ hǎo.
D 多 吃 水果 对 身体 好。 　　D 과일을 많이 먹는 것은 몸에 좋습니다.

Jīntiān bǐ zuótiān lěng.
E 今天 比 昨天 冷。 　　E 오늘이 어제 보다 춥네요.

단어 这 zhè 떼 이것 | 是 shì 통 ~이다 | 生日 shēngrì 몡 생일 | 时 shí 때, 무렵 | 朋友 péngyou 몡 친구 | 送 sòng 통 주다, 선물하다 | 我们 wǒmen 떼 우리(들) | 去 qù 통 가다 | 看 kàn 통 보다 | 电影 diànyǐng 몡 영화 | 吧 ba 조 문장 맨 끝에 쓰여, 상의·제의·청유·기대·명령 등의 어기를 나타냄 | 今天 jīntiān 몡 오늘 | 晚上 wǎnshang 몡 저녁 | 学习 xuéxí 통 공부하다 | 到 dào 깨 ~까지 | 点 diǎn 양 시 | 多 duō 혱 많다 | 吃 chī 통 먹다 | 水果 shuǐguǒ 몡 과일 | 对 duì 깨 ~에 대해 | 身体 shēntǐ 몡 건강 | 比 bǐ 깨 ~보다(비교) | 昨天 zuótiān 몡 어제 | 冷 lěng 통 춥다

56

Xiànzài xià yǔ ne, wǒmen bié chū mén le.
现在 下 雨 呢，我们 别 出 门 了。 　|E| 지금 비가 오니 우리 나가지 말아요.

단어 现在 xiànzài 몡 지금, 현재 | 下雨 xiàyǔ 통 비가 오다(내리다) | 我们 wǒmen 떼 우리(들) | 别 bié 통 ~(하지)마라 | 出门 chūmén 통 외출하다

해설 날씨에 관련하여 부연설명하는 문장을 찾으면 정답은 E다.

57

Jīntiān shì xīngqīliù,
今天 是 星期六， 　　오늘은 토요일입니다,

bú yòng shàngbān, tài hǎo le.
不 用 上班， 太 好 了。 　|B| 출근할 필요가 없어서 매우 좋아요.

단어 今天 jīntiān 몡 오늘 | 是 shì 통 ~이다 | 星期六 xīngqīliù 몡 토요일 | 不用 búyòng 뷔 ~할 필요가 없다 | 上班 shàngbān 통 출근하다 | 太 tài 뷔 매우 | 好 hǎo 혱 좋다

해설 출근할 필요가 없는 토요일이므로 상대방에게 제안할 수 있는 B가 정답이다.

58

Míngtiān wǒmen yǒu kǎoshì.
明天 我们 有 考试。 　|C| 내일 우리는 시험이 있습니다.

단어 明天 míngtiān 몡 내일 | 我们 wǒmen 떼 우리(들) | 有 yǒu 통 있다 | 考试 kǎoshì 몡 시험

해설 시험과 공부는 함께 연상할 수 있는 단어이다. 따라서 정답은 C다.

59

Xīguā hěn piányi,　yě hěn hǎochī,
西瓜 很 便宜，也 很 好吃，

wǒ fēicháng xǐhuan.
我 非常 喜欢。

| D |

수박은 엄청 싸고, 맛있어서

제는 매우 좋아합니다.

[단어] 西瓜 xīguā 몡 수박 | 很 hěn 閉 매우, 대단히 | 便宜 piányi 혱 (값이) 싸다 | 也 yě 閉 ~도 | 好吃 hǎochī 혱 맛있다 | 非常 fēicháng 閉 매우, 아주 | 喜欢 xǐhuan 동 좋아하다

[해설] 수박과 과일은 함께 연상할 수 있는 단어이므로 정답은 D다.

60

Nǐ de shǒubiǎo hěn piàoliang,
你 的 手表 很 漂亮，

shì xīn mǎi de ma?
是 新 买 的 吗?

| A |

손목시계가 정말 예뻐요,

새로 산 건가요?

[단어] 手表 shǒubiǎo 몡 손목시계 | 很 hěn 閉 매우, 대단히 | 漂亮 piàoliang 혱 예쁘다, 아름답다, 보기 좋다 | 新 xīn 혱 새 것의 | 买 mǎi 동 사다

[해설] 손목시계를 누가 사 줬는지에 대한 답변으로 적절한 A가 정답이다.

≫ 전략서 97p

정답

제1부분	36 A		37 D		38 C		39 E		40 B
제2부분	41 C		42 D		43 B		44 F		45 E
제3부분	46 ×		47 ×		48 ✓		49 ✓		50 ×
제4부분	51 C		52 E		53 A		54 D		55 B
	56 A		57 E		58 B		59 D		60 C

독해 阅读 **제1부분**

36 – 40

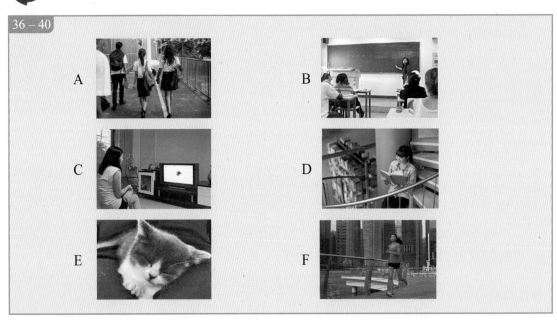

36

Xuéxiào lí wǒ jiā hěn jìn,
学校 离我家很近,
suǒyǐ wǒ zǒulù shàngxué.
所以我走路 上学。

학교와 우리집은 가까워서

A 저는 걸어서 등교합니다.

단어 学校 xuéxiào 몡 학교 | 离 lí 囲 ~에서, ~로 부터, ~까지 | 家 jiā 몡 집 | 很 hěn 囯 매우, 대단히 | 近 jìn 휑 가깝다 | 所以 suǒyǐ 젭 그래서 | 走路 zǒulù 동 길을 걷다 | 上学 shàngxué 동 등교하다

걸어서 등교한다는 문장을 그대로 묘사하고 있는 사진 A가 정답이다.

37

Zhè běn shū tài yǒu yìsi le,
这 本 书 太 有 意思 了,
wǒ dōu wàngle shàngkè de shíjiān.
我 都 忘了 上课 的 时间。　D

이 책이 너무 재미있어서

저는 수업 시간도 잊었습니다.

단어 这 zhè 데 이것 | 本 běn 양 권 | 书 shū 명 책 | 有意思 yǒu yìsi 형 재미있다 | 都 dōu 부 모두 | 忘 wàng 동 잊다 | 上课 shàngkè 동 수업하다 | 时间 shíjiān 명 시간

해설 책이 재미있다고 하였으므로 책을 보고 있는 인물이 나온 사진 D가 정답이다.

38

Māma huí jiā de shíhou,
妈妈 回 家 的 时候,
wǒ zhèngzài kàn diànshì.
我 正在 看 电视。　C

엄마가 집에 돌아오셨을 때,

저는 텔레비전을 보고 있었습니다.

단어 妈妈 māma 명 엄마, 어머니 | 回家 huí jiā 동 집으로 돌아가다 | 的时候 de shíhou ~할 때 | 正在 zhèngzài 부 지금 ~하고 있다 | 看 kàn 동 보다 | 电视 diànshì 명 텔레비전

해설 텔레비전을 보고 있다는 말을 근거로 정답은 C다.

39

Wǒ de xiǎo māo shēngbìng le,
我 的 小 猫 生病 了,
tā shénme yě bù xiǎng chī.
它 什么 也 不 想 吃。　E

저의 고양이가 병이 났어요,

아무것도 먹고 싶어하질 않습니다.

단어 小猫 xiǎomāo 명 아기 고양이 | 生病 shēngbìng 동 병이 나다 | 它 tā 데 그, 저 | 什么 shénme 데 무엇, 아무 것 | 也 yě 부 ~도 | 不 bù 부 아니다 | 想 xiǎng 조동 ~하고 싶다, ~하려고 하다 | 吃 chī 동 먹다

해설 고양이에 대해 설명하고 있으므로 고양이가 나온 사진 E가 정답이다.

40

Lǎoshī wèn : "Zhège wèntí dǒng ma?"
老师 问 : "这个 问题 懂 吗?"　B

선생님이 묻습니다 : "이 문제 이해 되나요?"

단어 老师 lǎoshī 명 선생님 | 问 wèn 동 묻다 | 这个 zhège 데 이것 | 问题 wèntí 명 문제 | 懂 dǒng 동 알다

해설 선생님이라는 단어를 근거로 수업을 하고 있는 모습을 묘사한 사진 B가 정답이다.

41 – 45

piányi	wèntí	fēijī	A 싸다	B 문제	C 비행기
A 便宜	B 问题	C 飞机			
shēntǐ	kǎoshì	yào	D 몸, 건강	E 시험	F 약
D 身体	E 考试	F 药			

단어 便宜 piányi 웹 (값이) 싸다 │ 问题 wèntí 웹 문제 │ 飞机 fēijī 웹 비행기 │ 身体 shēntǐ 웹 건강, 몸 │ 考试 kǎoshì 웹 시험 │ 药 yào 웹 약

41

Tā shì zuò　　fēijī　　lái de.
他 是 坐 （ C 飞机 ） 来 的。

그는 (C 비행기)를 타고 왔습니다.

단어 坐 zuò 동 (교통수단을) 타다 │ 来 lái 동 오다

해설 빈칸 앞의 동사 '坐(타다)'를 근거로 탈 수 있는 수단을 고르면 정답은 C다.

42

Wǒ jīntiān　　shēntǐ　bù hǎo, xiǎng xiūxi xiūxi.
我 今天 （ D 身体 ） 不好, 想 休息 休息。

오늘 (D 몸)이 좋지 않아서 좀 쉬고 싶어요.

단어 今天 jīntiān 웹 오늘 │ 不好 bù hǎo 나쁘다, 좋지 않다 │ 想 xiǎng 조동 ~하고 싶다 │ 休息 xiūxi 동 쉬다

해설 빈칸 뒤의 술어 '不好(좋지 않다)'로 미루어 보아 빈칸에는 주어로 사용 할 수 있는 명사가 적합하며, 문장 뒤 '休息(쉬다)'를 근거로
의미상으로도 알맞은 정답은 D다.

43

Zhège　　wèntí　　wǒ bù dǒng,
这个 （ B 问题 ） 我 不 懂,

míngtiān wèn lǎoshī.
明天　　问 老师。

이 (B 문제)는 잘 모르겠습니다,

내일 선생님께 여쭤보겠습니다.

단어 这个 zhège 대 이것 │ 懂 dǒng 동 이해하다 │ 明天 míngtiān 웹 내일 │ 问 wèn 동 묻다, 질문하다 │ 老师 lǎoshī 웹 선생님

해설 선생님께 여쭤 볼 수 있는 것, 즉 B가 정답이다.

44

Wǒ yào qù mǎi　　yào,　　wǒ nǚ'ér bìng le.
我 要 去 买 （ F 药 ）, 我 女儿 病 了。

저는 (F 약)을 사러 가야 해요, 제 딸이 병이 났어요.

단어 要 yào 조동 ~해야 한다 │ 去 qù 동 가다 │ 买 mǎi 동 사다 │ 女儿 nǚ'ér 웹 딸 │ 病 bìng 동 병나다

해설 빈칸 앞 동사 '买(사다)'를 근거로 살 수 있는 대상을 찾으면 정답은 F다.

45

男 : 你 今天 的 （ E 考试 ） 怎么样?
Nǐ jīntiān de kǎoshì zěnmeyàng?

女 : 有些 问题 不会。
Yǒuxiē wèntí bú huì.

남 : 오늘 (E 시험) 어땠나요?

여 : 어떤 문제들은 못 풀었어요.

단어 今天 jīntiān 몡 오늘 | 怎么样 zěnmeyàng 떼 어떻다 | 有些 yǒuxiē 떼 일부, 어떤 것 | 问题 wèntí 몡 문제 | 不 bù 튀 아니다 | 会 huì 조동 ~할 수 있다, ~할 줄 알다

해설 여자 말에 '问题(문제)'를 근거로 빈칸에 들어갈 정답은 E다.

 제3부분

46

现在 西瓜 还太贵,
Xiànzài xīguā hái tài guì,

我们 买点 苹果 吧。
wǒmen mǎi diǎn píngguǒ bǎ.

★ 现在 苹果 很贵。 （ × ）
Xiànzài píngguǒ hěn guì.

지금 수박은 아직 너무 비싸요,

우리 사과나 조금 사요.

★ 지금 사과는 비싸다. （ × ）

단어 现在 xiànzài 몡 지금, 현재 | 西瓜 xīguā 몡 수박 | 还 hái 튀 아직 | 太 tài 튀 매우 | 贵 guì 혱 비싸다 | 我们 wǒmen 떼 우리 (들) | 买 mǎi 동 사다 | 苹果 píngguǒ 몡 사과 | 很 hěn 튀 매우, 대단히

해설 수박이 많이 비싸서 사과를 사자고 하였으므로 정답은 X다.

47

今天 天气 不太好,
Jīntiān tiānqì bú tài hǎo,

有点 阴,等 会儿 可能 会下雪。
yǒu diǎn yīn, děng huìr kěnéng huì xià xuě.

★ 现在 在下雪。 （ × ）
Xiànzài zài xià xuě.

오늘 날씨는 별로 좋지 않아요,

약간 흐린게 조금 있으면 눈이 내릴 것 같습니다.

★ 지금 눈이 내리고 있다. （ × ）

단어 今天 jīntiān 몡 오늘 | 天气 tiānqì 몡 날씨 | 不好 bù hǎo 좋지 않다 | 太 tài 튀 매우 | 有点 yǒudiǎn 튀 약간 | 阴 yīn 혱 흐리다 | 等 děng 동 기다리다 | 会儿 huìr 양 잠깐, 잠시 | 可能 kěnéng 조동 아마도 ~할 것이다 | 会 huì 조동 ~할 가능성이 있다, ~할 것이다(실현 가능성이 있음을 나타냄) | 下雪 xià xuě 눈이 내리다 | 现在 xiànzài 몡 지금, 현재 | 在 zài 튀 ~하고 있다

해설 곧 눈이 내릴 것 같다고 하였지 현재 눈이 내리는 것이 아니므로 정답은 X다.

48

Zhè jiàn yīfu shì zuótiān xīn mǎi de, hěn piányi,
这 件 衣服 是 昨天 新买 的, 很 便宜,
zhǐ yào kuài.
只 要 50 块。

Zhè jiàn yīfu bú guì.
★ 这 件 衣服 不 贵。　　　　　(√)

이 옷은 어제 새로 산 것인데 매우 저렴합니다,

50위안 밖에 안해요.

★ 이 옷은 비싸지 않다. 　　　　(√)

단어 这 zhè 때 이것 | 件 jiàn 양 벌, 개 | 衣服 yīfu 명 옷 | 昨天 zuótiān 명 어제 | 新 xīn 형 새롭다 | 买 mǎi 동 사다 | 很 hěn 부 매우, 대단히 | 便宜 piányi 형 (값이) 싸다 | 只 zhǐ 부 겨우, 한갓 | 要 yào 동 필요하다, 걸리다, 들다 | 块 kuài 양 위안(중국 화폐 단위) | 不 bù 부 아니다 | 贵 guì 형 비싸다

해설 이 옷이 저렴하다고 하였으므로 비싸지 않다는 지문과 일치한다.

49

Wǒ qùguo Běijīng, zài nàr zhùle yì nián,
我 去过 北京, 在 那儿 住了 一 年,
juéde nàr de rén hěn yǒu yìsi.
觉得 那儿 的 人 很 有意思。

Tā juéde Běijīngrén yǒu yìsi.
★ 他 觉得 北京人 有意思。　　(√)

저는 베이징에 가 본적 있어요, 거기서 1년을 살았습니다,

제 생각에 거기 사람들은 매우 재미있는 것 같아요.

★ 그는 베이징 사람들이 재미있다고 생각한다. (√)

단어 去 qù 동 가다 | 过 guo 조 ~한 적이 있다 | 北京 Běijīng 고유 북경, 베이징 | 在 zài 개 ~에 | 哪儿 nàr 때 그곳 | 住 zhù 동 거주하다 | 一 yī 수 하나, 1 | 年 nián 명 년 | 觉得 juéde 동 ~라고 느끼다 | 人 rén 명 사람 | 很 hěn 부 매우, 대단히 | 有意思 yǒu yìsi 형 재미있다

해설 베이징에 1년 살면서 거기 사람들이 매우 재미있는 것 같다고 하였으므로 정답은 √다.

50

Wǒ de Hànzì xiě de bù hǎo,
我 的 汉字 写得 不好,
dànshì Hànyǔ shuō de hěn hǎo,
但是 汉语 说 得很 好,
wǒ yǐjīng zài Zhōngguó liǎng nián le.
我 已经 在 中国 两 年 了。

Tā de Hànyǔ shuō de bù hǎo.
★ 她 的 汉语 说 得 不 好。　　(×)

저는 한자는 잘 못 쓰지만

중국어 말하기는 잘합니다,

저는 이미 중국에 2년 있었습니다.

★ 그녀의 중국어 말하기는 좋지 않다. 　(×)

단어 汉字 Hànzì 명 한자 | 写 xiě 동 (글씨를) 쓰다 | 得 de 조 동사나 형용사 뒤에 쓰여 결과나 정도를 나타내는 보어와 연결시킴 | 不好 bù hǎo 좋지 않다 | 但是 dànshì 접 그러나 | 汉语 Hànyǔ 명 중국어 | 说 shuō 동 말하다 | 很 hěn 부 매우, 대단히 | 好 hǎo 형 좋다 | 已经 yǐjing 부 이미 | 在 zài 동 ~에 있다 | 中国 Zhōngguó 고유 중국 | 两 liǎng 수 둘 | 年 nián 명 년

해설 한자는 잘 못 쓰고 말하기는 잘 한다고 하였으므로 정답은 X다.

51 – 55

Wǒ xīwàng nǐ zài zhèr guò de kāixīn.		
A 我 希望 你 在 这儿 过 得 开心。		A 당신이 여기서 지내는 동안 즐거웠으면 좋겠습니다.
Tā hěn xiǎo, yě hěn piàoliang.		
B 它 很 小，也 很 漂亮。		B 그것은 작고 또 예쁩니다.
Zhēn de ma? Wǒ xiǎng tīngting.		
C 真 的 吗? 我 想 听听。		C 정말요? 저 듣고 싶어요.
Hé péngyou yìqǐ qù fàndiàn chī wǎnfàn.		
D 和 朋友 一起 去 饭店 吃 晚饭。		D 친구와 같이 식당에 가서 저녁을 먹었습니다.
Búguò, wǒ yǒu diǎnr lèi le, xiǎng xiūxi yíxià.		
E 不过，我 有 点儿 累 了，想 休息 一下。		E 그러나 저는 조금 피곤해서 쉬고 싶습니다.
Tā zài jiā xiūxi.		
F 他 在 家 休息。		F 그는 집에서 쉬고 있습니다.

단어 希望 xīwàng 图 희망하다 | 在 zài 께 ~에서 | 这儿 zhèr 데 여기, 이곳 | 过 guò 图 지내다, 보내다 | 得 de 图 동사나 형용사 뒤에 쓰여 결과나 정도를 나타내는 보어와 연결시킴 | 开心 kāixīn 혱 기쁘다 | 它 tā 데 그것 | 很 hěn 뷔 매우, 대단히 | 漂亮 piàoliang 혱 예쁘다, 아름답다, 보기 좋다 | 真的 zhēn de 참으로 | 想 xiǎng 조동 ~하고 싶다 | 听 tīng 图 듣다 | 和 hé 께 ~와 | 朋友 péngyou 몡 친구 | 一起 yìqǐ 뷔 같이, 함께 | 去 qù 图 가다 | 饭店 fàndiàn 몡 식당 | 晚饭 wǎnfàn 몡 저녁 | 不过 búguò 젭 하지만 | 有点儿 yǒu diǎnr 뷔 조금, 약간 | 累 lèi 혱 피곤하다 | 休息 xiūxi 图 휴식을 취하다 | 一下 yíxià 수량 좀 ~하다

51

Wǒ hěn xǐhuan chànggē,		저는 노래 부르기를 좋아합니다,
我 很 喜欢 唱歌，		
péngyoumen dōu shuō wǒ chàng de hǎo.	C	친구들은 모두 저에게 노래를 잘 부른다고 말합니다.
朋友们 都 说 我 唱 得 好。		

단어 很 hěn 뷔 매우, 대단히 | 喜欢 xǐhuan 图 좋아하다 | 唱歌 chànggē 图 노래 부르다 | 朋友们 péngyoumen 몡 친구들 | 都 dōu 뷔 모두 | 说 shuō 图 말하다 | 唱 chàng 图 노래 하다 | 得 de 图 동사나 형용사 뒤에 쓰여 결과나 정도를 나타내는 보어와 연결시킴 | 好 hǎo 혱 좋다

해설 노래를 잘 부른다고 하였으므로 노래를 듣고 싶어하는 바람을 나타낸 C가 정답이다.

52

Jīntiān wán de hěn kāixīn, hěn yǒu yìsi.	E	오늘 즐겁게 놀았어요, 매우 재미있었어요.
今天 玩 得 很 开心，很 有 意思。		

단어 今天 jīntiān 몡 오늘 | 玩 wán 图 놀다 | 得 de 图 동사나 형용사 뒤에 쓰여 결과나 정도를 나타내는 보어와 연결시킴 | 很 hěn 뷔 매우, 대단히 | 开心 kāixīn 혱 기쁘다 | 有意思 yǒu yìsi 혱 재미있다, 흥미 있다

해설 오늘 재미있게 놀았다는 문장 다음에 이어질 내용으로 알맞은 정답은 E다. 놀아서 피곤한 선후 관계를 나타내기 때문이다.

53

Zhè shì wǒ dì-yī cì lái Zhōngguó, hěn kāixīn.
这 是 我 第一 次 来 中国， 很 开心。 | A | 이번이 제가 처음 중국에 온 것입니다, 너무 기뻐요.

단어　这 zhè 때 이것 | 是 shì 통 ~이다 | 第一 dì-yī 제1, 맨 처음 | 次 cì 양 번, 회 | 来 lái 통 오다 | 中国 Zhōngguó 고유 중국 | 很 hěn 뮈 매우, 대단히 | 开心 kāixīn 형 기쁘다

해설　A의 문장에서 '这儿(여기, 이곳)'은 장소를 지칭하는 말로 지문에 '中国(중국)'과 매칭되고, '(시간을)지내다, 보내다'의 의미를 가진 '过'는 중국에 와서 있는 현재를 나타내므로 정답은 A다.

54

Jīntiān wǎnshang chī shénme ne?
今天 晚上 吃 什么 呢? | | 오늘 저녁에는 무엇을 먹나요?

Wǒ xiǎng chī yú.
我 想 吃 鱼。 | D | 저는 생선이 먹고 싶어요.

단어　今天 jīntiān 명 오늘 | 晚上 wǎnshang 명 저녁 | 吃 chī 통 먹다 | 什么 shénme 때 의문을 나타냄 | 呢 ne 조 의문문 끝에 쓰여 강조를 나타냄 | 想 xiǎng 조통 ~하고 싶다 | 鱼 yú 명 생선

해설　'생선을 먹고 싶어요'의 문장과 식당에 가서 저녁을 먹는다는 말은 서로 의미상 연관이 있다. 따라서 정답은 D다.

55

Yǒu kòng de shíhou,
有 空 的 时候， | | 시간 있을 때,

wǒ huì dài wǒ de gǒu chūqù wán.
我 会 带 我 的 狗 出去 玩。 | B | 저는 강아지를 데리고 놀러 나갑니다.

단어　有 yǒu 통 있다 | 空 kòng 명 짬, 겨를 | 的时候 de shíhou ~할 때 | 会 huì 조통 ~할 것이다 | 带 dài 통 데리다 | 狗 gǒu 명 강아지 | 出去 chūqu 통 나가다 | 玩 wán 통 놀다

해설　강아지 모습에 대해 묘사하는 지문인 B가 정답이다.

---

56 – 60

Hǎo de, nǐ děng yíxià.
A 好 的，你 等 一下。 | A 좋습니다, 잠시만 기다리세요.

Zhǐ yǒu báisè de, méiyǒu hóngsè de.
B 只 有 白色 的，没有 红色 的。 | B 흰색만 있어요, 빨간색은 없어요.

Tā hěn lèi, yào xiūxi.
C 她 很 累，要 休息。 | C 그녀는 피곤해서 쉬려고 합니다.

Zài nǐ fángjiān de zhuōzi shang.
D 在 你 房间 的 桌子 上。 | D 당신 방 테이블 위에 있어요.

Tā shì wǒ péngyou de péngyou.
E 她 是 我 朋友 的 朋友。 | E 그녀는 저의 친구의 친구입니다.

단어 等 děng 图 기다리다 | 一下 yíxià 수량 좀 ~해보다 | 只 zhǐ 月 단지, 오로지 | 白色 báisè 명 흰색 | 没有 méiyǒu 图 없다 | 红色 hóngsè 명 붉은색, 빨강 | 很 hěn 月 매우, 대단히 | 累 lèi 형 피곤하다 | 要 yào 조동 ~하려 하다 | 休息 xiūxi 图 휴식을 취하다 | 在 zài 图 ~있다 | 房间 fángjiān 명 방 | 桌子 zhuōzi 명 탁자, 테이블 | 上 shang 명 ~위에 | 朋友 péngyou 명 친구

56

Wǒ zài mén wài děng nǐ, kuài yìdiǎnr!

我 在 门 外 等 你, 快 一点儿!   A   밖에서 기다리겠습니다, 서두르세요!

단어 在 zài 개 ~에, ~에서 | 门外 ménwài 명 문밖 | 等 děng 图 기다리다 | 快 kuài 형 빠르다 | 点儿 diǎnr 양 약간, 조금

해설 '等(기다리다)'는 말이 공통으로 들어간 A가 정답이다.

57

Wǒ rènshi tā, shàng ge xīngqī wǒmen jiànguo.

我 认识 她, 上 个 星期 我们 见过。   E   저는 그녀를 압니다, 우리는 저번 주에 만난 적이 있어요.

단어 认识 rènshi 图 알다, 인식하다 | 上个星期 shàng ge xīngqī 저번 주 | 我们 wǒmen 대 우리들 | 见 jiàn 图 보다, 만나다 | 过 guo 조 ~한 적이 있다

해설 '她(그녀)'가 누구인지를 설명하는 E가 알맞은 문장이다.

58

Zhè jiàn yīfu de yánsè hěn piàoliang,

这 件 衣服 的 颜色 很 漂亮,   이 옷 색깔이 매우 이쁘네요,

wǒ xǐhuan.

我 喜欢。   B   마음에 듭니다.

단어 这 zhè 대 이것 | 件 jiàn 양 벌, 개 | 衣服 yīfu 명 옷 | 颜色 yánsè 명 색깔 | 很 hěn 月 매우, 대단히 | 漂亮 piàoliang 형 예쁘다, 아름답다, 보기 좋다 | 喜欢 xǐhuan 图 좋아하다

해설 지문 보기 중 색상이 언급된 유일한 문장 B가 정답이다.

59

Wǒ zhǎo búdào wǒ de shū le, nǐ jiànguo ma?

我 找 不到 我 的 书 了, 你 见过 吗?   D   저의 책을 못 찾겠어요, 당신은 봤나요?

단어 找 zhǎo 图 찾다 | 不到 búdào 이르지 못하다 | 书 shū 명 책 | 见 jiàn 图 보다 | 过 guo 조 ~한 적이 있다

해설 책이 어디 있는지 그 위치를 알려주는 D가 정답이다.

60

Māma zhèngzài xǐ yīfu ne.

妈妈 正在 洗 衣服 呢。   C   엄마는 지금 빨래 중입니다.

단어 妈妈 māma 명 어머니, 엄마 | 正在 zhèngzài 月 지금(한창)~하고 있다 | 洗 xǐ 图 빨다, 씻다 | 衣服 yīfu 명 옷

해설 엄마가 빨래를 하는 중이라서 지금이 어떠한 상태인지를 표현한 C가 정답이다.

新HSK **2**급

실전 모의고사
1·2·3회

정답 및 해설

실전 모의고사 1

>> 실전 모의고사 5p

듣기 听力 🎧 실전 모의고사 1

제1부분	1 ✗	2 ✓	3 ✓	4 ✗	5 ✓
	6 ✓	7 ✗	8 ✓	9 ✗	10 ✓
제2부분	11 A	12 F	13 B	14 C	15 E
	16 E	17 B	18 D	19 C	20 A
제3부분	21 C	22 C	23 A	24 B	25 C
	26 B	27 B	28 A	29 B	30 B
제4부분	31 A	32 B	33 C	34 B	35 A

독해 阅读

제1부분	36 B	37 D	38 A	39 E	40 C
제2부분	41 B	42 F	43 E	44 C	45 D
제3부분	46 ✗	47 ✓	48 ✗	49 ✓	50 ✗
제3부분	51 B	52 A	53 E	54 D	55 C
	56 B	57 E	58 A	59 C	60 D

1

Tā hěn xǐhuan chànggē.
她 很 喜欢 唱歌。　(×)

그녀는 노래 부르기를 좋아합니다.

단어 　很 hěn 图 매우, 대단히 | 喜欢 xǐhuan 图 좋아하다 | 唱歌 chànggē 图 노래 부르다

해설 　사진 속 인물은 '그림을 그리고(画画儿 huà huàr) 있으므로 정답은 X다.

2

Zhuōzi shang yǒu sān běn shū.
桌子 上 有 三 本 书。　(✓)

테이블 위에 3권의 책이 있습니다.

단어 　桌子 zhuōzi 图 탁자, 테이블 | 上 shang 图 ~에, 위에 | 有 yǒu 图 있다 | 三 sān 囹 셋, 3 | 本 běn 图 권 | 书 shū 图 책

해설 　사진 속 사물 역시 책 3권이므로 정답은 ✓다.

Tip

▶ 2급에 자주 등장하는 양사

个 gè 가장 보편적으로 쓰이는 것	一 个 问题 yí ge wèntí 하나의 문제 三 个 人 sān ge rén 세 명의 사람
台 tái 가전제품을 세는 양사	一 台 电脑 yì tái diànnǎo 컴퓨터 한 대 一 台 电视 yì tái diànshì 텔레비전 한 대
本 běn 권(책을 세는 양사)	一 本 书 yì běn shū 책 한 권
只 zhī ① 마리(동물을 세는 양사) ② 쌍을 이루는 것 중 하나	一 只 狗 yì zhī gǒu 강아지 한 마리 一 只 眼睛 yì zhī yǎnjing 눈 한 쪽
张 zhāng 종이나 신문처럼 평면적인 것을 세는 양사	两 张 电影 票 liǎng zhāng diànyǐng piào 영화표 두 장 一 张 床 yì zhāng chuáng 침대 한 개
件 jiàn 옷, 일을 세는 양사	一 件 衣服 yí jiàn yīfu 옷 한 벌 这 件 事 zhè jiàn shì 이 일
口 kǒu 가족을 세는 양사	你 家 有 几 口 人? Nǐ jiā yǒu jǐ kǒu rén? 당신 집은 모두 몇 식구입니까?
些 xiē 조금, 약간, 얼마간, 몇	一 些 人 yì xiē rén 일부 사람들, 어떤 사람들, 몇몇 사람들

3

Xuésheng zài jiàoshì li shàngkè.
学生 在 教室 里 上课。　(✓)

학생은 교실에서 수업을 하고 있습니다.

단어 学生 xuésheng 명 학생 | 在 zài 개 ~에서 | 教室 jiàoshì 명 교실 | 里 li 명 안 | 上课 shàngkè 동 수업하다, 강의하다

해설 사진 묘사가 교실에서 수업을 하고 있는 학생이므로 정답은 √다.

4

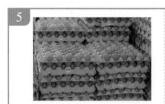

Tā ài yùndòng.
她 爱 运动。　　(×)

그녀는 운동을 좋아합니다.

단어 爱 ài 동 좋아하다 | 运动 yùndòng 명 운동

해설 사진 속 인물은 책을 보고 있으므로 운동과는 관련이 없다. 따라서 정답은 X다.

5

Wǒ yào qù mǎi yìxiē jīdàn.
我 要 去 买 一些 鸡蛋。　　(√)

저는 달걀을 좀 사려고 합니다.

단어 要 yào 조동 ~하려고 하다 | 买 mǎi 동 사다 | 一些 yìxiē 수량 약간 | 鸡蛋 jīdàn 명 달걀

해설 달걀을 사러 간다고 하였으므로 사진 속 사물인 달걀과 녹음 내용이 일치한다. 따라서 정답은 √다.

6

Wǒ xiǎng sòng péngyou yí jiàn yīfu.
我 想 送 朋友 一件衣服。　　(√)

저는 친구에게 옷 한 벌을 선물하고 싶습니다.

단어 想 xiǎng 조동 ~하고 싶다, 원하다 | 送 sòng 동 선물하다 | 朋友 péngyou 명 친구 | 件 jiàn 양 벌, 개 | 衣服 yīfu 명 옷

해설 핵심어 '衣服(옷)'가 사진과 일치하므로 정답은 √다.

7

Tā xǐhuān yóuyǒng.
她 喜欢 游泳。　　(×)

그녀는 수영을 좋아합니다.

단어 喜欢 xǐhuan 동 좋아하다 | 游泳 yóuyǒng 명 수영

해설 사진 속 인물은 '탁구 乒乓球 pīngpāngqiú'를 하고 있으므로 녹음 내용과 일치하지 않는다. 따라서 정답은 X다.

8

Tā zuò gōnggòng qìchē huí jiā.
他 坐 公共 汽车 回家。　　(√)

그는 버스를 타고 집에 갑니다.

단어 坐 zuò 통 (교통수단을) 타다 | 公共汽车 gōnggòng qìchē 명 버스 | 回家 huí jiā 통 집으로 돌아가다

해설 사진이 버스 정류장에 버스 타는 사람들 모습으로 녹음 내용과 일치한다. 따라서 정답은 √다.

9

Tā qǐchuáng le, zài chī zǎofàn.
她 起床 了, 在 吃 早饭。 (×)
그녀는 일어나서 아침을 먹고 있습니다.

단어 起床 qǐchuáng 통 일어나다 | 了 le 조 문장 마지막에 쓰여 이미 발생한 동작이나 변화를 나타냄 | 在 zài 부 ~하고 있다 | 吃 chī
통 먹다 | 早饭 zǎofàn 명 아침밥

해설 사진 속 인물은 아침을 먹는 것과 전혀 관련 없는 우유를 마시는 동작을 하고 있으므로 정답은 X다.

10

Yǐjing diǎn le, tā hái zài xuéxí.
已经 12 点 了, 她 还 在 学习。 (√)
벌써 12시인데 그녀는 여전히 공부를 하고 있습니다.

단어 已经 yǐjing 부 이미, 벌써 | 点 diǎn 양 시 | 还 hái 부 여전히, 아직도 | 在 zài 부 ~하고 있다 | 学习 xuéxí 통 공부하다

해설 사진 속 인물이 공부를 하고 있으므로 정답은 √다.

듣기 (听力) 제2부분

11 – 15

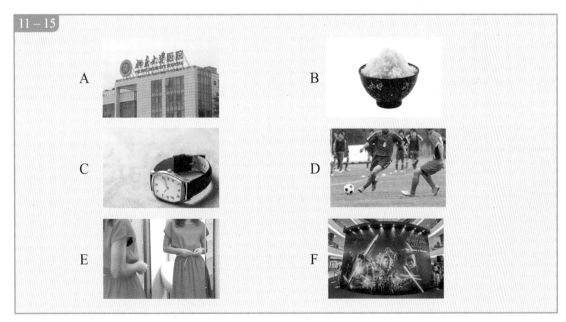

11

男: Nǐ zuótiān wèishéme méi lái?
你 昨天 为什么 没来?

女: Wǒ bìng le, qù yīyuàn le.
我 病了，去 医院了。

남 : 당신은 어제 왜 안 왔나요?

여 : 아파서 병원에 갔었어요.

A

단어 昨天 zuótiān 몡 어제 | 为什么 wèishénme 왜, 어째서 | 没 méi 뷔 ~않다(과거의 경험·행위·사실 등을 부정) | 来 lái 통 오다 |
病 bìng 통 병이 나다 | 去 qù 통 가다 | 医院 yīyuàn 몡 병원

해설 여자가 아파서 병원에 갔었다고 하였으므로 병원 사진인 A가 정답이다.

12

女: Wǒmen yìqǐ qù kàn diànyǐng hǎo ma?
我们 一起去 看 电影 好 吗?

男: Hǎo.
好。

여 : 우리 같이 영화 보러 가는 거 어때요?

남 : 좋아요.

F

단어 我们 wǒmen 떼 우리(들) | 一起 yìqǐ 뷔 같이, 함께 | 去 qù 통 가다 | 看 kàn 통 보다 | 电影 diànyǐng 몡 영화 | 好 hǎo 혱 좋다

해설 영화를 보자고 제안하는 여자의 말을 근거로 영화 포스터가 있는 사진 F가 정답임을 알 수 있다.

13

男: Nǐ xǐhuan mǐfàn ma?
你 喜欢 米饭 吗?

女: Hěn xǐhuan.
很 喜欢。

남 : 당신은 밥을 좋아하나요?

여 : 좋아해요.

B

단어 喜欢 xǐhuan 통 좋아하다 | 米饭 mǐfàn 몡 밥 | 很 hěn 뷔 매우, 대단히

해설 대화의 주제는 밥이다. 따라서 밥 사진 B가 정답이다.

14

女: Nǐ de shǒubiǎo zài nǎr mǎi de?
你的 手表 在 哪儿 买 的?

男: Zài shāngdiàn.
在 商店。

여 : 당신 손목시계는 어디서 산 건가요?

남 : 상점에서요.

C

단어 手表 shǒubiǎo 몡 손목시계 | 在 zài 깨 ~에서 | 哪儿 nǎr 떼 어디, 어느 곳 | 买 mǎi 통 사다 | 商店 shāngdiàn 몡 상점, 판매점

해설 손목시계에 대해서 이야기하고 있으므로 사진 C가 정답이다.

15

男: Nǐ de xīn yīfu hěn piàoliang.
你的 新 衣服 很 漂亮。

女: Xièxie.
谢谢。

남 : 당신 새 옷이 정말 예쁘네요.

여 : 감사합니다.

E

단어 新 xīn 혱 새 것의 | 衣服 yīfu 몡 옷 | 很 hěn 뵘 매우, 대단히 | 漂亮 piàoliang 혱 예쁘다, 아름답다, 보기 좋다 | 谢谢 xièxie 동 감사합니다, 고맙습니다

해설 옷이 예쁘다고 칭찬하는 남자의 말을 근거로 새 옷을 입고 거울에 비춰보는 사진 E가 가장 적합하다.

---

16 – 20

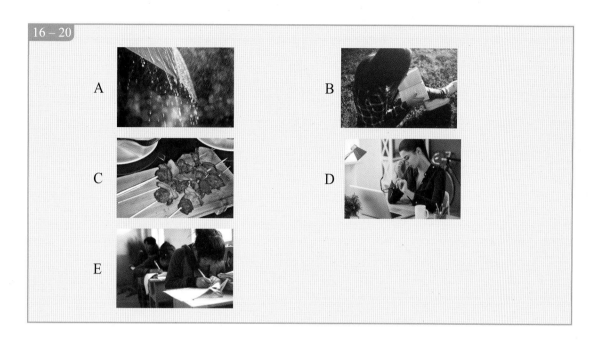

16

Zuótiān wǒ yǒu kǎoshì. 女：昨天 我 有 考试。 Wǒ zhīdào. 男：我 知道。	여 : 어제 저는 <u>시험이 있었어요.</u> 남 : 저도 알고 있어요. E

단어 昨天 zuótiān 몡 어제 | 有 yǒu 동 있다 | 考试 kǎoshì 몡 시험 | 知道 zhīdào 동 알다

해설 시험이 있었다는 여자의 말을 근거로 시험을 보고 있는 사진 E가 정답이다.

17

Zhè běn shū hěn yǒu yìsi. 男：这 本 书 很 有意思。 Wǒ yě xiǎng kàn. 女：我 也 想 看。	남 : <u>이 책은</u> 매우 재미있어요. 여 : 저도 보고 싶어요. B

단어 这 zhè 떼 이것 | 本 běn 얭 권 | 书 shū 몡 책 | 很 hěn 뵘 매우, 대단히 | 有意思 yǒu yìsi 혱 재미있다, 흥미 있다 | 想 xiǎng 조동 원하다, ~하고 싶다 | 看 kàn 동 보다

해설 책에 대해서 대화가 진행되고 있으므로 책을 보고있는 사진 B가 정답이다.

Wǒ zuówǎn méi shuì hǎo jīntiān hěn lèi. 女：我 昨晚 没 睡 好, 今天 很 累。 Qù shuìjiào ba. 男：去 睡觉 吧。	여 : 저는 어제저녁 잠을 못 잤어요, 오늘 피곤해요. 남 : 가서 자요.　　　　　　　　　D

단어 **昨晚** zuówǎn 명 어제저녁 | **没** méi 분 ~않다(경험·행위·사실 따위가 일어나지 않았음을 나타냄) | **睡** shuì 동 (잠을) 자다 | **很** hěn 분 매우, 대단히 | **累** lèi 형 피곤하다 | **去** qù 동 가다 | **睡觉** shuìjiào 동 잠을 자다

해설 피곤하다는 여자 말을 미루어 업무로 인해 피곤해 보이는 여자 사진 D가 정답이다.

Yángròu chuànr hěn hǎochī. 男：羊肉 串儿 很 好吃。 Wǒ yě xǐhuan. 女：我 也 喜欢。	남 : 양고기 꼬치는 매우 맛있어요. 여 : 저도 좋아해요.　　　　　　　　C

단어 **羊肉串** yángròuchuàn 명 양고기 꼬치, 양꼬치 | **很** hěn 분 매우, 대단히 | **好吃** hǎochī 형 맛있다 | **也** yě 분 ~도 | **喜欢** xǐhuan 동 좋아하다

해설 '羊肉串儿(양고기 꼬치)' 단어 만으로 쉽게 정답 사진을 고를 수 있지만, '羊肉串儿'이라는 단어를 모른다고 해도 '好吃(맛있다)'를 근거로 음식에 관한 문제임을 바로 알 수 있다. 따라서 음식 사진인 C가 정답이다.

xiànzài wàimiàn hái zài xià yǔ ma? 女：现在 外面 还在 下 雨 吗? Wàimiàn hái zài xià yǔ. 男：外面 还在 下雨。	여 : 지금도 밖에 비가 오나요? 남 : 밖에 여전히 비가 와요.　　　　　A

단어 **现在** xiànzài 명 지금 | **外面** wàimiàn 명 바깥 | **还** hái 분 여전히, 아직도 | **在** zài 분 ~하고 있다 | **下雨** xiàyǔ 동 비가 오다(내리다)

해설 여자가 지금도 비가 오고 있는지 물었고 남자 역시 여전히 비가 온다고 하였으므로 비와 관련된 사진 A가 정답이다.

21

Míngtiān shì xīngqītiān,
男 : 明天 是 星期天,
wǒmen yìqǐ qù kàn diànyǐng ba.
我们 一起 去 看 电影 吧。
Hǎo de.
女 : 好 的。

남 : 내일은 일요일이에요,

　　　우리 같이 영화 보러 가요.

여 : 좋아요.

Míngtiān shì xīngqī jǐ?
问 : 明天 是 星期 几?
xīngqīwǔ　　　xīngqīliù　　　xīngqītiān
A 星期五　　B 星期六　　C 星期天

문 : 내일은 무슨 요일인가?

A 금요일　　　B 토요일　　　C 일요일

단어 明天 míngtiān 명 내일 ㅣ 是 shì 동 ~이다 ㅣ 星期天 xīngqītiān 명 일요일 ㅣ 我们 wǒmen 대 우리(들) ㅣ 一起 yìqǐ 부 같이, 함께 ㅣ 去 qù 동 가다 ㅣ 看 kàn 동 보다 ㅣ 电影 diànyǐng 명 영화 ㅣ 吧 ba 조 문장 맨 끝에 쓰여, 상의·제의·청유·기대·명령 등의 어기를 나타냄 ㅣ 星期 xīngqī 명 요일 ㅣ 几 jǐ 몇 ㅣ 星期五 xīngqīwǔ 명 금요일 ㅣ 星期六 xīngqīliù 명 토요일

해설 남자가 내일은 일요일이라고 직접적으로 언급하였으므로 정답은 C다.

22

Xiànzài yǐjing shí diǎn le, kuài shuìjiào ba.
女 : 现在 已经 十点 了, 快 睡觉 吧。
Wǒ hái xiǎng kàn diànshì.
男 : 我 还 想 看 电视。

여 : 지금 벌써 10시예요, 빨리 자요.

남 : 저는 아직 텔레비전을 더 보고 싶어요.

Nán de zài gàn shénme?
问 : 男 的 在 干 什么?
shuìjiào　　　xuéxí　　　kàn diànshì
A 睡觉　　　B 学习　　　C 看 电视

문 : 남자는 무엇을 하고 있는가?

A 잠을 잔다　　B 공부한다　　C 텔레비전을 본다

단어 已经 yǐjing 부 이미, 벌써 ㅣ 十 shí 수 10, 열 ㅣ 点 diǎn 양 시 ㅣ 快 kuài 부 빨리, 급히 ㅣ 睡觉 shuìjiào 동 잠을 자다 ㅣ 还 hái 부 여전히, 아직도 ㅣ 想 xiǎng 조동 ~하고 싶다 ㅣ 看 kàn 동 보다 ㅣ 电视 diànshì 명 텔레비전 ㅣ 在 zài 부 ~하고 있다 ㅣ 干 gàn 동 하다 ㅣ 什么 shénme 대 무엇 ㅣ 学习 xuéxí 동 학습하다, 공부하다, 배우다

해설 빨리 자라는 여자의 말에 남자는 텔레비전을 더 보고 싶다고 하였으므로 현재 남자는 텔레비전을 보고 있다는 것을 알 수 있다. 따라서 정답은 C다.

23

男：今天 天气 很 好，一起 去 运动 吧。
Jīntiān tiānqì hěn hǎo, yìqǐ qù yùndòng ba.

여 : 오늘 날씨가 좋아요, 우리 같이 운동 가요.

女：好 啊，一起 去 吧。
Hǎo a, yìqǐ qù ba.

여 : 그래요, 같이 가요.

问：他们 要 做 什么？
Tāmen yào zuò shénme?

문 : 그들은 무엇을 하려고 하는가?

A 运动   B 旅游   C 上班
    yùndòng   lǚyóu   shàngbān

A 운동하기   B 여행하기   C 출근하기

단어 今天 jīntiān 명 오늘 | 天气 tiānqì 명 날씨 | 很 hěn 부 매우, 대단히 | 好 hǎo 형 좋다 | 一起 yìqǐ 부 같이, 함께 | 去 qù 동 가다 | 运动 yùndòng 명 운동 | 他们 tāmen 대 그들, 저들 | 要 yào 조동 ~하고 싶다, ~할 예정이다 | 做 zuò 동 하다 | 什么 shénme 대 무엇 | 运动 yùndòng 동 운동하다 | 旅游 lǚyóu 동 여행하다 | 上班 shàngbān 동 출근하다

해설 날씨가 좋아 같이 운동하자고 제안하는 남자의 말을 미루어 정답은 A임을 알 수 있다.

24

女：你 今天 晚上 干 什么？
Nǐ jīntiān wǎnshang gàn shénme?

여 : 당신은 오늘 저녁 무엇을 하나요?

男：我 要 学习，准备 考试。
Wǒ yào xuéxí, zhǔnbèi kǎoshì.

남 : 저는 공부할 거예요, 시험 준비하려고요.

问：男 的 晚上 要 干 什么？
Nán de wǎnshang yào gàn shénme?

문 : 남자는 저녁에 무엇을 하려고 하는가?

A 考试   B 学习   C 看 报纸
   kǎoshì   xuéxí   kàn bàozhǐ

A 시험 보기   B 공부하기   C 신문 보기

단어 今天 jīntiān 명 오늘 | 晚上 wǎnshang 명 저녁 | 做 zuò 동 하다 | 什么 shénme 대 무엇 | 要 yào 조동 ~하려고 하다 | 学习 xuéxí 동 공부하다 | 准备 zhǔnbèi 동 준비하다 | 考试 kǎoshì 명 시험 | 干 gàn 동 하다 | 考试 kǎoshì 동 시험을 치르다 | 报纸 bàozhǐ 명 신문

해설 남자가 시험 준비를 위해 공부할 것이라고 하였으므로 정답은 B다.

25

男：我 那件 红色 的 衣服 呢？
Wǒ nà jiàn hóngsè de yīfu ne?

남 : 저의 그 빨간색 옷은요?

女：放 在 桌子 上 了。
Fàng zài zhuōzi shang le.

여 : 테이블 위에 놓아 두었어요.

问：男 的 在 找 什么？
Nán de zài zhǎo shénme?

문 : 남자는 무엇을 찾고 있는가?

A 手表   B 书   C 衣服
  shǒubiǎo   shū   yīfu

A 손목시계   B 책   C 옷

단어 那 nà 데 그, 저 | 件 jiàn 왕 벌 | 红色 hóngsè 뎅 붉은색, 빨강 | 衣服 yīfu 뎅 옷 | 放 fàng 동 놓아 두다 | 在 zài 개 ~에 | 桌子 zhuōzi 뎅 탁자, 테이블 | 上 shang 뎅 ~위에, ~에 | 在 zài 뷔 ~하고 있다 | 找 zhǎo 동 찾다 | 什么 shénme 데 무엇 | 手表 shǒubiǎo 뎅 손목시계 | 书 shū 뎅 책

해설 빨간색 옷이라고 직접적으로 언급한 남자의 말을 근거로 정답은 C다.

26

Nǐ chànggē chàng de hěn hǎo.
女：你 唱歌 唱 得 很 好。

여 : 당신은 노래를 잘 부르네요.

Xièxie!
男：谢谢!

남 : 감사합니다!

Nán de zuò shénme hěn hǎo?
问：男 的 做 什么 很 好?

문 : 남자는 무엇을 잘하는가?

　　tiàowǔ　　　　　chànggē
A 跳舞　　　　B 唱歌

A 춤추는 것　　　B 노래부르는 것

　　xuéxí
C 学习

C 공부하는 것

단어 唱歌 chànggē 동 노래 부르다 | 唱 chàng 동 노래하다 | 得 de 조 동사나 형용사 뒤에 쓰여 결과나 정도를 나타내는 보어와 연결시킴 | 很 hěn 뷔 매우, 대단히 | 好 hǎo 혱 좋다 | 谢谢 xièxie 동 감사합니다, 고맙습니다 | 做 zuò 동 ~하다 | 什么 shénme 데 무엇 | 跳舞 tiàowǔ 동 춤을 추다 | 学习 xuéxí 동 학습하다, 공부하다, 배우다

해설 노래를 잘한다고 칭찬하는 여자의 말을 근거로 정답은 B다.

27

Qǐngwèn cóng zhèr dào huǒchēzhàn
男：请问 从 这儿 到 火车站
yào jǐ fēnzhōng?
要 几 分钟?

남 : 실례지만 여기서 기차역까지

　　　얼마나 걸리나요?

Sānshí fēnzhōng.
女：三十 分钟。

여 : 30분 정도요.

Nán de yào qù nǎr?
问：男 的 要 去 哪儿?

문 : 남자는 어디를 가려고 하는가?

　　jīchǎng　　　huǒchēzhàn　　yīyuàn
A 机场　　B 火车站　　C 医院

A 공항　　　B 기차역　　　C 병원

단어 请问 qǐngwèn 동 말씀 좀 여쭙겠습니다 | 从 cóng 개 ~부터 | 这儿 zhèr 데 여기, 이곳 | 到 dào 개 ~까지 | 火车站 huǒchēzhàn 뎅 기차역 | 要 yào 동 걸리다, 필요로 하다 | 几 jǐ 데 몇 | 分钟 fēnzhōng 뎅 분 | 三十 sānshí 쉬 30, 서른 | 要 yào 조동 ~할 것이다, ~하려고 하다 | 去 qù 동 가다 | 哪儿 nǎr 데 어디, 어느 곳 | 机场 jīchǎng 뎅 공항 | 医院 yīyuàn 뎅 병원

해설 기차역까지 얼마나 걸리는지 묻는 남자의 말을 근거로 정답은 B다.

28

Zhè běn shū yǒu yìsi ma?
女 : 这 本 书 有意思 吗?

여 : 이 책은 재미있나요?

Wǒ juéde hěn yǒu yìsi.
男 : 我 觉得 很 有意思。

남 : 제 생각에는 재미있는 것 같아요.

Tāmen kěnéng zài gàn shénme?
问 : 他们 可能 在 干 什么?

문 : 그들은 무엇을 하고 있을까?

kàn shū　　　kàn bàozhǐ　　　xiě zì
A 看 书　　B 看 报纸　　C 写 字

A 책 보기　　B 신문 보기　　C 글씨 쓰기

단어 这 zhè 때 이것 | 本 běn 양 권 | 书 shū 명 책 | 有意思 yǒu yìsi 형 재미있다, 흥미 있다 | 觉得 juéde 동 ~라고 여기다(생각하다) | 很 hěn 부 매우, 대단히 | 他们 tāmen 때 그들, 저들 | 可能 kěnéng 조동 아마도 ~일 것이다 | 干 gàn 동 하다 | 什么 shénme 때 무엇 | 看 kàn 동 보다 | 报纸 bàozhǐ 명 신문 | 写 xiě 동 (글씨를) 쓰다 | 字 zì 명 글자

해설 책이 재미있는지에 대해서 이야기하고 있으므로 정답은 A다.

29

Zhè jiàn hóngsè de yīfu búcuò.
男 : 这 件 红色 的 衣服 不错。

남 : 이 빨간색 옷이 괜찮네요.

Dànshì wǒ xǐhuan zhè jiàn báisè de.
女 : 但是 我 喜欢 这 件 白色 的。

여 : 하지만 저는 이 흰색 옷이 좋아요.

Nǚ de xǐhuan shénme yánsè de?
问 : 女 的 喜欢 什么 颜色 的?

문 : 여자는 무슨 색의 옷을 좋아하는가?

hóngsè　　　báisè　　　hēisè
A 红色　　B 白色　　C 黑色

A 빨간색　　B 흰색　　C 검은색

단어 这 zhè 때 이것 | 件 jiàn 양 벌 | 红色 hóngsè 명 빨간색 | 衣服 yīfu 명 옷 | 不错 búcuò 형 괜찮다 | 但是 dànshì 접 그러나 | 喜欢 xǐhuan 동 좋아하다 | 白色 báisè 명 흰색 | 什么 shénme 때 무엇, 무슨 | 颜色 yánsè 명 색깔 | 黑色 hēisè 명 검은색

해설 녹음에는 2가지 색상 '红色'와 '白色'만 언급되므로 보기 C부터 제외하자. 여자는 남자의 말에 빨간색 옷보단 흰색 옷이 좋다고 하였으므로 정답은 B다.

30

Nǐ Hànyǔ shuō de hěn hǎo.
女 : 你 汉语 说 得 很 好。

여 : 당신은 중국말을 잘하시네요.

Xièxie, wǒ xué Hànyǔ yǐjing liǎng nián le.
男 : 谢谢, 我 学 汉语 已经 两 年 了。

남 : 감사합니다, 저는 중국어 배운지 이미 2년 됐어요.

Nán de xué Hànyǔ duō jiǔ le?
问 : 男 的 学 汉语 多 久 了?

문 : 남자는 얼마동안 중국어를 배웠나?

yì nián　　　liǎng nián　　　sān nián
A 一 年　　B 两 年　　C 三 年

A 1년　　B 2년　　C 3년

단어 汉语 Hànyǔ 몡 중국어 | 说 shuō 동 말하다 | 得 de 조 동사나 형용사 뒤에 쓰여 결과나 정도를 나타내는 보어와 연결시킴 | 很 hěn 뮈 매우, 대단히 | 好 hǎo 혱 좋다 | 谢谢 xièxie 동 감사합니다, 고맙습니다 | 学 xué 동 배우다 | 已经 yǐjing 뮈 이미, 벌써 | 两 liǎng 주 둘 | 年 nián 몡 년 | 多 duō 뮈 얼마나 | 久 jiǔ 혱 오래되다

해설 남자가 2년 동안 중국어를 배웠다고 하였으므로 정답은 B다.

듣기 제4부분

31

Wǒ xǐhuan chī shuǐguǒ.	여 : 저는 과일 먹는 것을 좋아해요.
女：我 喜欢 吃 水果。	
Wǒ yě xǐhuan. Nǐ xǐhuan shénme shuǐguǒ?	남 : 저도 좋아해요. 당신은 무슨 과일을 좋아하나요?
男：我 也 喜欢。你 喜欢 什么 水果?	
Wǒ xǐhuan píngguǒ, nǐ ne?	여 : 저는 사과를 좋아해요, 당신은요?
女：我 喜欢 苹果，你 呢?	
Wǒ xǐhuan júzi.	남 : 저는 귤을 좋아해요.
男：我 喜欢 橘子。	
Nǚ de xǐhuan shénme shuǐguǒ?	문 : 여자는 무슨 과일을 좋아하는가?
问：女 的 喜欢 什么 水果?	
píngguǒ　júzi　xīguā　A 苹果　B 橘子　C 西瓜	A 사과　　B 귤　　C 수박

단어 喜欢 xǐhuan 동 좋아하다 | 吃 chī 동 먹다 | 水果 shuǐguǒ 몡 과일 | 也 yě 뮈 ~도 | 什么 shénme 대 무엇 | 苹果 píngguǒ 몡 사과 | 橘子 júzi 몡 귤 | 西瓜 xīguā 몡 수박

해설 여자가 자신은 사과를 좋아한다고 하였으므로 정답은 A다.

32

Jīntiān wǒmen pǎobù ba.	남 : 우리 오늘 같이 달리기 해요.
男：今天 我们 跑步 吧。	
Wǒ shēntǐ bù hǎo.	여 : 저는 몸이 좋지 않아요.
女：我 身体 不 好。	
Nǐ bìng le?	남 : 아파요?
男：你 病 了?	
Duì, wǒ yào zài jiā xiūxi.	여 : 네, 집에서 쉬고 싶어요.
女：对，我 要 在 家 休息。	
Nǚ de yào gàn shénme?	문 : 여자는 무엇을 하길 원하는가?
问：女 的 要 干 什么?	
pǎobù　xiūxi　kànbìng　A 跑步　B 休息　C 看病	A 달리기　B 휴식하기　C 진찰받기

단어 今天 jīntiān 몡 오늘 | 我们 wǒmen 떼 우리(들) | 一起 yìqǐ 뭐 같이, 함께 | 跑步 pǎobù 동 달리다 | 身体 shēntǐ 몡 건강, 몸 | 病 bìng 몡 병나다 | 对 duì 혱 맞다 | 要 yào 조동 바라다, 원하다 | 在 zài 꽤 ~에서 | 家 jiā 몡 집 | 休息 xiūxi 동 휴식하다, 쉬다 | 干 gàn 동 하다 | 什么 shénme 떼 무엇 | 看病 kànbìng 동 (의사에게) 진찰을(치료를) 받다

해설 여자가 집에서 쉬고 싶다고 하였으므로 정답은 B다.

33

女 : 今晚 一起看 电影 好 吗?
　　Jīnwǎn　yìqǐ kàn diànyǐng hǎo ma?

男 : 好 的，你 想 看 什么?
　　Hǎo de,　nǐ xiǎng kàn shénme?

女 : 最 新 的。
　　Zuì xīn de.

男 : 好 的，我 去 买 票。
　　Hǎo de,　wǒ qù mǎi piào.

问 : 女 的 想 干 什么?
　　Nǚ de xiǎng gàn shénme?

　A 买 票　　　　B 寄 信
　　mǎi piào　　　　jì xìn

　C 看 电影
　　kàn diànyǐng

여 : 오늘 밤에 같이 영화 보는거 어때요?

남 : 좋아요, 뭐 보고 싶어요?

여 : 최신작이요.

남 : 좋아요, 제가 표 살게요.

문 : 여자는 무엇을 하고 싶어 하나?

　A 표 구매　　　　B 편지 보내기

　C 영화 관람

단어 今晚 jīnwǎn 몡 오늘 밤 | 一起 yìqǐ 뭐 같이, 함께 | 看 kàn 동 보다 | 电影 diànyǐng 몡 영화 | 好 혱 좋아 | 想 xiǎng 조동 ~하고 싶다 | 什么 shénme 떼 무엇 | 最新 zuìxīn 혱 최신의 | 去 qù 동 ~해 보다(다른 동사 앞에 쓰여 어떤 일을 하겠다는 의지를 나타냄) | 买 mǎi 동 사다 | 票 piào 몡 표, 티켓 | 干 gàn 동 하다 | 寄信 jì xìn 편지를 부치다

해설 여자가 남자에게 영화를 보자고 제안하였으므로 여자는 영화를 보고 싶어함을 알 수 있다. 따라서 정답은 C다.

34

男 : 这 本 书 有 意思 吗?
　　Zhè běn shū yǒu yìsi ma?

女 : 没有 意思。
　　Méiyǒu yìsi.

男 : 那 你 为什么 看?
　　Nà　nǐ wèishéme kàn?

女 : 准备　　明天 的 考试。
　　Zhǔnbèi míngtiān de kǎoshì.

问 : 女 的 今天 在 干 什么?
　　Nǚ de jīntiān zài gàn shénme?

　A 学习　　B 准备 考试　　C 看 书
　　xuéxí　　zhǔnbèi kǎoshì　　kàn shū

남 : 이 책은 재미있나요?

여 : 재미없어요.

남 : 근데 왜 봐요?

여 : 내일 시험 준비 때문에요.

문 : 여자는 오늘 무엇을 하고 있나?

　A 공부하기　　B 시험 준비하기　　C 책 보기

단어 这 zhè 대 이것 (불특정한 사람이나 사물을 가리킴) | 本 běn 양 권 | 书 shū 명 책 | 有意思 yǒu yìsi 형 재미있다, 흥미 있다 | 没 méi 동 없다 | 那 nà 접 그러면 | 为什么 wèishénme 왜, 어째서 | 看 kàn 동 보다 | 准备 zhǔnbèi 동 준비하다 | 明天 míngtiān 명 내일 | 考试 kǎoshì 명 시험 | 今天 jīntiān 명 오늘 | 在 zài 부 ~하고 있다 | 干 gàn 동 하다 | 什么 shénme 대 무엇 | 喜欢 xǐhuan 동 좋아하다 | 学习 xuéxí 동 학습하다, 공부하다, 배우다

해설 책을 왜 보고 있는지 묻는 남자의 말에 시험준비를 한다고 하였으므로 정답은 B다.

35

女 :	Míngtiān huì xià xuě ma? 明天 会 下雪 吗?	여 : 내일 눈이 올까요?
男 :	Bàozhǐ shang shuō huì. 报纸 上 说 会。	남 : 신문에는 온다고 했어요.
女 :	Nà míngtiān duō chuān yīfu. 那 明天 多 穿 衣服。	여 : 그럼 내일은 옷을 많이 입어요.
男 :	Hǎo de. 好 的。	남 : 알겠어요.

| 问 : | Míngtiān tiānqì zěnmeyàng?
 明天 天气 怎么样? | 문 : 내일 날씨는 어떠한가? |

| | xià xuě
 A 下雪 | rè
 B 热 | xià yǔ
 C 下雨 | A 눈이 온다 | B 덥다 | C 비가 온다 |

단어 明天 míngtiān 명 내일 | 会 huì 조동 ~할 가능성이 있다, ~할 것이다 | 下雪 xiàxuě 동 눈이 내리다 | 报纸 bàozhǐ 명 신문 | 上 shang 명 ~상, ~에 | 说 shuō 동 말하다 | 那 nà 접 그러면 | 多 duō 형 많다 | 穿 chuān 동 입다, 신다 | 衣服 yīfu 명 옷 | 天气 tiānqì 명 날씨 | 怎么样 zěnmeyàng 대 어떻다, 어떠하다 | 热 rè 형 덥다 | 下雨 xiàyǔ 동 비가 오다(내리다)

해설 신문에 내일 눈이 온다고 하였으므로 정답은 A다.

36 – 40

A

B

C

D

E

F

36

Wǒ dǎ diànhuà gěi péngyou shuō :

我 打 电话 给 朋友 说 :

"Shēngrì kuàilè!"

"生日 快乐!"

B 저는 친구에게 전화를 걸어 말했어요 :

"생일 축하해!"

단어 | 打电话 dǎ diànhuà 전화를 걸다 | 给 gěi 깨 ~에게, ~를 향하여 | 朋友 péngyou 명 친구 | 说 shuō 동 말하다 | 生日 shēngrì 명 생일 | 快乐 kuàilè 형 기쁘다

해설 | 전화를 걸어서 이야기 했다고 하였으므로 통화하는 모습을 묘사한 사진 B가 정답이다.

37

Jīdàn hěn piányi, duì shēntǐ yě hǎo.

鸡蛋 很 便宜，对 身体 也 好。

D 달걀은 (가격이) 싸고 몸에도 좋습니다.

단어 | 鸡蛋 jīdàn 명 달걀 | 很 hěn 부 매우, 대단히 | 便宜 piányi 형 싸다 | 对 duì 깨 ~에 대해 | 身体 shēntǐ 명 몸, 건강 | 也 yě 부 ~도 | 好 hǎo 형 좋다

해설 | 달걀에 대해 설명하고 있으므로 사진 D가 정답이다.

38

Míngtiān yǒu kǎoshì,

明天 有 考试,

suǒyǐ wǒ jīntiān wǎnshang xuéxí.

所以 我 今天 晚上 学习。

A 내일 시험이 있습니다,

그래서 저는 오늘 저녁에 공부합니다.

단어 明天 míngtiān 몡 내일 | 有 yǒu 동 있다 | 考试 kǎoshì 몡 시험 | 所以 suǒyǐ 졥 그래서 | 今天 jīntiān 몡 오늘 | 晚上 wǎnshang 몡 저녁 | 学习 xuéxí 동 공부하다

해설 공부하려고 한다고 하였으므로 공부하고 있는 모습을 묘사한 사진 A가 정답이다.

39

Wǒ lái jièshào, zhè shì wǒ de hǎo péngyou.
我 来介绍，这 是 我 的 好 朋友。 　E　 제가 소개할게요, 이쪽은 저의 친한 친구입니다.

단어 来 lái 동 (어떤 동작을) 하다 | 介绍 jièshào 동 소개하다 | 这 zhè 대 이것 | 是 shì 동 ~이다 | 好 hǎo 혱 좋다 | 朋友 péngyou 몡 친구

해설 상대방에게 사람을 소개하고 있는 내용으로 가장 적합한 사진인 E가 정답이다.

40

Nǐ hǎo, wǒ xiǎng qù huǒchēzhàn.
你 好，我 想 去 火车站。 　C　 안녕하세요, 저는 기차역에 가려고 합니다.

단어 想 xiǎng 조동 ~하려고 하다, ~하고 싶다 | 去 qù 동 가다 | 火车站 huǒchēzhàn 몡 기차역

해설 문장을 근거로 택시를 타서 기사에게 이야기하는 상황임을 알 수 있으므로 사진 C가 정답이다.

독해 제2부분

41 – 45

	piányi		zhīdào		zhèngzài					
A	便宜	B	知道	C	正在	A 싸다	B 알다	C ~하고 있다
	fēicháng		xīwàng		qǐchuáng			
D	非常	E	希望	F	起床	D 매우	E 바라다	F 일어나다

단어 便宜 piányi 혱 (값이) 싸다 | 知道 zhīdào 동 알다, 이해하다 | 正在 zhèngzài 위 지금 ~하고 있다 | 非常 fēicháng 위 매우, 아주 | 希望 xīwàng 동 바라다, 희망하다 | 起床 qǐchuáng 동 일어나다

41

Wǒ rènshi tā, yě zhīdào tā de míngzi.
我 认识 他，也 （ B 知道 ） 他 的 名字。 저는 그를 알아요, 그의 이름도 (B 알아요).

단어 认识 rènshi 동 알다, 인식하다 | 也 yě 위 ~도 | 名字 míngzi 몡 이름

해설 빈칸 뒤의 '名字(이름)'와 빈칸 앞의 '认识(알다)'를 근거로 알다라는 의미를 가지고 있는 B가 정답이다.

<table>
<tr><td>42</td><td></td></tr>
</table>

42

Wǒ měi tiān qī diǎn　　qǐchuáng,　qù shàngxué.
我 每 天 七 点 （F 起床）, 去 上学。 | 저는 매일 7시에 (F 일어나) 등교합니다.

단어 每天 měi tiān 매일, 날마다 | 七 qī ㈜ 7, 일곱 | 点 diǎn ⑲ 시 | 去 qù ⑧ 가다 | 上学 shàngxué ⑧ 등교하다

해설 '매일 아침 7시' 뒤에 쓰일 수 있는 동사로 의미상 가장 적합한 정답은 F다.

43

Māma　　xīwàng　wǒ shēntǐ hǎo.
妈妈（E 希望）我 身体 好。 | 엄마는 제가 건강하기를 (E 바랍니다).

단어 妈妈 māma ⑲ 엄마, 어머니 | 身体 shēntǐ ⑲ 건강, 몸 | 好 hǎo ⑲ 좋다

해설 '希望 xīwàng'은 '희망하다, 바라다'라는 뜻의 동사로 뒤에 동사구 목적어를 쓸 수 있다.

44

Bàba huí jiā de shíhou,
爸爸 回 家 的 时候, | 아빠가 집에 돌아오셨을 때,

dìdi　　　zhèngzài　kàn diànshì.
弟弟 （ C 正在 ） 看 电视。 | 남동생은 텔레비전을 보고 (C 있었다).

단어 爸爸 bàba ⑲ 아빠, 아버지 | 回家 huíjiā ⑧ 집으로 돌아오다, 귀가하다 | 的时候 de shíhou ~할 때 | 弟弟 dìdi ⑲ 남동생 | 看 kàn ⑧ 보다 | 电视 diànshì ⑲ 텔레비전

해설 '正在 zhèngzài'는 주어 뒤, 동사 앞에 쓰여 동작의 진행을 나타낸다. 따라서 정답은 C다.

45

Nǐ de yīfu　　fēicháng　piàoliang.
男：你 的 衣服 （ D 非常 ） 漂亮。 | 남 : 당신 옷이 (D 매우) 예뻐요.

Xièxie, shì xīn mǎi de.
女：谢谢, 是 新 买 的。 | 여 : 감사합니다, 새로 산 거예요.

단어 衣服 yīfu ⑲ 옷 | 漂亮 piàoliang ⑲ 예쁘다, 아름답다, 보기 좋다 | 谢谢 xièxie ⑧ 감사합니다, 고맙습니다 | 新 xīn ⑲ 새로이 | 买 mǎi ⑧ 사다

해설 형용사 앞에 쓸 수 있는 정도부사를 찾으면 정답은 D다.

Tip ▶ 2급에 자주 등장하는 정도부사

很 hěn 매우	今天 很 热。Jīntiān hěn rè. 오늘 더워요.
太 tài 너무	太 好 了! Tài hǎo le! 너무 좋아요!
非常 fēicháng 매우	北京 的 冬天 非常 冷。Běi jīng de dōngtiān fēicháng lěng. 베이징의 겨울은 매우 춥습니다.
最 zuì 가장	我 最 喜欢 喝 牛奶。Wǒ zuì xǐhuan hē niúnǎi. 저는 우유 마시는 것을 가장 좋아해요.
有点儿 yǒudiǎr 조금(부정적 어투)	我 觉得 写 汉字 有 点儿 难。Wǒ juéde xiě Hànzì yǒu diǎnr nán. 저는 한자 쓰는 것이 조금 어렵게 느껴져요.

46

Wǒ huì chànggē, dànshì wǔ tiào de bù hǎo.
我 会 唱歌， 但是 舞 跳 得 不 好。

Tā bú huì tiàowǔ.
★ 她 不 会 跳舞。　　　　　(×)

저는 노래는 부를 줄 알지만, 춤은 잘 못춥니다.

★ 그녀는 춤을 출 줄 모른다.　　　　(×)

단어 会 huì 조동 (배워서) ~할 수 있다, ~할 줄 알다 | 唱歌 chànggē 동 노래 부르다 | 但是 dànshì 접 그러나 | 跳舞 tiàowǔ 동 춤을 추다 | 得 de 조 동사나 형용사 뒤에 쓰여 결과나 정도를 나타내는 보어와 연결시킴 | 不好 bù hǎo 좋지 않다, 못하다

해설 춤을 잘 못 춘다고 하였지 아예 출 줄 모르는 것은 아니므로 정답은 X다.

47

Nǐ děngdeng,
你 等等，

wǒ xiǎng jièshào péngyou gěi nǐ rènshi,
我 想 介绍 朋友 给 你 认识，

tā shì lǎoshī.
她 是 老师。

Tā de péngyou shì lǎoshī.
★ 他 的 朋友 是 老师。　　　(√)

잠시만요,

당신께 친구를 소개하고 싶어요,

그녀는 선생님이에요.

★ 그의 친구는 선생님이다.　　　　(√)

단어 等 děng 동 기다리다 | 想 xiǎng 조동 ~하고 싶다 | 介绍 jièshào 동 소개하다 | 朋友 péngyou 명 친구 | 给 gěi 개 ~에게 | 认识 rènshi 동 알다, 인식하다 | 是 shì 동 ~이다 | 老师 lǎoshī 명 선생님

해설 친구를 소개하면서 그녀가 선생님이라고 하였으므로 정답은 √다.

48

Wǒ bù xǐhuan pǎobù, dànshì wǒ dìdi xǐhuan,
我 不 喜欢 跑步， 但是 我 弟弟 喜欢，

tā měi tiān zǎoshang liù diǎn qǐchuáng qù pǎobù.
他 每 天 早上 六点 起床 去 跑步。

Dìdi yě bù xǐhuan pǎobù.
★ 弟弟 也 不 喜欢 跑步。　　　(×)

저는 달리기를 싫어하지만, 제 남동생은 좋아합니다,

그는 매일 아침 6시에 일어니 달리기를 합니다.

★ 남동생도 달리기를 싫어한다.　　　(×)

단어 不 bù 부 아니다 | 喜欢 xǐhuan 동 좋아하다 | 跑步 pǎobù 동 달리다 | 但是 dànshì 접 그러나 | 弟弟 dìdi 명 남동생 | 每天 měi tiān 날마다, 매일 | 早上 zǎoshang 명 아침 | 六 liù 수 6, 여섯 | 点 diǎn 양 시 | 起床 qǐchuáng 동 일어나다 | 去 qù 동 가다 | 也 yě 부 ~도

해설 본인 자신은 달리기를 싫어하지만 남동생은 달리기를 좋아한다고 하였으므로 정답은 X다.

49	
Jīntiān shì wǔ yuè shí hào, xīngqītiān. 今天 是 五 月 十 号, 星期天。 Míngtiān jiù shì māma de shēngrì le. 明天 就 是 妈妈 的 生日 了。 Māma de shēngrì shì xīngqīyī. ★ 妈妈 的 生日 是 星期一。 (✓)	오늘은 5월 10일, 일요일입니다. 내일은 바로 엄마의 생신입니다. ★ 엄마의 생신은 월요일이다. (✓)

단어 今天 jīntiān 몡 오늘 | 五 wǔ 준 5, 다섯 | 月 yuè 몡 달 | 日 rì 일, 날 | 星期天 xīngqītiān 몡 일요일 | 明天 míngtiān 몡 내일 | 就 jiù 뷔 바로 | 妈妈 māma 몡 엄마, 어머니 | 生日 shēngrì 몡 생일 | 星期一 xīngqīyī 몡 월요일

해설 오늘이 일요일인데 내일이 어머니의 생신이라고 하였으므로 엄마의 생신은 월요일이다. 따라서 정답은 ✓다

50	
Zhè tái diànnǎo shì wǒ shēngrì shí bàba sòng de, 这 台 电脑 是 我 生日 时 爸爸 送 的, wǒ hěn xǐhuan, mèimei yě hěn xǐhuan. 我 很 喜欢, 妹妹 也 很 喜欢。 Diànnǎo shì mèimei mǎi de. ★ 电脑 是 妹妹 买 的。 (✗)	이 컴퓨터는 제 생일 때 아빠가 선물 주신 거예요, 저도 좋아하고 여동생도 좋아해요. ★ 컴퓨터는 여동생이 산 것이다. (✗)

단어 这 zhè 때 이것 | 台 tái 양 대 | 电脑 diànnǎo 몡 컴퓨터 | 是 shì 동 ~이다 | 生日 shēngrì 몡 생일 | 时 shí 몡 때, 시 | 爸爸 bàba 몡 아빠, 아버지 | 送 sòng 동 선물하다, 주다 | 很 hěn 뷔 매우, 대단히 | 喜欢 xǐhuan 동 좋아하다 | 妹妹 mèimei 몡 여동생 | 也 yě 뷔 ~도 | 买 mǎi 동 사다

해설 컴퓨터는 아빠가 사준 것이라고 하였으므로 정답은 ✗다.

 독해 제4부분

51 - 55	
Tā shì lǎoshī, rén hěn hǎo. A 她 是 老师, 人 很 好。	A 그녀는 선생님이에요, 사람이 좋아요.
Tā nǚ'ér bìng le, tā sòng tā qù yīyuàn. B 他 女儿 病 了, 他 送 她 去 医院。	B 그의 딸이 아파서 그가 딸을 병원에 데려갔어요.
Nǐ juéde nǎ jiàn yīfu hǎokàn? C 你 觉得 哪 件 衣服 好看?	C 당신 생각에는 어떤 옷이 예쁜가요?
Wǒ hé péngyou yìqǐ qù de, hěn yǒu yìsi. D 我 和 朋友 一起 去 的, 很 有 意思。	D 저는 친구와 같이 갔어요, 매우 재미있었어요.
Wǒ zuì xǐhuan chǎo jīdàn. E 我 最 喜欢 炒 鸡蛋。	E 제가 제일 좋아하는 것은 달걀 볶음입니다.
Tā zài jiā xiūxi. F 他 在 家 休息。	F 그는 집에서 쉬고 있습니다.

단어 老师 lǎoshī 몡 선생님 | 人 rén 몡 사람 | 很 hěn 児 매우, 대단히 | 好 hǎo 톙 좋다 | 女儿 nǚ'ér 몡 딸 | 病 bìng 동 병나다 | 送 sòng 동 데려다 주다 | 去 qù 동 가다 | 医院 yīyuàn 몡 병원 | 觉得 juéde 동 ~라고 느끼다 | 哪 nǎ 때 무엇, 어느 것 | 件 jiàn 양 벌, 개 | 衣服 yīfu 몡 옷 | 好看 hǎokàn 톙 아름답다, 보기 좋다 | 和 hé 젭 ~와 | 朋友 péngyou 몡 친구 | 一起 yìqǐ 児 같이, 함께 | 有意思 yǒu yìsi 톙 재미있다, 흥미 있다 | 最 zuì 児 가장 | 喜欢 xǐhuan 동 좋아하다 | 炒 chǎo 동 볶다 | 鸡蛋 jīdàn 몡 달걀

51

Nǐ kànjiàn Xiǎo Zhāng le ma?
你 看见 小 张 了 吗?

당신은 샤오장을 보았나요?

Tā jīntiān méi lái shàngbān.
他 今天 没 来 上班。

B

그는 오늘 출근을 하지 않았어요.

단어 看见 kànjiàn 동 보다 | 今天 jīntiān 몡 오늘 | 没 méi 児 ~않다 | 来 lái 동 오다 | 上班 shàngbān 동 출근하다

해설 샤오장이 출근하지 않은 이유에 대해서 설명하고 있는 B가 정답이다.

52

Tā qīzi hěn piàoliang, nǐ jiànguo ma?
他 妻子 很 漂亮, 你 见过 吗?

A

그의 아내는 정말 예뻐요, 당신 본 적 있나요?

단어 妻子 qīzi 몡 아내 | 很 hěn 児 매우, 대단히 | 漂亮 piàoliang 톙 예쁘다, 아름답다, 보기 좋다 | 见 jiàn 동 보다 | 过 guo 조 ~한 적이 있다

해설 그의 아내에 대해서 설명하는 문장을 선택하면 된다. 따라서 A가 가장 적합하다.

53

Zhè jiā fàndiàn de Zhōngguó cài hěn hǎochī,
这 家 饭店 的 中国 菜 很 好吃,

이 식당의 중국 요리는 매우 맛있고,

jiàgé yě piányi.
价格 也 便宜。

E

가격 또한 쌉니다.

단어 这 zhè 때 이것 | 家 jiā 양 집·점포 등을 세는 단위 | 饭店 fàndiàn 몡 식당 | 中国 Zhōngguó 고유 중국 | 菜 cài 몡 요리 | 很 hěn 児 매우, 대단히 | 好吃 hǎochī 톙 맛있다 | 价格 jiàgé 몡 가격 | 也 yě 児 ~도 | 便宜 piányi 톙 (값이) 싸다

해설 중국 요리에 대해서 설명하고 있으므로 요리가 언급된 E가 징답이다.

54

Zuótiān de diànyǐng zěnmeyàng,
昨天 的 电影 怎么样,

어제 영화 어땠나요,

yǒu yìsi ma?
有 意思 吗?

D

재미있었나요?

단어 昨天 zuótiān 몡 어제 | 电影 diànyǐng 몡 영화 | 怎么样 zěnmeyàng 때 어떻다, 어떠하다 | 有意思 yǒu yìsi 톙 재미있다, 흥미 있다

해설 영화가 어땠는지 묻는 질문에 대한 답변으로 '很有意思(재미있다)'가 제시된 D가 정답이다.

55

Nǐ dōu chuān yíxià   kànkan zài shuō.

你 都　穿 一下，看看 再 说。   C   당신이 모두 입어보세요, 보고 다시 이야기해요.

단어 都 dōu 뷔 모두 | 穿 chuān 동 입다, 신다 | 一下 yíxià 수량 좀 ~하다 | 看 kàn 동 보다 | 再 zài 뷔 다시 | 说 shuō 동 말하다

해설 '穿(입다)'를 근거로 옷에 대한 대화임을 유추할 수 있다. 따라서 보기 중 옷에 대한 언급이 있는 C가 정답이다.

---

56 – 60

Tā méiyǒu shíjiān hé wǒ yìqǐ qù lǚyóu.

A 她 没有　时间 和 我 一起 去 旅游。

Wǒ zǎoshang jiǔ diǎn qǐchuáng.

B 我　早上 九点　起床。

Tài hǎo le, wǒ hěn xiǎng qù.

C 太好了，我 很　想 去。

Tā shuō hěn piàoliang, hěn xǐhuan.

D 她 说 很　漂亮，很 喜欢。

Hěn gāoxìng rènshi nǐ.

E 很　高兴 认识 你。

A 그녀는 나와 같이 여행 갈 시간이 없습니다.

B 저는 아침 9시에 일어났습니다.

C 정말 좋아요, 저 너무 가고 싶어요.

D 그녀가 예쁘고 마음에 든다고 했어요.

E 당신을 만나서 매우 반갑습니다.

단어 没有 méiyǒu 동 ~없다 | 时间 shíjiān 명 시간 | 和 hé 개 ~와 | 一起 yìqǐ 뷔 같이, 함께 | 去 qù 동 가다 | 旅游 lǚyóu 동 여행하다 | 早上 zǎoshang 명 아침 | 九 jiǔ 수 9, 아홉 | 点 diǎn 양 시 | 起床 qǐchuáng 동 일어나다 | 太 tài 뷔 매우 | 好 hǎo 형 좋다 | 很 hěn 뷔 매우, 대단히 | 想 xiǎng 조동 ~하고 싶다 | 说 shuō 동 말하다 | 漂亮 piàoliang 형 예쁘다, 아름답다 | 喜欢 xǐhuan 동 좋아하다 | 高兴 gāoxìng 형 기쁘다, 즐겁다, 신나다 | 认识 rènshi 동 알다

56

Jīntiān shì xīngqītiān, búyòng shàngxué.

今天　是 星期天，不用　上学。   B   오늘은 일요일입니다, 등교할 필요가 없습니다.

단어 今天 jīntiān 명 오늘 | 是 shì 동 ~이다 | 星期天 xīngqītiān 명 일요일 | 不用 búyòng 뷔 ~할 필요가 없다 | 上学 shàngxué 동 등교하다

해설 등교할 필요가 없어서 아침 9시에 일어났다고 부연 설명하는 B가 정답이다.

57

Wǒ lái jièshào yíxià, zhè shì

我 来 介绍 一下，这 是

wǒ de hǎo péngyou, zài yīyuàn gōngzuò.

我 的 好　朋友，在 医院　工作。   E

제가 소개하겠습니다, 이쪽은

제 친한 친구로 병원에서 일해요.

단어 来 lái 동 (어떤 동작을) 하다 | 介绍 jièshào 동 소개하다 | 一下 yíxià 수량 좀 ~하다 | 这 zhè 대 이것 | 好 hǎo 형 좋다 | 朋友 péngyou 명 친구 | 在 zài 개 ~에서 | 医院 yīyuàn 명 병원 | 工作 gōngzuò 동 일하다

해설 상대방에게 사람을 소개받았을 때 할 수 있는 인사인 E가 정답이다.

58

Jiějie yǐjing gōngzuò le,
姐姐 已经 工作 了,

měi tiān dōu hěn máng.
每天 都 很 忙。

언니는 이미 일을 합니다,

A 매일 바쁩니다.

단어 姐姐 jiějie 몡 언니, 누나 | 已经 yǐjing 틘 이미, 벌써 | 工作 gōngzuò 통 일하다 | 每天 měi tiān 매일 | 都 dōu 틘 모두 | 很 hěn 틘 매우, 대단히 | 忙 máng 혱 바쁘다

해설 일을 해서 바쁘다는 부연 설명으로 시간이 없음을 말해주는 A가 정답이다.

59

Wǒ yǒu míngtiān wǎnshang de diànyǐng piào,
我 有 明天 晚上 的 电影 票,

nǐ yǒu shíjiān ma?
你 有 时间 吗?

저 내일 저녁 영화 표 있는데,

C 당신 시간 있어요?

단어 有 yǒu 통 있다 | 明天 míngtiān 몡 내일 | 晚上 wǎnshang 몡 저녁 | 电影 diànyǐng 몡 영화 | 票 piào 몡 표 | 时间 shíjiān 몡 시간

해설 영화를 보러 가자는 제안을 들었을 때 할 수 있는 답변인 C가 정답이다.

60

Wǒ sòng gěi nǚ'ér yì zhī xīn shǒubiǎo,
我 送 给 女儿 一 只 新 手表,

shì zuótiān mǎi de.
是 昨天 买 的。

저는 딸에게 새 손목시계를 선물해줬습니다,

D 어제 산 것입니다.

단어 送 sòng 통 선물하다 | 给 gěi 개 ~에게 | 女儿 nǚ'ér 몡 딸 | 一 yī 주 하나, 1 | 只 zhī 양 개 | 新 xīn 혱 새 것의 | 手表 shǒubiǎo 몡 손목시계 | 昨天 zuótiān 몡 어제 | 买 mǎi 통 사다

해설 딸이 시계를 선물 받고 난 뒤에 마음에 든다고 언급한 D가 정답으로 가장 적합하다.

Tip

▶ '是……的'구문

☞ 어떤 동작이 이미 실현되었다는 전제하에 동작·행위·상황이 이루어진 시간, 장소, 방식, 목적, 대상, 주체자 등을 특별히 강조하고자 할 때 사용한다.

'是……的' 사이에 강조하고 싶은 시간, 장소, 방식, 목적, 대상, 주체자 등을 넣어 문장을 만든다.

예 他 是 什么 时候 去 学校 的? Tā shì shénme shíhou qù xuéxiào de? 그는 언제 학교에 갔나요?(시간)
他 是 坐 飞机 来 的。Tā shì zuò fēijī lái de. 그녀는 비행기를 타고 왔습니다.(방식)

실전 모의고사 2

>> 실전 모의고사 19p

듣기 听力 🎧 실전 모의고사 2

제1부분

1 ✓	2 ✕	3 ✕	4 ✓	5 ✓
6 ✓	7 ✕	8 ✕	9 ✓	10 ✕

제2부분

11 B	12 A	13 F	14 C	15 E
16 B	17 C	18 A	19 D	20 E

제3부분

21 B	22 C	23 A	24 B	25 C
26 A	27 A	28 A	29 B	30 A

제4부분

31 A	32 B	33 B	34 C	35 A

독해 阅读

제1부분

36 C	37 A	38 B	39 E	40 D

제2부분

41 D	42 B	43 C	44 E	45 F

제3부분

46 ✕	47 ✓	48 ✓	49 ✕	50 ✕

제3부분

51 D	52 A	53 E	54 B	55 C
56 B	57 D	58 C	59 A	60 E

1

Tā zài jiā li kàn diànshì.

她 在 家 里 看 电视。　　(✓)

그녀는 집에서 텔레비전을 봅니다.

단어 在 zài 개 ~에서 | 家 jiā 명 집 | 里 li 명 안 | 看 kàn 동 보다 | 电视 diànshì 명 텔레비전

해설 사진 속 인물 역시 집에서 텔레비전을 보고 있으므로 정답은 ✓다.

2

Zuótiān wǒ shēngbìng le.

昨天 我 生病 了。　　(✗)

어제 저는 아팠습니다.

단어 昨天 zuótiān 명 어제 | 生病 shēngbìng 동 병이 나다

해설 사진 속 인물이 꽃을 받고 좋아하는 모습은 녹음과 아무런 관련이 없다. 따라서 정답은 ✗다.

3

Tā zǎoshang kāichē qù gōngsī.

他 早上 开车 去公司。　　(✗)

그는 아침에 운전해서 회사에 갑니다.

단어 早上 zǎoshang 명 아침 | 开车 kāichē 동 운전하다 | 去 qù 동 가다 | 公司 gōngsī 명 회사

해설 사진에 택시가 나와 있으므로 운전과는 관련이 없다. 따라서 정답은 ✗다.

4

Érzi zài yīyuàn qiánmiàn děng māma.

儿子 在 医院 前面 等 妈妈。　　(✓)

아들은 병원 앞에서 엄마를 기다립니다.

단어 儿子 érzi 명 아들 | 在 zài 개 ~에서 | 医院 yīyuàn 명 병원 | 前面 qiánmiàn 명 앞 | 等 děng 동 기다리다

해설 병원이라는 단어를 근거로 병원 사진과 녹음 내용은 서로 연관성이 있다. 따라서 정답은 ✓다.

5

Wǒ xiǎng xiàwǔ qù mǎi jiàn piàoliang de yīfu gěi wǒ nǚ'ér.

我 想 下午 去买 件 漂亮 的衣服给我女儿。　(✓)

저는 오후에 딸에게 줄 예쁜 옷을 사러 갈 생각입니다.

해설 녹음 속 핵심어인 '衣服'와 사진이 서로 연관성이 있으므로 정답은 √다.

6

Zhè shì wǒ nǚpéngyou.
这 是 我 女朋友。   (√)
이쪽은 제 여자친구입니다.

단어 女朋友 nǚpéngyou 명 여자친구

해설 녹음 내용이 상대방에게 여자친구를 소개시켜주고 있으므로 정답은 √다.

7

Tā hé péngyou qù fàndiàn chī fàn le.
他 和 朋友 去 饭店 吃 饭了。   (×)
그와 친구는 식당에 밥먹으러 갔습니다.

단어 和 hé 접 ~와 | 朋友 péngyou 명 친구 | 去 qù 통 가다 | 饭店 fàndiàn 명 식당 | 吃 chī 통 먹다 | 饭 fàn 명 밥, 식사

해설 사진 속 장소는 식당이 아닌 '은행 银行 yínháng'이므로 정답은 X다.

8

Nà shì wǒmen de xīn jiā.
那 是 我们 的 新 家。   (×)
저곳은 우리의 새로운 집입니다.

단어 那 nà 대 그. 저 | 我们 wǒmen 대 우리들 | 新 xīn 형 새롭다 | 家 jiā 명 집

해설 사진에 나온 장소는 '공원 公园 gōngyuán'이므로 정답은 X다.

9

Tāmen zhèngzài dǎ lánqiú.
他们 正在 打 篮球。   (√)
그들은 지금 농구를 하고 있습니다.

단어 他们 tāmen 대 그들 | 正在 zhèngzài 부 지금 ~하고 있다 | 打篮球 dǎ lánqiú 농구하다

해설 사진 속 남자들이 농구를 하고 있으므로 정답은 √다.

10

Tā měi tiān dōu yào qù yóuyǒng.

她 每 天 都 要 去 游泳。　　(×)

그녀는 매일 수영하러 갑니다.

단어 每天 měi tiān 매일 | 都 dōu 뷔 모두, 다 | 要 yào 조동 ~하려고 하다 | 去 qù 동 가다 | 游泳 yóuyǒng 동 수영하다

해설 사진 속 인물은 요가를 하고 있으므로 정답은 X다.

 듣기 제2부분

11 - 15

A

B

C

D

E

F

11

Jīntiān tiānqì zěnmeyàng?

男 : 今天 天气 怎么样?

Fēicháng rè, xiàwǔ kěnéng yào xià yǔ.

女 : 非常 热，下午 可能 要 下雨。

남 : 오늘 날씨 어때요?

여 : 매우 더워요, 오후에 비가 올 것 같아요.

B

단어 今天 jīntiān 명 오늘 | 天气 tiānqì 명 날씨 | 怎么样 zěnmeyàng 때 어떻다, 어떠하다 | 非常 fēicháng 뷔 매우, 아주 | 热 rè 형 덥다 | 下午 xiàwǔ 명 오후 | 可能 kěnéng 조동 아마도 ~일 것이다 | 要 yào 조동 ~일 것이다 | 下雨 xiàyǔ 동 비가 오다(내리다)

해설 더워하는 여자 모습을 묘사하고 있는 사진 B가 가장 적합하다.

12

Nǐ ài chī shénme dōngxi?
女 : 你 爱 吃 什么 东西?

Wǒ zuì ài chī yángròu chuànr.
男 : 我 最 爱 吃 羊肉 串儿。

여 : 당신은 무슨 음식을 좋아하나요?

남 : 저는 양고기 꼬치를 가장 좋아해요.

A

단어 爱 ài 图 좋아하다 | 吃 chī 图 먹다 | 什么 shénme 때 무슨, 어떤 | 东西 dōngxi 圀 것, 물건 | 最 zuì 凰 가장 | 羊肉串 yángròuchuàn 圀 양고기 꼬치, 양꼬치

해설 양고기 꼬치를 가장 좋아한다는 대답을 통해 바로 정답 사진을 선택할 수 있다. 만약 '羊肉串(양고기 꼬치)'를 듣고 이해하지 못하더 라도 '吃(먹다)'와 연관된 음식 사진을 찾아도 역시 정답은 A다.

13

Zhè shì nǐ de yǐzi ma?
男 : 这 是 你 的 椅子 吗?

Bù, zhè bú shì wǒ de yǐzi.
女 : 不, 这 不 是 我 的 椅子。

남 : 이것이 당신의 의자인가요?

여 : 아니요, 이것은 제 의자가 아니에요.

F

단어 这 zhè 때 이것 | 椅子 yǐzi 圀 의자 | 不 bù 凰 아니다

해설 의자에 대해서 이야기하고 있으므로 의자 사진 F가 정답이다.

14

Nǐ měi tiān jǐ diǎn shuìjiào?
女 : 你 每 天 几 点 睡觉?

Wǒ měi tiān diǎn shuìjiào.
男 : 我 每 天 10 点 睡觉。

여 : 당신은 매일 몇시에 자나요?

남 : 저는 매일 10시에 잠을 자요.

C

단어 每天 měi tiān 매일 | 几 jǐ 囦 몇 | 点 diǎn 영 시 | 睡觉 shuìjiào 图 잠을 자다

해설 문제의 핵심은 10시다. 10시를 나타내는 시계가 있는 사진 C가 정답이다.

15

Shàng cì jièshào gěi nǐ de diànyǐng
男 : 上 次 介绍 给你 的 电影

kànguo le ma?
看过 了 吗?

Kànguo le, zhè bù diànyǐng hěn búcuò.
女 : 看过 了, 这 部 电影 很 不错。

남 : 지난번 제가 당신께 소개해준 영화

보셨나요?

여 : 봤어요, 이 영화 괜찮았어요.

E

단어 上次 shàng cì 지난번 | 介绍 jièshào 图 소개하다 | 给 gěi 껴 ~에게 | 电影 diànyǐng 圀 영화 | 看 kàn 图 보다 | 过 guo 조 ~ 한 적이 있다 | 部 bù 양 편 | 很 hěn 凰 매우, 대단히 | 不错 búcuò 圀 괜찮다

해설 영화에 대해서 이야기하고 있으므로 극장 매표소 사진인 E가 정답이다.

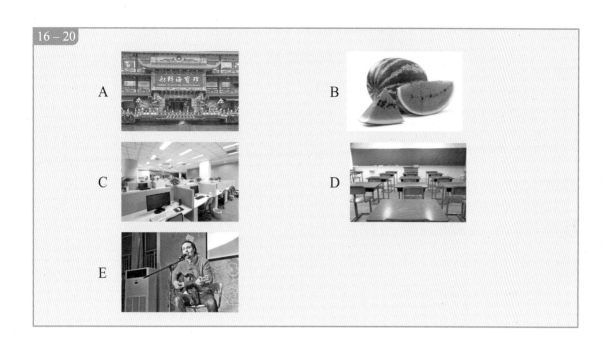

A

B

C

D

E

16

女 : 你 喜欢 水果 吗?
Nǐ xǐhuan shuǐguǒ ma?

男 : 喜欢, 我 最 喜欢 西瓜。
Xǐhuan, wǒ zuì xǐhuan xīguā.

여 : 당신은 과일을 좋아하나요?

남 : 좋아해요, 저는 수박을 가장 좋아해요.

B

단어 喜欢 xǐhuan 통 좋아하다 | 水果 shuǐguǒ 명 과일 | 最 zuì 부 가장 | 西瓜 xīguā 명 수박

해설 수박을 가장 좋아한다는 남자의 말이 문제의 핵심이다. 따라서 수박 사진인 B가 정답이다.

17

男 : 你们 公司 有 多少 人?
Nǐmen gōngsī yǒu duōshao rén?

女 : 我 觉得 有 两千 多个人 吧。
Wǒ juéde yǒu liǎngqiān duō ge rén ba.

남 : 당신 회사에는 몇 명이 있나요?

여 : 제 생각에는 2000명이 넘는 것 같아요.

C

단어 公司 gōngsī 명 회사 | 有 yǒu 통 있다 | 多少 duōshao 대 얼마, 몇 | 人 rén 명 사람 | 觉得 juéde 통 ~라고 느끼다 | 两千 liǎngqiān 순 2000 | 多 duō 순 ~여, ~남짓 | 个 gè 양 개, 사람, 명

해설 회사에 대해서 이야기 하고 있으므로 사무실 사진은 C가 가장 적합하다.

18

女 : 这个 饭店 的 菜 很 好吃。
Zhège fàndiàn de cài hěn hǎochī.

男 : 是 吗? 我们 要 不 要 一起 去 吃?
Shì ma? Wǒmen yào bu yào yìqǐ qù chī?

여 : 이 식당 요리는 매우 맛있어요.

남 : 그래요? 우리 같이 가서 먹을까요?

A

단어 这个 zhège 대 이것 | 饭店 fàndiàn 명 식당 | 菜 cài 명 요리 | 很 hěn 부 매우, 대단히 | 好吃 hǎochī 형 맛있다 | 要 yào 조동 바라다, 원하다 | 一起 yìqǐ 부 같이, 함께 | 去 qù 통 가다 | 吃 chī 통 먹다

해설 식당에 대해서 이야기 하고 있으므로 정답은 식당 사진 A다.

19

Nǐ shénme shíhou néng lái?
男 : 你 什么 时候 能 来?

Wǒ yǐjing dào xuéxiào le.
女 : 我 已经 到 学校 了。

남 : 당신은 언제쯤 올 수 있나요?

여 : 저 이미 학교에 도착했어요.

D

단어 **什么时候** shénme shíhou 언제 | **能** néng 조동 ~할 수 있다 | **来** lái 동 오다 | **已经** yǐjing 부 이미, 벌써 | **到** dào 동 도착하다 | **学校** xuéxiào 명 학교

해설 학교에 도착했다는 여자의 말을 근거로 교실 사진인 D가 정답이다.

20

Shàngwǔ nǐ chàng de zuì hǎo.
女 : 上午 你 唱 得 最 好。

Wǒ zhīdào.
男 : 我 知道。

여 : 오전에 당신 노래 최고였어요.

남 : 저도 알아요.

E

단어 **上午** shàngwǔ 명 오전 | **唱** chàng 동 노래하다 | **得** de 조 동사나 형용사 뒤에 쓰여 결과나 정도를 나타내는 보어와 연결시킴 | **最** zuì 부 최고 | **好** hǎo 형 좋다 | **知道** zhīdào 알다

해설 노래에 대해 칭찬하고 있으므로 남자가 노래를 부르고 있는 사진 E가 정답이다.

 듣기 제3부분

21

Xià ge yuè wǒmen yào qù Běijīng lǚyóu,
女 : 下 个 月 我们 要 去 北京 旅游,

nǐ qù ma?
你 去 吗?

Nà tài hǎo le, wǒ yě qù!
男 : 那 太 好 了, 我 也 去!

Nán de shì shénme yìsi?
问 : 男 的 是 什么 意思?

tā bú qù   tā yě qù   bù zhīdào
A 他 不 去   B 他 也 去   C 不 知道

여 : 다음 달 우리 베이징으로 여행가는데

당신 갈래요?

남 : 잘됐네요, 저도 갈래요!

문 : 남자의 말 뜻은?

A 그는 안 간다   B 그도 간다   C 모른다

단어 **下个月** xià ge yuè 다음 달 | **要** yào 조동 ~하려고 하다 | **去** qù 동 가다 | **旅游** lǚyóu 동 여행하다 | **太** tài 부 매우 | **好** hǎo 형 좋다 | **什么** shénme 대 무엇 | **意思** yìsi 명 의미 | **也** yě 부 ~도 | **知道** zhīdào 동 알다

해설 여행을 같이 가자는 여자의 말에 자신도 간다고 하였으므로 정답은 B다.

22

Kuài bā diǎn le,
男 : 快 八 点 了,

wǒ děi qǐchuáng qù shàngbān le.
我 得 起床 去 上班 了。

Chīguo zǎofàn zài qù ba.
女 : 吃过 早饭 再 去 吧。

남 : 8시가 다 되어가요,

저는 일어나 출근해야 해요.

여 : 아침 먹고 가요.

Nǚ de ràng nán de zuò shénme?
问 : 女 的 让 男 的 做 什么?

duō chuān yīfu
A 多 穿 衣服

duō hē diǎn shuǐ
B 多 喝 点 水

chīguo zǎofàn zài shàngbān
C 吃过 早饭 再 上班

문 : 여자는 남자에게 무엇을 하라고 하는가?

A 옷을 많이 입다

B 물을 많이 마시다

C 아침 먹고 출근하다

단어 快 kuài 뷔 곧 머지않아 | 八 bā 쥐 8, 여덟 | 点 diǎn 양 시 | 得 děi 조동 ~해야 한다 | 起床 qǐchuáng 동 일어나다 | 去 qù 동 가다 | 上班 shàngbān 동 출근하다 | 吃 chī 동 먹다 | 过 guo 조 동사 뒤에 쓰여 동작의 완료를 나타냄 | 早饭 zǎofàn 명 아침밥 | 再 zài 뷔 다시 | 让 ràng 동 ~하게 하다, ~하도록 시키다 | 做 zuò 동 하다 | 什么 shénme 대 무엇 | 多 duō 형 많다 | 穿 chuān 동 입다, 신다 | 衣服 yīfu 명 옷 | 喝 hē 동 마시다 | 点 diǎn 양 조금 | 水 shuǐ 명 물

해설 출근을 하려는 남자에게 아침을 먹고 가라고 하였으므로 정답은 C다.

23

Zhèxiē shǒujī, nǐ xǐhuan nǎ yí bù?
女 : 这些 手机, 你 喜欢 哪 一 部?

Wǒ xǐhuan báisè de.
男 : 我 喜欢 白色 的。

여 : 이 휴대전화 중에 당신은 어떤 게 마음에 들어요?

남 : 저는 흰색이요.

Nán de xǐhuan nǎ yí bù shǒujī?
问 : 男 的 喜欢 哪 一 部 手机?

báisè de   hēisè de   hóngsè de
A 白色 的   B 黑色 的   C 红色 的

문 : 남자는 어떤 휴대전화가 마음에 드나?

A 흰색의   B 검은색의   C 빨간색의

단어 这些 zhèxiē 대 이러한, 이들 | 手机 shǒujī 명 휴대전화 | 喜欢 xǐhuan 동 좋아하다 | 哪 nǎ 대 무엇, 어느것 | 一 yī 쥐 하나, 1 | 部 bù 양 대 | 白色 báisè 명 흰색 | 黑色 hēisè 명 검은색 | 红色 hóngsè 명 빨간색

해설 남자가 흰색을 좋아한다고 언급하였으므로 정답은 A다.

24

男 : Wǒ lái jièshào yíxià,
　　我 来 介绍 一下,
　　zhè jiù shì wǒmen de jiàoshì.
　　这 就 是 我们 的 教室。

女 : Nǐmen de jiàoshì zhēn piàoliang.
　　你们 的 教室 真 漂亮。

问 : Nǚ de juéde jiàoshì zěnmeyàng?
　　女 的 觉得 教室 怎么样?
　　yìbān　　zhēn piàoliang　　bù xǐhuan
　　A 一般　B 真 漂亮　C 不 喜欢

남 : 제가 소개할게요,

　　여기가 바로 우리 교실이에요.

여 : 당신들의 교실은 정말 예쁘네요.

문 : 여자는 교실이 어떻다고 생각하나?

　　A 평범하다　　B 정말 예쁘다　　C 싫어하다

단어 来 lái 통 (어떤 동작을) 하다 | 介绍 jièshào 통 소개하다 | 一下 yíxià 수량 좀 ~하다 | 这 zhè 대 이것 | 就 jiù 부 바로 | 我们 wǒmen 대 우리(들) | 教室 jiàoshì 명 교실 | 真 zhēn 부 정말 | 漂亮 piàoliang 형 예쁘다, 아름답다, 보기 좋다 | 觉得 juéde 통 ~라고 여기다(생각하다) | 怎么样 zěnmeyàng 대 어떻다, 어떠하다 | 一般 yìbān 형 보통이다, 평범하다 | 喜欢 xǐhuan 통 좋아하다

해설 여자가 교실이 예쁘다고 하였으므로 정답은 B다.

25

女 : Xiǎo Wáng, nǐ érzi zěnme méi lái?
　　小 王, 你 儿子 怎么 没 来?

男 : Yīnwèi xiàwǔ yào qù xuéxiào chànggē,
　　因为 下午 要 去 学校 唱歌,
　　suǒyǐ méi lái.
　　所以 没 来。

问 : Xiǎo Wáng de érzi wèishéme méi lái?
　　小 王 的 儿子 为什么 没 来?
　　shēngbìng le　　　　yǒu kǎoshì
　　A 生病 了　　　　B 有 考试
　　qù xuéxiào chànggē
　　C 去 学校 唱歌

여 : 샤오왕, 당신 아들은 왜 안 왔나요?

남 : 오후에 학교 가서 노래 불러야 한데요,

　　그래서 안 왔어요.

문 : 샤오왕의 아들은 왜 안왔는가?

　　A 아파서　　　　　　B 시험이 있어서

　　C 학교 가서 노래 불러야 해서

단어 儿子 érzi 명 아들 | 怎么 zěnme 대 어떻게, 왜 | 来 lái 통 오다 | 因为 yīnwèi 접 왜냐하면(늘 所以 suǒyǐ와 호응하여 쓰임) | 下午 xiàwǔ 명 오후 | 要 yào 조동 ~해야 한다 | 去 qù 통 가다 | 学校 xuéxiào 명 학교 | 唱歌 chànggē 통 노래 부르다 | 所以 suǒyǐ 접 그래서, 그러므로 | 为什么 wèishénme 왜, 어째서 | 生病 shēngbìng 통 병이 나다 | 有 yǒu 통 있다 | 考试 kǎoshì 명 시험

해설 남자가 말하기를 아들이 학교 가서 노래 불러야 하는 이유로 오지 않았다고 하였으므로 정답은 C다.

26

男：Mǎlì, nǐ shì nǎ guó rén?
玛丽，你是哪国人？

Shì Měiguórén ma?
是 美国人 吗？

女：Wǒ bú shì Měiguórén, wǒ shì Rìběnrén.
我 不是 美国人，我是日本人。

问：Mǎlì shì nǎ guó rén?
玛丽是哪国人？

Rìběnrén　　Měiguórén　　Zhōngguórén
A 日本人　 B 美国人　 C 中国人

남 : 마리, 당신은 어느 나라 사람인가요?

　　미국 사람인가요?

여 : 저는 미국 사람이 아니고, 일본 사람이에요.

문 : 마리는 어느 나라 사람인가?

　　A 일본 사람　　 B 미국 사람　　 C 중국 사람

단어 哪 nǎ 団 무엇, 어느것 | 国 guó 몡 나라 | 人 rén 몡 사람 | 美国 Měiguó 고유 미국 | 日本 Rìběn 고유 일본 | 中国 Zhōngguórén 고유 중국

해설 마리가 자신은 미국 사람이 아닌 일본 사람이라고 하였으므로 정답은 A다.

27

女：Nǐ zhǔnbèi shénme shíhou qù Běijīng?
你 准备 什么 时候 去北京？

男：Wǒ xiǎng xià ge xīngqī qù,
我 想 下个星期 去，

xīwàng tiānqì hǎo yìdiǎn.
希望 天气 好 一点。

问：Nán de xiǎng zěnmeyàng?
男的 想 怎么样？

xià gè xīngqī qù Běijīng
A 下个星期去北京

tiānqì hǎo de shíhou, qù Běijīng
B 天气 好的 时候, 去 北京

ràng nǚ de qù Běijīng
C 让 女的去北京

여 : 당신은 언제 베이징에 가려고 하나요?

남 : 다음 주에 가려고요,

　　날씨가 좋으면 좋겠어요.

문 : 남자는 어떻게 하려고 하나?

　　A 다음 주에 베이징을 간다

　　B 날씨가 좋을 때 베이징에 간다

　　C 여자에게 베이징에 가라고 한다

단어 准备 zhǔnbèi 통 준비하다, ~할 계획이다 | 什么时候 shénme shíhou 언제 | 去 qù 통 가다 | 北京 Běijīng 고유 북경, 베이징 | 想 xiǎng 조통 ~하려고 하다 | 下个星期 xià ge xīngqī 몡 다음 주 | 希望 xīwàng 통 희망하다 | 天气 tiānqì 몡 날씨 | 好 hǎo 혱 좋다 | 一点 yìdiǎn 수량 약간 | 怎么样 zěnmeyàng 団 어떻다, 어떠하다 | 的时候 de shíhou ~할 때 | 让 ràng 통 ~하게 하다, ~하도록 시키다

해설 남자의 앞으로 행동을 질문하는 것으로 남자가 하려는 것은 다음 주에 베이징에 가는 것이다. 따라서 정답은 A다.

28	

Yīshēng shuō chī shénme yào le ma?

男：医生　说 吃 什么 药 了 吗？

남：의사 선생님이 무슨 약을 먹어야 한다고 했어요?

Méiyǒu, wèntí bú dà,　yào wǒ xiūxi xiūxi.

女：没有，问题 不 大，要 我 休息 休息。

여：아니요, 큰 문제는 아니고, 저는 좀 쉬어야 한데요.

Nǚ de zěnme le?

问：女 的 怎么 了？

문：여자는 왜 그런가？

　　shēngbìng le　　　　chūqù le

A 生病　了　　B 出去 了

A 아프다　　　　B 나갔다

　　shuìjiào le

C 睡觉 了

C 잠잔다

[단어] 医生 yīshēng 圆 의사 | 说 shuō 图 말하다 | 吃 chī 图 먹다 | 什么 shénme 때 무엇, 어느 | 药 yào 圆 약 | 没有 méiyǒu 图 아니다, 없다 | 问题 wèntí 圆 문제 | 要 yào 区통 ~해야 한다 | 休息 xiūxi 쉬다 | 生病 shēngbìng 图 병이 나다 | 出去 chūqù 图 나가다 | 睡觉 shuìjiào 图 잠을 자다

[해설] 남자의 말을 미루어 여자가 아파서 병원에 갔다는 것을 유추할 수 있다. 따라서 정답은 A다.

29	

Yǐjing guòle　diǎn le,

女：已经 过了 9 点 了，

여：이미 9시가 지났는데

gōnggòng qìchē zěnme hái méiyǒu lái?

公共　汽车 怎么 还 没有 来？

버스는 왜 아직 안 오나요？

Hái yǒu shíwǔ fēnzhōng ne.

男：还 有 十五 分钟　呢。

남：아직 15분 남았어요.

Gōnggòng qìchē shénme shíhou lái?

问：公共　汽车 什么 时候 来？

문：버스는 언제 오는가？

　　jiǔ diǎn bàn　　　　jiǔ diǎn shíwǔ

A 九点 半　　B 九 点 十五

A 9시 반　　　B 9시 15분

　　jiǔ diǎn

C 九点

C 9시

[단어] 已经 yǐjing 튄 이미, 벌써 | 过 guò 图 지나다 | 点 diǎn 앵 시 | 公共汽车 gōnggòng qìchē 圆 버스 | 怎么 zěnme 때 어떻게, 어째서, 왜 | 还 hái 튄 아직 | 没有 méiyǒu 튄 아직 ~않다 | 来 lái 图 오다 | 有 yǒu 图 있다 | 十五 shíwǔ 囹 열다섯, 15 | 分钟 fēnzhōng 圆 분 | 什么时候 shénme shíhou 언제 | 半 bàn 囹 절반, 2분의 1

[해설] 남자가 9시가 넘었다는 여자의 말에 아직 15분이 남았다고 하였으므로 버스가 9시 15분쯤에 오는 것을 알 수 있다. 따라서 정답은 B다.

30

男：<u>服务员，我 要 一 公斤 羊肉。</u>
Fúwùyuán, wǒ yào yì gōngjīn yángròu.

女：好 的，您 还 要 些 什么 吗?
Hǎo de, nín hái yào xiē shénme ma?

问：他们 最 有 可能 在 哪儿?
Tāmen zuì yǒu kěnéng zài nǎr?

A 商店　　B 学校　　C 车站
　shāngdiàn　　xuéxiào　　chēzhàn

남 : 종업원, 저는 양고기 1kg 주세요.

여 : 알겠습니다, 또 다른 필요한거 있으세요?

문 : 그들은 어디에 있을 가능성이 큰가?

A 상점　　B 학교　　C 정류장

단어 服务员 fúwùyuán 圐 종업원 | 要 yào 匽 필요하다, 원하다 | 一 yī 㑊 하나, 일 | 公斤 gōngjīn 킬로그램(kg) | 羊肉 yángròu 圐 양고기 | 还 hái 튄 또 | 些 xiē 㓑 약간 | 什么 shénme 땗 무엇, 어느 | 他们 tāmen 땗 그들 | 最 zuì 튄 가장, 제일 | 有 yǒu 匽 있다 | 可能 kěnéng 圐 가능성 | 在 zài 匽 ~에 있다 | 哪儿 nǎr 땗 어디, 어느 곳 | 商店 shāngdiàn 圐 상점, 판매점 | 学校 xuéxiào 圐 학교 | 车站 chēzhàn 圐 정류장

해설 종업원이라는 말과 양고기를 주문하는 남자의 말로 미루어 대화는 상점에서 이루어졌을 가능성이 크다. 따라서 정답은 A다.

 듣기 听力 **제4부분**

31

男：西瓜 怎么 卖?
Xīguā zěnme mài?

女：八 块 钱 一 斤。
Bā kuài qián yì jīn.

男：<u>便宜 些 吧，我 想 买 三 个。</u>
Piányi xiē ba, wǒ xiǎng mǎi sān ge

女：那 好 吧。
Nà hǎo ba.

问：男 的 要 买 几 个 西瓜?
Nán de yào mǎi jǐ ge xīguā?

A 三 个　　B 一 个　　C 四 个
　sān ge　　yí ge　　sì ge

남 : 수박 어떻게 팔아요?

여 : 한 근에 8위안이요.

남 : 싸게 해주세요, 저는 3개를 사려고요.

여 : 그렇게 하죠.

문 : 남자는 수박을 몇 개 사려고 하나?

A 3개　　B 1개　　C 4개

단어 西瓜 xīguā 圐 수박 | 怎么 zěnme 땗 어떻게 | 卖 mài 匽 팔다 | 八 bā 㑊 8, 여덟 | 块 kuài 㓑 위안(중국 화폐 단위) | 钱 qián 圐 화폐, 돈 | 一 yī 㑊 하나, 1 | 斤 jīn 㓑 근 | 便宜 piányi 혛 (값이) 싸다 | 些 xiē 㓑 약간, 조금 | 想 xiǎng 조동 ~하고 싶다, ~하려고 하다 | 买 mǎi 匽 사다 | 三 sān 㑊 셋, 3 | 个 gè 㓑 개 | 要 yào 조동 바라다, 원하다 | 几 jǐ 㑊 몇 | 四 sì 㑊 넷, 4

해설 남자가 여자에게 3개를 산다고 하였으므로 정답은 A다.

Xià ge yuè wǒmen qù Běijīng lǚyóu, zěnmeyàng?
女 : 下 个 月 我们 去 北京 旅游，怎么样？

Wǒ bù xiǎng qù Běijīng lǚyóu,
男 : 我 不 想 去 北京 旅游，

wǒ xiǎng qù Shànghǎi.
我 想 去 上海。

Nà nǐ zhǔnbèi zěnme qù Shànghǎi ne?
女 : 那 你 准备 怎么 去 上海 呢？

Wǒmen zìjǐ kāichē qù ba.
男 : 我们 自己 开车 去 吧。

Tāmen xià ge yuè yào qù nǎlǐ?
问 : 他们 下 个 月 要 去 哪里？

| Běijīng | Shànghǎi | bù zhīdào |
| A 北京 | B 上海 | C 不 知道 |

여 : 다음 달에 우리 베이징 여행 가는 거 어때요?

남 : 저는 베이징 가고 싶지 않아요,

　　상하이 가고 싶어요.

여 : 그러면 상하이에 어떻게 갈 계획이에요?

남 : 우리가 직접 운전해서 가요.

문 : 그들은 다음 달에 어디를 가려고 하나?

| A 베이징 | B 상하이 | C 모른다 |

단어 下个月 xià ge yuè 다음 달 | 我们 wǒmen 때 우리(들) | 去 qù 통 가다 | 北京 Běijīng 고유 베이징, 북경 | 旅游 lǚyóu 통 여행하다 | 怎么样 zěnmeyàng 때 어떻다, 어떠하다 | 想 xiǎng 조통 ~하고 싶다 | 上海 Shànghǎi 고유 상하이, 상해 | 准备 zhǔnbèi 통 ~할 계획이다 | 怎么 zěnme 때 어떻게 | 自己 zìjǐ 때 스스로 | 开车 kāichē 통 운전하다 | 要 yào 조통 ~하려고 하다 | 哪里 nǎlǐ 때 어디, 어느곳 | 知道 zhīdào 통 알다

해설 베이징으로 여행가자는 여자의 말에 남자는 베이징에 가고 싶지 않고 상하이에 가고 싶다고 하였으므로 정답은 B다.

33

Nín hǎo, zhè shì Zhāng yīshēng de jiā ma?
男 : 您 好，这 是 张 医生 的 家 吗？

Bú shì, zhè bú shì Zhāng yīshēng de jiā.
女 : 不 是，这 不 是 张 医生 的 家。

Wǒmen shì   Zhāng yīshēng jiā zài
我们 是 404， 张 医生 家 在 424。

Ò,   duìbuqǐ, wǒmen zhǎo cuò mén le.
男 : 哦，对不起，我们 找 错 门 了。

Méi guānxi.
女 : 没 关系。

Zhāng yīshēng jiā zài jǐ hào?
问 : 张 医生 家 在 几 号？

| A 404 | B 424 | C 304 |

남 : 안녕하세요? 여기가 장 의사 선생님 집인가요?

여 : 아니요, 여기는 장 의사 선생님 집이 아니에요.

　　우리는 404호이고, 장 의사 선생님 집은 424호예요.

남 : 아, 죄송합니다, 저희가 문을 잘 못 찾았네요.

여 : 괜찮아요.

문 : 장 의사 선생님 집은 몇 호인가?

| A 404 | B 424 | C 304 |

단어 这 zhè 때 이것 | 医生 yīshēng 명 의사 | 家 jiā 명 집 | 在 zài 통 ~에 있다 | 对不起 duìbuqǐ 통 미안합니다 | 我们 wǒmen 때 우리(들) | 找 zhǎo 통 찾다 | 错 cuò 통 틀리다 | 门 mén 명 입구, 문 | 没关系 méi guānxi 괜찮아요 | 几 jǐ 주 몇 | 号 hào 명 호

34

Nǐ bié qù yóuyǒng le.
女 : 你 别 去 游泳 了。

Wèishéme ne?
男 : 为什么 呢?

Zuìjìn guānyú yǒngchí shuǐ de wèntí hěn duō.
女 : 最近 关于 泳池 水 的 问题 很 多。

Zhīdào le, xièxie!
男 : 知道 了, 谢谢!

Nǔ de ràng nán de zěnmeyàng?
问 : 女 的 让 男 的 怎么样?

qù yóuyǒng
A 去 游泳

qù dǎ lánqiú
B 去打 篮球

bú yào qù yóuyǒng
C 不 要 去 游泳

여 : 당신 수영 가지마세요.

남 : 왜요?

여 : 요즘 수영장 물과 관련해 문제가 많아요.

남 : 알겠어요, 고마워요!

문 : 여자는 남자에게 어떻게 하라고 했나?

A 수영하러 가라고   B 농구하러 가라고

C 수영하러 가지 말라고

단어 别 bié 🝤 ~하지 마라 | 去 qù 동 가다 | 游泳 yóuyǒng 동 수영하다 | 为什么 wèishénme 왜, 어째서 | 最近 zuìjìn 명 최근, 요즘 | 关于 guānyú 개 ~에 관해, ~에 관해서 | 泳池 yǒngchí 명 수영장 | 水 shuǐ 명 물 | 问题 wèntí 명 문제 | 很 hěn 🝤 매우, 대단히 | 多 duō 형 많다 | 知道 zhīdào 동 알다 | 让 ràng 동 ~하게 하다, ~하도록 시키다 | 怎么样 zěnmeyàng 대 어떻다, 어떠하다 | 打篮球 dǎ lánqiú 농구하다 | 不要 búyào ~하지 마라

해설 수영장을 가려고 하는 남자에게 여자는 물과 관련해서 문제가 많으니 가지 말라고 하였으므로 정답은 C다.

35

Nǐ de biǎo hěn piàoliang,
男 : 你 的 表 很 漂亮,

wǒ yě yǒu yí kuài zhèyàng de biǎo.
我 也 有 一块 这样 的 表。

Zhēn de ma?
女 : 真 的 吗?

Wǒ de biǎo huāle liǎngqiān duō, nǐ de ne?
男 : 我 的 表 花了 两千 多, 你 的 呢?

Zhè shì wǒ mèimei sòng gěi wǒ de.
女 : 这 是 我 妹妹 送 给 我 的。

Nán de shǒubiǎo duōshao qián?
问 : 男 的 手表 多少 钱?

liǎngqiān duō
A 两千 多

mèimei sòng de
B 妹妹 送 的

bù zhīdào
C 不 知道

남 : 당신 시계가 참 예쁘네요,

저도 이런 시계가 하나 있어요.

여 : 정말요?

남 : 제 시계는 2,000위안 넘게 줬는데, 당신은요?

여 : 이건 제 여동생이 선물로 준거예요.

문 : 남자의 시계는 얼마인가?

A 2,000위안 이상   B 여동생이 선물로 준 것

C 모른다

단어 表 biǎo 몡 시계 | 很 hěn 뮈 매우, 대단히 | 漂亮 piàoliang 혱 예쁘다, 아름답다, 보기 좋다 | 也 yě 뮈 ~도 | 有 yǒu 동 있다 | 一块 yíkuài 양 덩어리 | 这样 zhèyàng 때 이렇다 | 花 huā 동 (돈을) 쓰다 | 两千 liǎngqiān 주 2,000 | 妹妹 mèimei 몡 여동생 | 送 sòng 동 선물하다 | 给 gěi 깨 ~에게 | 手表 shǒubiǎo 몡 손목시계 | 多少 duōshao 때 얼마 | 钱 qián 몡 돈 | 知道 zhīdào 동 알다

해설 시계에 관한 대화 중 남자가 자신의 시계는 2,000위안이 넘는다고 하였으므로 정답은 A다.

독해 제1부분

36 – 40

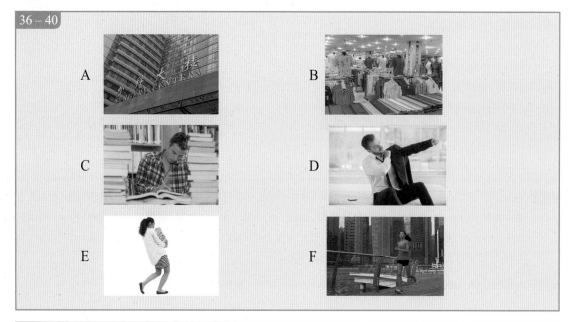

36

Xiàzhōuyī yào kǎoshì, hǎohao xuéxí.
下周一 要 考试，好好 学习。 C 다음 주 월요일 시험을 봐야 해서, 열심히 공부합니다.

단어 下周一 xià zhōuyī 다음 주 월요일 | 要 yào 조동 ~해야 한다 | 考试 kǎoshì 동 시험을 치다 | 好好 hǎohao 뮈 충분히, 전력을 기울여, 잘 | 学习 xuéxí 동 공부하다, 학습하다

해설 시험을 위해 공부를 열심히 한다고 하였으므로 공부 중인 모습을 묘사한 사진 C가 정답이다.

37

Wǒ qù tā jiā de shíhou,
我 去 她 家 的 时候，   제가 그녀의 집을 갔을 때,
tā yǐjing qù yīyuàn le.
她 已经 去 医院 了。 A 그녀는 이미 병원에 갔습니다.

단어 去 qù 동 가다 | 家 jiā 몡 집 | 的时候 de shíhou ~할 때 | 已经 yǐjing 뮈 이미 | 医院 yīyuàn 몡 병원

해설 그녀는 병원에 갔다고 하였으므로 병원 사진 A가 정답이다.

38

Zhè jiā shāngdiàn de yīfu zuì piányi le,
这 家 商店 的衣服 最 便宜 了,
duō mǎi yìxiē.
多 买 一些。

<u>B</u>

이 상점의 옷이 제일 저렴해서

많이 샀습니다.

단어 这 zhè 때 이것 | 家 jiā 영 집·점포 등을 세는 단위 | 商店 shāngdiàn 명 상점, 판매점 | 衣服 yīfu 명 옷 | 最 zuì 문 가장 | 便宜 piányi 형 (값이) 싸다 | 多 duō 형 많다 | 买 mǎi 통 사다 | 一些 yìxiē 수량 좀 ~하다

해설 옷을 많이 샀다고 하였으므로 옷을 파는 상점 사진인 B가 정답이다.

39

Nǐ de shū zhēn zhòng, wǒ bāng nǐ ná bǎ.
你 的 书 真 重, 我 帮 你 拿 吧。

<u>E</u>

당신이 책은 정말 무겁네요, 제가 들어줄게요.

단어 书 shū 명 책 | 真 zhēn 문 정말 | 重 zhòng 형 무겁다 | 帮 bāng 통 돕다 | 拿 ná 통 들다

해설 많은 책을 들고 힘들어하는 여자 사진 E가 가장 알맞다.

40

Wǒ dào jiā de shíhou,
我 到 家 的 时候,
tā zhèng zhǔnbèi shàngbān qù.
他 正 准备 上班 去。

<u>D</u>

제가 집에 도착했을 때,

그는 출근할 준비 중이었습니다.

단어 到 dào 통 도착하다 | 家 jiā 명 집 | 的时候 de shíhou ~할 때 | 正 zhèng 문 ~하고 있다 | 准备 zhǔnbèi 통 준비하다 | 上班 shàngbān 통 출근하다 | 去 qù 통 가다

해설 출근할 준비를 한다고 했으므로 양복을 입고 있는 남자 사진 D가 가장 문장 내용에 적합하다.

독해 제2부분

---

41 – 45

piányi	zhàngfu	shēntǐ		A 싸다	B 남편	C 건강
A 便宜	B 丈夫	C 身体				
juéde	jiù	guì		D ~라고 생각하다	E 바로	F 비싸다
D 觉得	E 就	F 贵				

단어 丈夫 zhàngfu 명 남편 | 身体 shēntǐ 명 몸, 건강 | 觉得 juéde 통 ~라고 생각하다(느끼다) | 就 jiù 문 바로 | 贵 guì 형 비싸다

41

Wǒ   juéde jīntiān huì shì yí ge qíngtiān.
我 (D 觉得) 今天 会 是 一 个 晴天。

제 (D 생각에는) 오늘 날씨가 맑을 것 같아요.

今天 jīntiān 명 오늘 | 会 huì 조동 ~일 것이다 | 晴天 qíngtiān 명 맑은 날씨

해설 주술구를 목적어로 취할 수 있는 동사를 정답으로 고르면 보기 D다.

42

Wǒ lái jièshào yíxià,	제가 소개할게요,
我 来 介绍 一下,	
zhè wèi shì wǒmen Lǐ lǎoshī de zhàngfu.	이분은 이 선생님의 (B 남편)입니다.
这 位 是 我们 李 老师 的 （ B 丈夫 ）。	

단어 来 lái 동 (어떤 동작을) 하다 | 介绍 jièshào 동 소개하다 | 一下 yíxià 수량 좀 ~하다 | 这 zhè 대 이것 | 位 wèi 양 분, 명 | 老师 lǎoshī 명 선생님

해설 '的' 뒤에 올 수 있는 명사로 사람을 나타내는 명사를 찾으면 된다. 따라서 정답은 B다.

43

Tā měi tiān dōu yùndòng, shēntǐ hěn hǎo.	그녀는 매일 운동을 해서 (C 건강)이 좋습니다.
她 每 天 都 运动, （ C 身体 ） 很 好。	

단어 每天 měi tiān 매일 | 都 dōu 부 모두, 다 | 运动 yùndòng 동 운동하다 | 很 hěn 부 매우, 대단히 | 好 hǎo 형 좋다

해설 빈칸 뒤의 술어 '很好'를 근거로 빈칸에는 주어, 즉 명사가 들어가야 하며 의미적으로도 운동과 연관이 있는 '身体'가 정답이다.

44

Tā gāng huí guó	그는 막 귀국하자마자
他 刚 回 国	
jiù kāishǐ máng gōngzuò shang de shìqing.	(E 바로) 업무적인 문제로 바빠지기 시작했습니다.
（ E 就 ）开始 忙 工作 上 的 事情。	

단어 刚 gāng 부 방금, 막 | 回国 huí guó 귀국하다 | 开始 kāishǐ 동 시작하다 | 忙 máng 형 바쁘다 | 工作 gōngzuò 명 업무, 일 | 上 shang 명 ~에 관한 | 事情 shìqing 명 일, 사건, 사고

해설 '就'는 부사로 '바로'라는 의미를 가지며 앞 뒤의 두 행위가 연이어서 일어남을 나타낸다.

45

Zhèr de yángròu hěn hàochī,	여기 양고기는 매우 맛있습니다,
这儿的 羊肉 很 好吃,	
dànshì hěn guì.	그러나 매우 (F 비쌉니다).
但是 很 （ F 贵 ）。	

단어 这儿 zhèr 대 여기, 이곳 | 羊肉 yángròu 명 양고기 | 很 hěn 부 매우, 대단히 | 好吃 hǎochī 형 맛있다 | 但是 dànshì 접 그러나 | 贵 guì 형 비싸다

해설 빈칸 앞의 정도부사 '很'을 근거로 빈칸에는 형용사가 들어가야 한다는 것을 알 수 있다. 음식을 설명할 수 있고 의미상으로도 알맞은 형용사를 고르면 F다.

46

Tā suì le, dànshì shēntǐ hěn hǎo,
他 80 岁了， 但是 身体 很 好，

měi tiān xiūxi de hěn zǎo, hái zuò yùndòng.
每 天 休息得很 早， 还 做 运动。

Tā shēntǐ hěn bù hǎo.
★ 他 身体 很 不 好。　　(×)

그는 80세이지만 건강하고

매일 일찍 휴식을 취하며 또한 운동을 합니다.

★ 그의 건강은 매우 좋지 못하다. (×)

단어 岁 suì 몡 살, 세 | 但是 dànshì 젭 그러나 | 身体 shēntǐ 몡 몸, 건강 | 很 hěn 뷔 매우, 대단히 | 好 hǎo 혱 좋다 | 每天 měi tiān 매일 | 休息 xiūxi 동 휴식을 취하다 | 早 zǎo 혱 이르다 | 做 zuò 동 하다 | 运动 yùndòng 몡 운동

해설 그는 매우 건강하다고 하였으므로 정답은 X다.

47

Nǐ zhīdào xuéxiào zài nǎlǐ ma?
你 知道 学校 在 哪里 吗?

Xuéxiào lí wǒ jiā hěn jìn,
学校 离我家很 近，

chūle mén zuǒ guǎi jiù dào le.
出了 门 左 拐 就 到 了。

Xuéxiào zài jiā de zuǒbian.
★ 学校 在家的 左边。　　(✓)

당신은 학교가 어디 있는지 아세요?

학교는 저의 집에서 가까워요,

문을 나서서 왼쪽으로 돌면 바로 도착해요.

★ 학교는 집의 왼쪽에 있다. (✓)

단어 知道 zhīdào 동 알다 | 学校 xuéxiào 몡 학교 | 在 zài 동 ~에 있다 | 哪里 nǎlǐ 때 어디, 어느 곳 | 离 lí 꺄 ~에서 | 家 jiā 몡 집 | 很 hěn 뷔 매우, 대단히 | 近 jìn 혱 가깝다 | 出 chū 동 나가다 | 门 mén 몡 문 | 左 zuǒ 몡 왼쪽 | 拐 guǎi 동 돌다, 꺽다 | 就 jiù 뷔 바로 | 到 dào 동 도착하다 | 左边 zuǒbian 몡 왼쪽

해설 학교는 집에서 문을 나서서 왼쪽으로 돌면 바로라고 하였으므로 학교가 집의 왼쪽에 있음을 알 수 있다. 따라서 정답은 ✓다.

48

Zhèr yǒu hěn duō chī de dōngxi,
这儿 有很 多 吃 的 东西，

yǒu niúnǎi, kāfēi, hái yǒu xīguā.
有 牛奶， 咖啡， 还 有 西瓜。

Bǐqǐ niúnǎi lái, wǒ gèng xǐhuan xīguā.
比起 牛奶 来，我 更 喜欢 西瓜。

Tā gèng xǐhuan xīguā.
★ 他 更 喜欢 西瓜。　　(✓)

여기 먹을 것이 많아요,

우유, 커피, 그리고 수박이 있어요.

우유에 비해서 저는 수박을 훨씬 좋아해요.

★ 그는 수박을 훨씬 좋아한다. (✓)

단어 这儿 zhèr 떼 여기, 이곳 | 有 yǒu 图 있다 | 很 hěn 템 매우, 대단히 | 多 duō 혱 많다 | 吃 chī 图 먹다 | 东西 dōngxi 명 것, 물건 | 牛奶 niúnǎi 명 우유 | 咖啡 kāfēi 명 커피 | 西瓜 xīguā 명 수박 | 比起来 bǐqǐlai 비교하자면 | 更 gèng 템 더욱 | 喜欢 xǐhuan 图 좋아하다

해설 우유에 비해서 수박을 훨씬 좋아한다고 하였으므로 정답은 √다.

49

Jīntiān tiānqì fēicháng rè, 今天 天气 非常 热， wǒ juéde kěnéng yào xià yǔ. 我 觉得 可能 要 下 雨。 Qù xuéxiào búyào zǒulù le, 去 学校 不要 走路 了， zuò gōnggòng qìchē ba. 坐 公共 汽车 吧。 Jīntiān tiānqì hěn lěng, shì yīntiān. ★ 今天 天气 很 冷，是 阴天。 （ × ）	오늘 날씨가 정말 더워요, 제 생각에는 아마도 비가 올 것 같아요. 학교 갈 때 걷지 말고 버스 타고 가세요. ★ 오늘은 날씨가 춥고 흐리다. （ × ）

단어 今天 jīntiān 명 오늘 | 天气 tiānqì 명 날씨 | 非常 fēicháng 템 매우, 아주 | 热 rè 혱 덥다 | 觉得 juéde 图 ~라고 느끼다 | 可能 kěnéng 조통 아마도 ~일 것이다 | 要 yào 조통 ~일 것이다 | 下雨 xiàyǔ 图 비가 오다 | 去 qù 图 가다 | 学校 xuéxiào 명 학교 | 不要 búyào ~하지 마라, ~해서는 안 된다 | 走路 zǒulù 图 걷다 | 坐 zuò 图 (교통수단을) 타다 | 公共汽车 gōnggòng qìchē 명 버스 | 冷 lěng 혱 춥다, 차다 | 阴天 yīntiān 명 흐린 날씨

해설 오늘은 날씨가 덥고 비가 올 것 같다고 하였으므로 정답은 X다.

50

Wǒ mèimei ài xiào, měi tiān dōu hěn kuàilè, 我 妹妹 爱 笑，每 天 都 很 快乐， suǒyǐ dàjiā fēicháng xǐhuan tā. 所以 大家 非常 喜欢 她。 Dàjiā měi tiān dōu hěn kuàilè. ★ 大家 每 天 都 很 快乐。 （ × ）	제 여동생은 웃기를 좋아하고 매일이 즐겁습니다, 그래서 모두 그녀를 매우 좋아합니다. ★ 모두들 매일 즐겁다. （ × ）

단어 妹妹 mèimei 명 여동생 | 爱 ài 图 애호하다, 좋아하다 | 笑 xiào 图 웃다 | 每天 měi tiān 매일, 날마다 | 都 dōu 템 모두, 전부 | 很 hěn 템 매우, 대단히 | 快乐 kuàilè 혱 즐겁다 | 所以 suǒyǐ 접 그래서 | 大家 dàjiā 떼 모두 | 喜欢 xǐhuan 图 좋아하다

해설 여동생이 매일 즐거워한다고 하였으므로 두 문장의 주어가 일치하지 않는다. 따라서 정답은 X다.

51 – 55

Wǒ xīwàng dàjiā zài xiǎngxiang zhège wèntí.
A 我 希望 大家 再 想想 这个 问题。 | A 저는 여러분이 다시 이 문제를 생각해보길 바랍니다.

Kǎoshì nǐ zhǔnbèi dé zěnmeyàng?
B 考试 你 准备 得 怎么样? | B 시험 준비는 어떻습니까?

Tā bú yòng wǒ de bāngzhù,
C 她 不 用 我 的 帮助, | C 그녀는 저의 도움이 필요 없다고 했습니다,

xiàozhe huídá shuō kěyǐ zìjǐ xǐ.
笑着 回答 说 可以 自己 洗。 | 자신이 빨면 된다고 웃으면서 대답했습니다.

Tā shì xīn lái de lǎoshī, shàng Hànyǔ kè.
D 她 是 新 来 的 老师, 上 汉语 课。 | D 그녀는 새로 오신 선생님으로, 중국어 수업을 합니다.

Zhè zhǒng yào hěn guì, hái hěn bù hǎochī.
E 这 种 药 很 贵, 还 很 不 好吃。 | E 이런 종류의 약은 비싸고 또한 맛이 없습니다.

Tā zài jiā xiūxi.
F 他 在 家 休息。 | F 그는 집에서 쉬고 있습니다.

단어 希望 xīwàng 동 바라다 | 大家 dàjiā 대 모두 | 再 zài 부 다시 | 想 xiǎng 동 생각하다 | 这个 zhège 대 이것 | 问题 wèntí 명 문제 | 考试 kǎoshì 명 시험 | 准备 zhǔnbèi 동 준비하다 | 得 de 조 동사나 형용사 뒤에 쓰여 결과나 정도를 나타내는 보어와 연결시킴 | 怎么样 zěnmeyàng 대 어떻다, 어떠하다 | 不用 búyòng 부 ~할 필요가 없다 | 帮助 bāngzhù 동 돕다 | 笑 xiào 동 웃다 | 着 zhe 조 ~한 채로 | 回答 huídá 동 대답하다 | 说 shuō 동 말하다 | 可以 kěyǐ 동 ~해도 된다 | 自己 zìjǐ 자기, 자신 | 洗 xǐ 동 씻다, 빨다 | 新 xīn 형 새롭다 | 来 lái 동 오다 | 老师 lǎoshī 명 선생님 | 上课 shàngkè 동 수업하다 | 汉语 Hànyǔ 명 중국어 | 这种 zhè zhǒng 이런 종류 | 药 yào 명 약 | 很 hěn 부 매우, 대단히 | 贵 guì 형 비싸다 | 好吃 hǎochī 형 맛있다

51

Nǐ rènshi nàge chuān bái yīfu de rén ma?
你 认识 那个 穿 白 衣服 的 人 吗? [D] 당신은 저기 흰색 옷을 입은 사람을 아십니까?

단어 认识 rènshi 동 알다, 인식하다 | 那个 nàge 대 그, 저 | 穿 chuān 동 입다 | 白 bái 형 흰색 | 衣服 yīfu 명 옷 | 人 rén 명 사람

해설 사람에 대해서 아는지 물었으므로 사람을 설명하는 D가 정답이다.

52

Zhège wèntí qùnián yǐjing xiàng dàjiā
这个 问题 去年 已经 向 大家 | 이 문제는 작년에 이미 여러분들에게

jièshàoguo le.
介绍过 了。 [A] 소개한 것입니다.

단어 这个 zhège 대 이것 | 问题 wèntí 명 문제 | 去年 qùnián 명 작년 | 已经 yǐjing 부 이미 | 向 xiàng 개 ~에게 | 大家 dàjiā 대 모두 | 介绍 jièshào 동 소개하다 | 过 guo 조 ~한 적이 있다

해설 '问题(문제)'가 동일하게 언급되는 A가 정답이다.

실전 모의고사 | 제2회

Nǐ juéde zhè zhǒng yào zěnmeyàng? 你 觉得 这 种 药 怎么样?	E	당신은 이 약이 어떻다고 생각하나요?

단어 觉得 juéde 圖 ~라고 느끼다 | 这种 zhè zhǒng 이런 종류 | 药 yào 圕 약 | 怎么样 zěnmeyàng 떼 어떻다, 어떠하다

해설 약에 대한 질문을 하고 있으므로 대답 역시 약에 대해서 언급하고 있는 E가 적합하다.

Mǎshàng yào kāishǐ kǎoshì le. 马上 要 开始 考试 了。	B	곧 시험이 시작됩니다.

단어 马上 mǎshàng 圏 곧 | 要 yào 조통 ~하려고 하다 | 开始 kāishǐ 圖 시작하다 | 考试 kǎoshì 圕 시험

해설 시험에 대해서 공통적으로 언급하고 있는 B가 정답이다.

Wǒ zhǎo Xiǎo Hóng de shíhou, 我 找 小 红 的 时候,		제가 샤오홍을 찾을 때,
tā zhèngzài xǐ yīfu. 她 正在 洗 衣服。	C	그녀는 옷을 빨고 있었습니다.

단어 找 zhǎo 圖 찾다 | 的时候 de shíhou ~할 때 | 正在 zhèngzài 圏 지금(한창)~하고 있다 | 洗 xǐ 圖 씻다 | 衣服 yīfu 圕 옷

해설 빨래를 하고 있다는 핵심 문장을 통해 '洗(빨다)'가 공통으로 언급된 C가 정답입니다.

A	Yīnwéi jīntiān shì hào. 因为 今天 是 14 号。	A 왜냐하면 오늘이 14일이니까요.
B	Wǒ kàn tā dàizhe yí ge zúqiú. 我 看 他 带着 一 个 足球。	B 저는 그가 축구공을 가지고 있는 것을 봤습니다.
C	Zuò gōnggòng qìchē fēnzhōng jiù dào le. 坐 公共 汽车 20 分钟 就 到 了。	C 버스 타고 20분이면 바로 도착합니다.
D	Tā hái zài jiàoshì li xuéxí. 他 还 在 教室 里 学习。	D 그는 아직 교실에서 공부를 하고 있습니다.
E	Suǒyǐ tā kàn shàngqù bú shì hěn kuàilè. 所以 她 看 上去 不 是 很 快乐。	E 그래서 그녀는 즐거워 보이지 않습니다.

단어 因为 yīnwèi 웹 왜냐하면 | 今天 jīntiān 圕 오늘 | 号 hào 圕 호수 | 看 kàn 圖 보다 | 带 dài 圖 지니다 | 着 zhe 조 ~한채로(지속) | 一 yī 囹 하나, 1 | 个 gè 圀 개, 사람, 명 | 足球 zúqiú 圕 축구공 | 坐 zuò 圖 (교통수단을) 타다 | 公共汽车 gōnggòng qìchē 圕 버스 | 分钟 fēnzhōng 圕 분 | 就 jiù 圏 바로 | 到 dào 圖 도착하다 | 还 hái 圏 여전히 | 在 zài 개 ~에서 | 教室 jiàoshì 圕 교실 | 里 li 圕 안 | 学习 xuéxí 圖 공부하다, 학습하다 | 所以 suǒyǐ 웹 그래서 | 看上去 kàn shàngqù 보아하니 ~하다 | 很 hěn 圏 매우, 대단히 | 快乐 kuàilè 圐 즐겁다

56

Tā kěnéng shàngwán kè yào qù tī zúqiú
他 可能 上完 课要去踢足球。 **B**

그는 아마 수업이 끝나고 축구를 하러 갈 것입니다.

단어 可能 kěnéng 조동 아마도 ~일 것이다 | 上课 shàngkè 동 수업하다 | 完 wán 동 마치다 | 要 yào 조동 ~할 것이다 | 去 qù 동 가다 | 踢足球 tī zúqiú 축구하다

해설 축구와 관련 있는 축구공이 언급된 B가 정답이다.

57

Tā zài nǎr ne? Nǐ kànjiàn tā le ma?
他 在 哪儿 呢? 你 看见 他 了 吗? **D**

그는 어디 있습니까? 당신은 그를 보았습니까?

단어 在 zài 동 (~에) 있다 | 哪儿 nǎr 대 어디 | 呢 ne 조 서술문 뒤에 쓰여 동작이나 상황이 지속됨을 나타냄 | 看见 kànjiàn 동 보다

해설 그가 어디에 있는지를 묻는 질문에 가장 적합한 보기 D가 정답이다.

58

Cóng zhèr dào gōngsī duō yuǎn?
从 这儿 到 公司 多 远? **C**

여기에서 회사까지 얼마나 먼가요?

단어 从 cóng 개 ~부터, ~에서 | 这儿 zhèr 대 여기, 이곳 | 到 dào 개 ~까지 | 公司 gōngsī 명 회사 | 多 duō 부 얼마나 | 远 yuǎn 형 멀다

해설 회사가 얼마나 먼지에 대한 대답으로 시간을 언급한 C가 정답이다.

59

Nǐ zěnme zhīdào jīntiān shì wǒ de shēngrì?
你 怎么 知道 今天 是 我 的 生日? **A**

당신은 오늘이 제 생일이라는 것을 어떻게 알았나요?

단어 怎么 zěnme 대 어떻게 | 知道 zhīdào 동 알다 | 今天 jīntiān 명 오늘 | 生日 shēngrì 명 생일

해설 생일에 연관된 날짜가 제시되어 있는 A가 정답이다.

60

Tā kàncuò wèntí le,
她 看错 问题 了,

그녀는 문제를 잘못 봐서

huídá de bú shì hěn hǎo.
回答 得不 是 很 好。 **E**

대답을 잘 하지 못했습니다.

단어 看 kàn 동 보다 | 错 cuò 동 틀리다 | 问题 wèntí 명 문제 | 回答 huídá 동 대답하다 | 得 de 조 동사나 형용사 뒤에 쓰여 결과나 정도를 나타내는 보어와 연결시킴 | 很 hěn 부 매우, 대단히 | 好 hǎo 형 좋다

해설 대답을 잘 못한 이후에 대한 여자의 감정을 묘사한 E가 정답이다.

실전 모의고사 3

듣기 听力 🎧 실전 모의고사 3

제1부분

| 1 ✓ | 2 ✓ | 3 ✗ | 4 ✗ | 5 ✓ |
| 6 ✗ | 7 ✗ | 8 ✓ | 9 ✓ | 10 ✓ |

제2부분

| 11 F | 12 A | 13 C | 14 E | 15 B |
| 16 E | 17 A | 18 C | 19 B | 20 D |

제3부분

| 21 A | 22 C | 23 C | 24 A | 25 B |
| 26 A | 27 B | 28 A | 29 C | 30 A |

제4부분

| 31 A | 32 B | 33 B | 34 C | 35 A |

독해 阅读

제1부분

| 36 C | 37 A | 38 E | 39 D | 40 B |

제2부분

| 41 E | 42 D | 43 C | 44 F | 45 B |

제3부분

| 46 ✓ | 47 ✗ | 48 ✗ | 49 ✓ | 50 ✗ |

제3부분

| 51 E | 52 D | 53 B | 54 C | 55 A |
| 56 E | 57 C | 58 A | 59 D | 60 B |

1

Xuéxiào de pángbiān shì gōngyuán.

学校　的　旁边　是　公园。　　（ √ ）

학교 옆은 공원입니다.

단어 学校 xuéxiào 명 학교 | 旁边 pángbiān 명 옆 | 公园 gōngyuán 명 공원

해설 사진 속 공원 모습과 녹음 내용이 일치함으로 정답은 √다.

2

Xià ge yuè　hào shì wǒ zhàngfu de shēngrì.

下 个 月 3号 是 我 丈夫 的 生日。　　（ √ ）

다음 달 3일은 제 남편 생일입니다.

단어 下个月 xià ge yuè 다음 달 | 号 hào 명 일(날짜를 가르킴) | 丈夫 zhàngfu 명 남편 | 生日 shēngrì 명 생일

해설 생일과 케이크는 서로 연상할 수 있으므로 정답은 √다.

3

Měi tiān zǎoshang tā dōu zuò gōnggòng qìchē qù gōngsī.

每 天 早上 她都 坐 公共 汽车 去 公司。　（ × ）

매일 아침 그녀는 버스를 타고 출근을 합니다.

단어 每天 měi tiān 매일 | 早上 zǎoshang 명 아침 | 都 dōu 부 모두, 다 | 坐 zuò 동 (교통수단을) 타다 | 公共汽车 gōnggòng qìchē 명 버스 | 去 qù 동 가다 | 公司 gōngsī 명 회사

해설 사진은 버스가 아닌 자동차이므로 녹음 내용과 일지하지 않는나.

4

Jīdàn yì jīn duōshao qián?

鸡蛋 一 斤 多少 钱?　　（ × ）

달걀 1근에 얼마입니까?

단어 鸡蛋 jīdàn 명 달걀 | 一 yī 수 하나, 1 | 斤 jīn 양 근 | 多少 duōshao 대 얼마, 몇 | 钱 qián 명 돈

해설 사진은 달걀이 아닌 사과이므로 녹음 내용과 다르다. 따라서 정답은 X다.

5

Tā xīwàng míngtiān zǎoshang　diǎn dào jīchǎng.
他 希望　明天　早上　8点　到　机场。　　（ ✓ ）

그는 내일 아침 8시까지 공항에 도착하길 바랍니다.

단어　希望 xīwàng 屠 희망하다, 바라다 | 明天 míngtiān 멸 내일 | 早上 zǎoshang 멸 아침 | 点 diǎn 얭 시 | 到 dào 屠 도착하다 |
机场 jīchǎng 멸 공항

해설　사진 속 시계가 가리키는 시간도 8시이므로 정답은 √다.

6

Wǒmen jiā yǒu sì　ge rén,　bàba,　māma,　gēgē,　hái yǒu wǒ.
我们　家有 四个人, 爸爸, 妈妈, 哥哥, 还有我。(×)

우리 가족은 4명입니다, 아빠, 엄마, 오빠 그리고 저입니다.

단어　我们 wǒmen 땝 우리(들) | 家 jiā 멸 집 | 有 yǒu 屠 있다 | 四 sì 㞠 넷, 4 | 个 gè 얭 개, 사람, 명 | 人 rén 멸 사람 | 爸爸 bàba
멸 아빠, 아버지 | 妈妈 māma 멸 엄마, 어머니 | 哥哥 gēge 멸 오빠, 형

해설　사진 속 가족 수는 3명이므로 녹음 내용과 일치하지 않는다.

7

Jīntiān shì yīntiān, dànshì míngtiān shì qíngtiān.
今天 是 阴天, 但是　明天 是 晴天。　　(×)

오늘은 흐리지만 내일은 날씨가 맑습니다.

단어　今天 jīntiān 멸 오늘 | 阴天 yīntiān 멸 흐린 날씨 | 但是 dànshì 쩹 그러나 | 明天 míngtiān 멸 내일 | 晴天 qíngtiān 멸 맑은
날씨

해설　사진 속 날씨는 비가 오고 있으므로 정답은 X다.

8

Qùnián zhège shíhou, Běijīng měi tiān dōu xià xuě.
去年　这个 时候, 北京 每 天 都 下雪。　　（ ✓ ）

작년 이맘때, 베이징에는 매일 눈이 내렸습니다.

단어　去年 qùnián 멸 작년 | 这个 zhège 땝 이 | 时候 shíhou 멸 때, 무렵 | 北京 Běijīng 고유 북경, 베이징 | 每天 měi tiān 매일 |
都 dōu 띔 모두, 다 | 下雪 xià xuě 눈이 내리다

해설　눈이 내렸다고 하였으므로 눈이 오는 겨울 사진과 일치한다. 따라서 정답은 √다.

9

Shēngbìng le jiù yào chī yào.
生病　了就要 吃药。　　　(✓)

병이나면 바로 약을 먹어야 합니다.

단어 生病 shēngbìng 통 병이 나다 | 就 jiù 부 바로, 곧 | 要 yào 조통 ~해야 한다 | 吃 chī 통 먹다 | 药 yào 명 약

해설 약을 들고 있는 사진이므로 녹음 내용과 관련이 깊다. 따라서 정답은 ✓다.

10

Zǒule yì tiān de lù,　hěn lèi.
走了一天的路，很累。　　　(✓)

하루 종일 걸었더니 피곤합니다.

단어 走 zǒu 통 걷다 | 一天 yì tiān 하루 | 路 lù 명 길 | 很 hěn 부 매우, 대단히 | 累 lèi 형 피곤하다

해설 등산을 하고 있는 모습이므로 하루 종일 걸었다는 내용과 연관이 있다. 따라서 정답은 ✓다.

듣기 제2부분

11 – 15

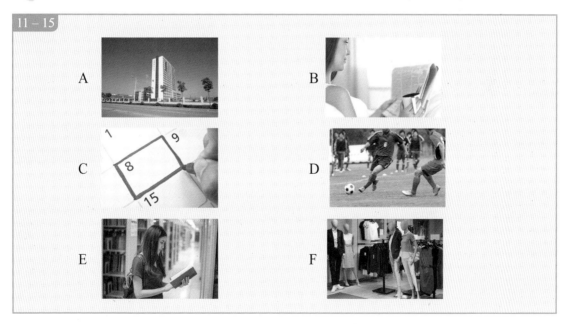

A

B

C

D

E

F

11

男：Shàng cì dǎ diànhuà gěi wǒ yǒu shénme
上 次打 电话 给我有 什么
shìqing ma?
事情 吗?

女：Méi shénme, wǒ xiǎng gàosu nǐ shāngdiàn
没 什么, 我 想 告诉你商店
yǒu piányi de yīfu kěyǐ mǎi.
有 便宜 的 衣服 可以 买。

남 : 지난번에 무슨 일로 저에게 전화하셨어요?

여 : 별것 아니에요, 싼 옷을 살 수 있는

상점이 있어서 당신에게 알려주려고요. F

단어 | **上次** shàng cì 지난 번 | **打电话** dǎ diànhuà 전화를 걸다 | **给** gěi 께 ~에게 | **有** yǒu 통 있다 | **什么** shénme 때 무엇 | **事情** shìqing 명 일, 사건 | **没** méi 통 아니다 | **想** xiǎng 조통 ~하고 싶다 | **告诉** gàosu 통 말하다, 알리다 | **商店** shāngdiàn 명 상점, 판매점 | **便宜** piányi 형 값이 싸다 | **衣服** yīfu 명 옷 | **可以** kěyǐ 조통 ~할 수 있다, 가능하다 | **买** mǎi 통 사다

해설 | 싼 옷을 살 수 있는 상점을 알려준다고 했으므로 옷 가게 사진인 F가 정답이다.

12

女：Nǐ zhù zài nǎlǐ?
你 住 在 哪里?

男：Wǒ de jiā zài yīyuàn pángbiān.
我 的 家 在 医院 旁边。

여 : 당신은 어디에 살아요?

남 : 우리집은 병원 옆에 있어요. A

단어 | **住** zhù 통 살다 | **在** zài 깨 ~에서 | **哪里** nǎlǐ 때 어디, 어느 곳 | **家** jiā 명 집 | **在** zài 통 ~에 있다 | **医院** yīyuàn 명 병원 | **旁边** pángbiān 명 옆

해설 | 집이 병원 옆이라고 하였으므로 병원(건물) 사진인 A가 정답이다.

13

男：Nǐ de shēngrì shì shénme shíhou?
你 的 生日 是 什么 时候?

女：Wǒ de shēngrì shì yuè rì,
我 的 生日 是 5 月 8 日,
jiù shì xià ge xīngqīsān.
就 是 下 个 星期三。

남 : 당신 생일은 언제예요?

여 : 제 생일은 5월 8일이에요,

바로 다음 주 수요일이요. C

단어 | **生日** shēngrì 명 생일 | **什么时候** shénme shíhou 언제 | **月** yuè 명 달 | **日** rì 명 일, 날 | **就** jiù 튀 바로 | **下个星期三** xià ge xīngqīsān 다음 주 수요일

해설 | 생일이 5월 8일이라고 하였으므로 8일 날짜에 빨간 표시를 한 달력 사진 C가 정답이다.

14

女：玛丽 在 哪里?
Mǎlì zài nǎlǐ?

男：哦, 她 看完 电影 后
Ò, tā kànwán diànyǐng hòu

已经 坐 公共 汽车回 学校 了。
yǐjing zuò gōnggòng qìchē huí xuéxiào le.

여 : 마리는 어디에 있나요?

남 : 아, 그녀는 영화를 보고

이미 버스 타고 학교로 돌아갔어요. | E |

단어 在 zài 통 ~에 있다 | 哪里 nǎlǐ 대 어디, 어느 곳 | 看 kàn 통 보다 | 完 wán 통 마치다 | 电影 diànyǐng 명 영화 | 后 hòu 형 ~한 후 | 已经 yǐjing 튀 이미 | 坐 zuò 통 (교통수단을) 타다 | 公共汽车 gōnggòng qìchē 명 버스 | 回 huí 통 되돌아가다 | 学校 xuéxiào 명 학교

해설 영화를 보고 이미 학교에 돌아갔다고 하였으므로 장소가 학교로 보이는 사진 E가 가장 적합하다.

15

男：每 天 睡觉 前你喜欢 干 什么?
Měi tiān shuìjiào qián nǐ xǐhuan gàn shénme?

女：我 喜欢 看 一 看 报纸。
Wǒ xǐhuan kàn yi kàn bàozhǐ.

남 : 매일 잠자기 전 당신은 무엇을 하길 좋아하나요?

여 : 저는 신문 보는 걸 좋아합니다. | B |

단어 每天 měi tiān 매일 | 睡觉 shuìjiào 통 잠을 자다 | 前 qián 명 전 | 喜欢 xǐhuan 통 좋아하다 | 干 gàn 통 하다 | 什么 shénme 대 무엇 | 看 kàn 통 보다 | 报纸 bàozhǐ 명 신문

해설 신문 보는 것을 좋아한다는 여자의 말을 근거로 정답은 B다.

16 - 20

16

男 : Dàjiā zhīdào jǐ diǎn
大家 知道 几点

zài xuéxiào ménkǒu děng ma?
在 学校 门口 等 吗?

女 : Tāmen zhīdào de.
他们 知道 的。

남 : 모두들 몇 시에

학교 정문에서 기다려야 하는지 알고 있죠?

여 : 그들은 알고 있어요.

E

(단어) 大家 dàjiā 데 모두 | 知道 zhīdào 동 알다 | 几 jǐ 쉬 몇 | 点 diǎn 양 시 | 在 zài 개 ~에서 | 学校 xuéxiào 명 학교 | 门口 ménkǒu 명 입구 | 等 děng 동 기다리다 | 他们 tāmen 데 그들

(해설) 학교 정문이라는 남자의 말에 언급된 단어를 근거로 정답이 E임을 알 수 있다.

17

女 : Xièxie nǐ sòng de shǒubiǎo,
谢谢 你 送 的 手表,

wǒ hěn xǐhuan.
我 很 喜欢。

男 : Bù kèqi, shēngrì kuàilè.
不 客气, 生日 快乐。

여 : 고마워요, 당신이 선물해준 손목시계가

저는 마음에 들어요.

남 : 별말씀을요, 생일 축하해요.

A

(단어) 谢谢 xièxie 동 감사합니다, 고맙습니다 | 送 sòng 동 선물하다 | 手表 shǒubiǎo 명 손목시계 | 很 hěn 부 매우, 대단히 | 喜欢 xǐhuan 동 좋아하다 | 不客气 bú kèqi 천만에요 | 生日 shēngrì 명 생일 | 快乐 kuàilè 형 기쁘다, 행복하다

(해설) 손목시계가 좋다고 칭찬하는 여자의 말에 근거하여 정답은 A다.

18

男 : Nǐ juéde shēntǐ zěnmeyàng?
你 觉得 身体 怎么样?

女 : Wǒ juéde hǎo duō le, xièxie nǐ.
我 觉得 好 多了, 谢谢 你。

남 : 당신의 건강은 어떤가요?

여 : 많이 좋아진 것 같아요, 감사합니다.

C

(단어) 觉得 juéde 동 ~라고 느끼다 | 身体 shēntǐ 명 몸, 건강 | 怎么样 zěnmeyàng 데 어떻다, 어떠하다 | 好 hǎo 형 좋다 | 多 duō 형 많다

(해설) '건강이 좋아진 것 같다'라는 여자의 말을 근거로 병실에서 활짝 웃고 있는 여자 사진 C가 정답이다.

19

女 : Nǐ zhīdào qù jīchǎng zuì jìn de lù ma?
你 知道 去 机场 最近 的 路 吗?

男 : Duìbuqǐ, wǒ bù zhīdào.
对不起, 我 不 知道。

여 : 당신은 공항까지 가는 가장 가까운 길을 알고 있나요?

남 : 미안해요, 저는 몰라요.

B

(단어) 知道 zhīdào 동 알다 | 去 qù 동 가다 | 机场 jīchǎng 명 공항 | 最 zuì 부 가장 | 近 jìn 형 가깝다 | 路 lù 명 길 | 对不起 duìbuqǐ 동 미안합니다 | 知道 zhīdào 동 알다

(해설) 공항가는 가까운 길에 대해서 묻는 여자의 말을 근거로 공항 사진 B가 정답이다.

20

男：Lìshā, nǐ zài Zhōngguó guò de hǎo ma?
丽莎，你 在 中国 过 得 好 吗？

女：Hěn hǎo, wǒ zài Zhōngguó hěn kuàilè.
很 好，我 在 中国 很 快乐。

남 : 리샤, 당신은 중국에서 잘 지내나요?

여 : 좋아요, 저는 중국에서 매우 즐거워요.

D

단어　在 zài ᴦ ~에서 ｜ 中国 Zhōngguó 고유 중국 ｜ 过 guò 동 지내다, 보내다 ｜ 得 de 조 동사나 형용사 뒤에 쓰여 결과나 정도를 나타내는 보어와 연결시킴 ｜ 好 hǎo 형 좋다, 만족하다 ｜ 很 hěn 분 매우, 대단히 ｜ 快乐 kuàilè 형 기쁘다

해설　중국에서 즐겁게 잘 지내고 있다는 여자의 말을 근거로 중국의 만리장성에서 즐거워 보이는 여자 사진 D가 정답이다.

 듣기 제3부분

21

男：Xiǎo Hóng,
小 红，

nǐ zuótiān wèishéme méiyǒu lái jiàoshì?
你 昨天 为什么 没有 来 教室？

女：Yīnwèi wǒ yǒu shì qù zhǎo dìdi le.
因为 我 有 事 去 找 弟弟 了。

问：Xiǎo Hóng wèishéme méi qù jiàoshì?
小 红 为什么 没 去 教室？

A　yǒu shì qù zhǎo dìdi le
有 事 去 找 弟弟 了

B　shēngbìng le
生病 了

C　dǎ lánqiú qù le
打 篮球 去 了

남 : 샤오홍,

　　어제는 왜 교실에 오지 않았어요?

여 : 제가 남동생을 찾아야 할 일이 있어서요.

문 : 샤오홍은 왜 교실에 안 갔나?

A 남동생을 찾을 일이 있어서

B 아파서

C 농구 하러 가서

단어　昨天 zuótiān 명 어제 ｜ 为什么 wèishénme 왜, 어째서 ｜ 没有 méiyǒu 분 ~않다 ｜ 教室 jiàoshì 명 교실 ｜ 因为 yīnwèi 접 왜냐하면(늘 所以 suǒyǐ와 호응하여 쓰임) ｜ 找 zhǎo 동 찾다 ｜ 弟弟 dìdi 명 남동생 ｜ 有 yǒu 동 있다 ｜ 事情 shìqing 명 일, 사건 ｜ 去 qù 동 가다 ｜ 生病 shēngbìng 동 병이 나다 ｜ 打篮球 dǎ lánqiú 농구하다

해설　여자가 남동생을 찾아야 해서 못 갔다고 하였으므로 정답은 A다.

22

Nǐ zuì xǐhuan shénme yánsè?
女 : 你 最 喜欢 什么 颜色?

Hóngsè háishi hēisè?
红色 还是 黑色?

Wǒ bǐjiào xǐhuan hēisè.
男 : 我 比较 喜欢 黑色。

Nán de xǐhuan shénme yánsè?
问 : 男 的 喜欢 什么 颜色?

hóngsè	báisè	hēisè
A 红色	B 白色	C 黑色

여 : 당신은 무슨 색을 가장 좋아하나요?

　　빨간색 아니면 검은색?

남 : <u>저는 검은색을 비교적 좋아해요.</u>

문 : 남자는 무슨 색을 좋아하나?

A 빨간색	B 흰색	C 검은색

[단어] 最 zuì 🔟 가장 | 喜欢 xǐhuan 🔟 좋아하다 | 什么 shénme 🔟 무엇, 무슨 | 颜色 yánsè 🔟 색깔 | 红色 hóngsè 🔟 붉은색, 빨간색 | 还是 háishi 🔟 또한, 아니면 | 黑色 hēisè 🔟 검은색 | 比较 bǐjiào 🔟 비교적 | 白色 báisè 🔟 흰색

[해설] 무슨 색상을 좋아하는지 묻는 여자의 말에 남자는 비교적 검은색을 좋아한다고 하였으므로 정답은 C다.

23

Nǐ zuìjìn zài máng shénme?
男 : 你 最近 在 忙 什么?

Wǒ zài xué chànggē hé tiàowǔ.
女 : 我 在 学 唱歌 和 跳舞。

Nǚ de zài máng shénme?
问 : 女 的 在 忙 什么?

　mǎi dōngxi
A 买 东西

　xǐ yīfu
B 洗 衣服

　xuéxí chànggē, tiàowǔ
C 学习 唱歌，跳舞

남 : 당신은 요즘 뭐가 그리 바빠요?

여 : <u>저는 노래랑 춤을 배우고 있어요.</u>

문 : 여자는 무엇이 바쁜가?

A 물건 사기

B 빨래 하기

C 노래와 춤 배우기

[단어] 最近 zuìjìn 🔟 최근, 요즈음 | 在 zài 🔟 ~하고 있는 중이다 | 忙 máng 🔟 바쁘다 | 什么 shénme 🔟 무엇, 무슨 | 学 xué 🔟 배우다 | 唱歌 chànggē 🔟 노래 부르다 | 和 hé 🔟 ~와 | 跳舞 tiàowǔ 🔟 춤을 추다 | 买 mǎi 🔟 사다 | 东西 dōngxi 🔟 물건, 것 | 洗 xǐ 🔟 씻다 | 衣服 yīfu 🔟 옷 | 学习 xuéxí 🔟 학습하다, 공부하다, 배우다

[해설] 여자가 노래와 춤을 배우고 있다고 하였으므로 정답은 C다.

24

Wǒ xīwàng néng zài xiūxi de shíhou 女：我 希望 能 在休息的时候 duō zuò yùndòng. 多 做 运动。	여 : 저는 쉴 때 많이 운동을 할 수 있기를 바래요.
Wǒ xǐhuan hé dàjiā yìqǐ qù yóuyǒng. 男：我 喜欢 和大家一起 去 游泳。	남 : 저는 다같이 수영하러 가는 것을 좋아해요.
Nǚ de xīwàng zuò shénme? 问：女 的 希望 做 什么?	문 : 여자는 무엇을 하길 바라는가?
zuò yùndòng yóuyǒng A 做 运动 B 游泳 dǎ lánqiú C 打 篮球	A 운동하기 B 수영하기 C 농구 하기

단어 希望 xīwàng 명 희망 | 能 néng 조동 ~할 수 있다 | 休息 xiūxi 동 쉬다 | 的时候 de shíhou ~할 때 | 多 duō 형 많다 | 做 zuò 동 하다 | 运动 yùndòng 명 운동 | 喜欢 xǐhuan 좋아하다 | 大家 dàjiā 대 모두 | 一起 yìqǐ 부 같이, 함께 | 去 qù 동 가다 | 游泳 yóuyǒng 동 수영하다 | 打篮球 dǎ lánqiú 농구하다

해설 여자는 쉴 때 많이 운동을 할 수 있기를 바란다고 하였으므로 정답은 A다.

25

Wǒ zhù zài èr líng bā, 男：我 住 在二 零 八, nǐ zhù zài nǎge fángjiān? 你住 在 哪个 房间?	남 : 저는 208호 사는데, 당신은 어느 방에 살아요?
Wǒ zhù zài èr líng èr. 女：我 住 在二 零 二。	여 : 저는 202호에 살아요.
Nán de zhù zài nǎge fángjiān? 问：男 的 住 在 哪个 房间?	문 : 남자는 어느 방에 사는가?
A 202 B 208 C 308	A 202 B 208 C 308

단어 住 zhù 동 살다, 거주하다 | 在 zài 개 ~에, ~에서 | 二 èr 수 2, 둘 | 零 líng 수 0, 제로 | 八 bā 수 여덟, 8 | 哪个 nǎge 대 어느 (것) | 房间 fángjiān 명 방 | 三 sān 수 셋, 3

해설 남자의 말 속에 자신이 사는 호수가 208호라고 직접 언급하였으므로 정답은 B다.

26

女：我们 吃完 饭去看 电影 吧。
Wǒmen chīwán fàn qù kàn diànyǐng ba.

男：可以 啊,
Kěyǐ a,

但是 不知道 还 有 没有 票。
dànshì bù zhīdào hái yǒu méiyǒu piào.

问：男 的 担心 什么 事情?
Nán de dānxīn shénme shìqing?

A 没有 票
méiyǒu piào

B 天气太 热
tiānqì tài rè

C 没有 好看 的 电影
méiyǒu hǎokàn de diànyǐng

여 : 우리 밥 다 먹고 영화 봐요.

남 : 좋아요,

그런데 표가 있는지 없는지 잘 모르겠어요.

문 : 남자는 무슨 일을 걱정하는가?

A 표가 없는 것

B 날씨가 너무 더운 것

C 재미있는 영화가 없는 것

단어 我们 wǒmen 대 우리(들) | 吃 chī 동 먹다 | 完 wán 동 마치다 | 饭 fàn 명 밥 | 去 qù 동 가다 | 看 kàn 동 보다 | 电影 diànyǐng 명 영화 | 可以 kěyǐ 조동 ~해도 좋다 | 但是 dànshì 접 그렇지만 | 知道 zhīdào 동 알다 | 还 hái 부 아직 | 有 yǒu 동 있다 | 没有 méiyǒu 동 없다 | 票 piào 명 표 | 担心 dānxīn 동 염려하다, 걱정하다 | 什么 shénme 대 무슨, 무엇 | 事情 shìqing 명 일 | 天气 tiānqì 명 날씨 | 热 rè 형 덥다 | 好看 hǎokàn 형 재미있다

해설 영화를 보자는 여자의 제안에 남자가 표가 있는지 잘 모르겠다고 하였으므로 정답은 A다.

27

男：我 和妻子 一起 去 北京 旅游。
Wǒ hé qīzi yìqǐ qù Běijīng lǚyóu.

女：飞机 票 买 好了 吗?
Fēijī piào mǎi hǎo le ma?

问：男 的和谁 一起 去 北京?
Nán de hé shéi yìqǐ qù Běijīng?

A 妈妈　　B 妻子　　C 儿子
māma　　qīzi　　érzi

남 : 저는 아내와 함께 베이징 여행을 가요.

여 : 비행기 표는 샀어요?

문 : 남자는 누구랑 베이징을 가는가?

A 어머니　　B 아내　　C 아들

단어 和 hé 접 ~와 | 妻子 qīzi 명 아내 | 一起 yìqǐ 부 같이, 함께 | 去 qù 동 가다 | 北京 Běijīng 고유 북경, 베이징 | 旅游 lǚyóu 동 여행하다 | 飞机 fēijī 명 비행기 | 票 piào 명 표 | 买 mǎi 동 사다 | 谁 shéi 대 누구 | 妈妈 māma 명 엄마, 어머니 | 儿子 érzi 명 아들

해설 아내와 함께 베이징에 간다고 하였으므로 정답은 B다.

28

Xiàzhōu wǒ yǒu yí cì kǎoshì.	여 : 저는 다음 주에 시험이 한 번 있어요.
女：下周 我 有 一 次 考试。	
Nà nǐ zhǔnbèi hǎo le ma?	남 : 그럼 당신은 준비 다 했어요?
男：那 你 准备 好 了 吗?	

Nǚ de xiàzhōu yào gàn shénme?	문 : 여자는 다음 주에 무엇을 해야 하는가?
问：女 的 下周 要 干 什么?	

Aa kǎoshì   B qù Běijīng
A 考试   B 去 北京

    A 시험 치르기   B 베이징 가기

qù yīyuàn
C 去 医院

    C 병원 가기

단어 下周 xiàzhōu 다음 주 | 有 yǒu 图 있다 | 一次 yí cì 한 번 | 考试 kǎoshì 명 시험 | 准备 zhǔnbèi 图 준비하다 | 好 hǎo 형 좋다, 만족하다 | 要 yào 조동 ~하려고 한다 | 干 gàn 图 하다 | 什么 shénme 대 무엇, 무슨 | 考试 kǎoshì 图 시험을 치다 | 去 qù 图 가다 | 北京 Běijīng 고유 북경, 베이징 | 医院 yīyuàn 명 병원

해설 여자가 다음 주에 시험이 있다고 하였으므로 시험을 준비해야 함을 알 수 있다. 따라서 정답은 A다.

29

Nǐ yào qù shāngdiàn ma?	남 : 당신은 상점에 갈 건가요?
男：你 要 去 商店 吗?	
Bāng wǒ mǎi yí ge xīguā.	저 수박 하나만 사다 주세요.
帮 我 买 一 个 西瓜。	
Hǎo de, wǒ yào qù mǎi xiē jīdàn.	여 : 그래요, 저는 달걀 좀 사러 가려고요.
女：好 的, 我 要 去 买 些 鸡蛋。	

Nán de yào mǎi shénme?	문 : 남자는 무엇을 사려고 하는가?
问：男 的 要 买 什么?	

jīdàn   niúnǎi   xīguā
A 鸡蛋   B 牛奶   C 西瓜

    A 달걀   B 우유   C 수박

단어 要 yào 조동 ~할 것이다, ~하려고 하다 | 去 qù 图 가다 | 商店 shāngdiàn 명 상점, 판매점 | 帮 bāng 图 돕다, 거들다 | 买 mǎi 图 사다 | 一 yī 수 하나, 1 | 个 gè 양 개, 사람, 명 | 西瓜 xīguā 명 수박 | 好的 hǎo de 좋아, 됐어 | 些 xiē 양 약간 | 鸡蛋 jīdàn 명 달걀 | 什么 shénme 대 무엇 | 牛奶 niúnǎi 명 우유

해설 남자가 상점에 가려는 여자에게 수박 하나만 사다 달라고 부탁하였으므로 남자는 수박을 원한다는 것을 알 수 있다.

30

女 : 晚上　　房间 外 很 黑。
　　Wǎnshang, fángjiān wài hěn hēi.

男 : 是 的，走路 的 时候　要 小心。
　　Shì de,　zǒulù de shíhou yào xiǎoxīn.

여 : 밤에, 방 바깥은 어두워요.

남 : 맞아요, 걸을 때 조심해야 해요.

问 : 房间　　外 怎么样？
　　Fángjiān wài zěnmeyàng?

　　　hěn hēi　　　　　　hěn měi
　A 很 黑　　　　 B 很 美
　　　hěn liàng
　C 很 亮

문 : 방 바깥은 어떠한가?

　　A 어둡다　　　　　　　B 아름답다

　　C 밝다

단어 **晚上** wǎnshang 몡 밤 | **房间** fángjiān 몡 방 | **外** wài 몡 바깥 | **很** hěn 뮈 매우, 대단히 | **黑** hēi 혱 어둡다 | **走路** zǒulù 동 걷
다 | **的时候** de shíhou ~할 때 | **小心** xiǎoxīn 동 조심하다 | **怎么样** zěnmeyàng 때 어떻다, 어떠하다 | **美** měi 혱 아름답다 |
亮 liàng 혱 밝다

해설 방 바깥이 매우 어둡다는 여자의 말을 근거로 정답은 A다.

 듣기 제4부분

31

男 : 你 上午　有 空 吗？
　　Nǐ shàngwǔ yǒu kòng ma?
　　我　找 你 喝 咖啡。
　　Wǒ zhǎo nǐ hē kāfēi.

女 : 我　早上 有 课，下午 怎么样？
　　Wǒ zǎoshang yǒu kè, xiàwǔ zěnmeyàng?

男 : 也 可以，等到　出发 的 时候
　　Yě kěyǐ, děngdào chūfā de shíhou
　　告诉 我 一 声。
　　gàosu wǒ yì shēng.

女 : 知道 了。
　　Zhīdào le.

남 : 당신 오전에 시간 있어요?

　　커피 마시려고 당신을 찾았어요.

여 : 아침에는 수업이 있어요, 오후는 어때요?

남 : 가능해요, 출발할 때

　　저에게 알려 주세요.

여 : 알겠어요.

问 : 他们　什么　时候 去 喝 咖啡？
　　Tāmen shénme shíhou qù hē kāfēi?

　　　xiàwǔ　　　zǎoshang　　wǎnshang
　A 下午　　 B 早上　　 C 晚上

문 : 그들은 언제 커피를 마시러 가는가?

　　A 오후　　　 B 아침　　　 C 저녁

단어 上午 shàngwǔ 명 오전 | 有 yǒu 통 있다 | 空 kòng 명 짬 | 找 zhǎo 통 찾다 | 喝 hē 통 마시다 | 咖啡 kāfēi 명 커피 | 早上 zǎoshang 명 아침 | 课 kè 명 수업 | 下午 xiàwǔ 명 오후 | 怎么样 zěnmeyàng 때 어떻다, 어떠하다 | 也 yě 부 ~도 | 可以 kěyǐ 조동 ~해도 좋다, ~해도 된다 | 等到 děngdào 개 ~때에, ~때에 이르러 | 出发 chūfā 통 출발하다 | 的时候 de shíhou ~할 때 | 告诉 gàosu 통 말하다, 알려주다 | 声 shēng 양 마디, 번(소리의 횟수) | 知道 zhīdào 통 알다 | 什么时候 shénme shíhou 언제 | 去 qù 통 가다 | 晚上 wǎnshang 명 저녁

해설 커피 마시자는 남자의 말에 여자는 오전에는 수업이 있으니 오후에 마시자고 하였으므로 정답은 A다.

32

Wǎnshang hái yào qù gōngsī shàngbān ma? 女：晚上　还要去公司　上班　吗？	여 : 저녁에도 회사 출근해야 해요?
Duì a,　shìqing hái méi zuòwán. 男：对 啊，事情 还 没 做完。	남 : 맞아요, 아직 일을 다 못해서요.
Dàjiā dōu qù ma? 女：大家 都 去 吗？	여 : 모두 가는 건가요?
Bú shì de,　jiù wǒ yí ge rén, zhēn de hěn lèi. 男：不 是 的，就 我 一 个 人，真 的 很 累。	남 : 아니요, 저 혼자요, 정말 피곤해요.
Nán de yào gàn shénme? 问：男 的要 干 什么？	문 : 남자는 무엇을 하려고 하나?
kàn péngyou　　　　shàngbān A 看 朋友　　　B 上班 mǎi dōngxi C 买 东西	A 친구 만나기　　　B 출근하기 C 물건 사기

단어 晚上 wǎnshang 명 저녁 | 还 hái 부 여전히, 아직 | 要 yào 조동 ~해야 한다 | 去 qù 통 가다 | 公司 gōngsī 명 회사 | 上班 shàngbān 통 출근하다 | 对 duì 형 맞다 | 事情 shìqing 명 일 | 还没 hái méi 아직(도) ~하지 않다 | 做 zuò 통 하다 | 完 wán 통 마치다 | 大家 dàjiā 때 모두 | 都 dōu 부 전부 | 就 jiù 부 오로지, 단지 | 一个人 yí ge rén 한 사람 | 真 zhēn 부 정말 | 很 hěn 부 매우, 대단히 | 累 lèi 형 피곤하다 | 看 kàn 통 보다 | 朋友 péngyou 명 친구 | 买 mǎi 통 사다 | 东西 dōngxi 명 물건, 것

해설 남자가 아직 일을 다 못해서 저녁에도 회사에 가야 한다고 했으므로 정답은 B다.

33

Zhè shì wǒ xīn mǎi de zìxíngchē.
男：这 是 我 新 买 的 自行车。

남 : 이것은 제가 산 새 자전거예요.

Duōshao qián mǎi de?
女：多少 钱 买 的?

여 : 얼마 주고 샀어요?

Hěn piányi, liǎngbǎi yuán.
男：很 便宜, 两百 元。

남 : 아주 싸요, 200위안이요.

Zìxíngchē shì hěn hǎo,
女：自行车 是 很 好,

여 : 자전거는 좋아요,

dàn wǒ juéde háishi tài guì le.
但 我 觉得 还是 太 贵 了。

다만 제 생각에는 여전히 너무 비싼거 같아요.

Nǚ de rènwéi zìxíngchē zěnmeyàng?
问：女 的 认为 自行车 怎么样?

문 : 여자는 자전거가 어떻다고 생각하나?

bú shì hěn hǎo
A 不 是 很 好

A 매우 좋은 건 아니다

hěn hǎo, dàn hěn guì   piányi
B 很 好, 但 很 贵   C 便宜

B 좋지만 너무 비싸다   C 싸다

단어 这 zhè 떼 이것 | 新 xīn 형 새 것의 | 买 mǎi 동 사다 | 自行车 zìxíngchē 명 자전거 | 多少 duōshao 떼 얼마 | 钱 qián 명 돈 | 很 hěn 부 매우, 대단히 | 便宜 piányi 형 (값이) 싸다 | 两百 liǎngbǎi 주 200 | 元 yuán 양 위안(중국 화폐 단위) | 好 hǎo 형 좋다 | 但 dàn 접 그러나 | 觉得 juéde 동 ~라고 여기다(생각하다) | 还是 háishi 부 여전히 | 太 tài 부 너무 | 贵 guì 형 비싸다 | 认为 rènwéi 동 여기다 | 怎么样 zěnmeyàng 떼 어떻다, 어떠하다

해설 여자 생각에 자전거는 좋은데 비싼 것 같다고 하였으므로 정답은 B다.

34

Qǐngwèn,
女：请问,

여 : 말씀 좀 여쭙겠습니다,

nín zhīdào huǒchēzhàn zěnme zǒu ma?
您 知道 火车站 怎么 走 吗?

기차역 어떻게 가는지 아시나요?

Nǐ zǒudào yīyuàn, ménkǒu zuò   lù
男：你 走到 医院, 门口 坐 27 路

남 : 병원까지 걸어간 뒤 입구에서 27번

gōnggòng qìchē, zuìhòu yí zhàn xià chē.
公共 汽车, 最后 一 站 下 车。

버스를 타고 마지막 정거장에서 내리세요.

Yào duō cháng shíjiān?
女：要 多 长 时间?

여 : 얼마나 걸리나요?

Yí ge xiǎoshí ba.
男：一 个 小时 吧。

남 : 1시간 정도요.

Nǚ de yào qù nǎlǐ?
问：女 的 要 去 哪里?

문 : 여자는 어디를 가려고 하는가?

qìchēzhàn   yīyuàn   huǒchēzhàn
A 汽车站   B 医院   C 火车站

A 정류장   B 병원   C 기차역

단어 请问 qǐngwèn 圐 말씀 좀 여쭙겠습니다 | 知道 zhīdào 圐 알다 | 火车站 huǒchēzhàn圀 기차역 | 怎么 zěnme 떼 어떻게 |
走 zǒu 圐 걷다 | 到 dào 圐 도달하다 | 医院 yīyuàn 圀 병원 | 门口 ménkǒu 圀 입구 | 路 lù 圀 (교통수단의) 노선 | 坐 zuò 圐
(교통수단을) 타다 | 公共汽车 gōnggòng qìchē 圀 버스 | 最后 zuìhòu 圐 맨 마지막의 | 站 zhàn 圀 정류장 | 下车 xiàchē 圐
하차하다 | 要 yào 圐 필요하다 | 多 duō 凐 얼마나(의문문에 쓰여 정도를 나타냄) | 长 cháng 圐 (시간이)길다, 오래다 | 时间
shíjiān 圀 시간 | 一 yī 㑴 하나, 1 | 个 gè 圀 개, 사람, 명 | 小时 xiǎoshí 圀 시간 | 汽车站 qìchēzhàn 圀 정류장

해설 여자가 남자에게 기차역에 어떻게 가는지 물어보았으므로 정답은 C다.

35

男 : 你好，请问 是 小 红 的 妈妈 吗?
Nǐ hǎo, qǐngwèn shì Xiǎo Hóng de māma ma?

女 : 是 的，请问 您 是 谁?
Shì de, qǐngwèn nín shì shéi?

男 : 我 是 她 的 老师，
Wǒ shì tā de lǎoshī,
她 昨天 没 来 上课。
tā zuótiān méi lái shàngkè.
她 有 什么 事情 吗?
Tā yǒu shéme shìqing ma?

女 : 对不起，老师。
Duìbuqǐ, lǎoshi.
小 红 昨天 生病 了，
Xiǎo Hóng zuótiān shēngbìng le,
所以 没 去 学校 上课。
suǒyǐ méi qù xuéxiào shàngkè.

问 : 小 红 昨天 为什么
Xiǎo Hóng zuótiān wèishéme
没 去 学校 上课?
méi qù xuéxiào shàngkè?

A 生病 了 B 去 上海 了
shēngbìng le qù Shànghǎi le

C 不 知道
bù zhīdào

남 : 안녕하세요? 실례지만 샤오훙의 어머니이세요?

여 : 그렇습니다, 실례지만 누구세요?

남 : 저는 그녀의 선생님입니다,

그녀가 어제 수업을 안 와서요.

그녀에게 무슨 일 있나요?

여 : 죄송합니다, 선생님.

샤오훙이 어제 병이 났어요.

그래서 학교 수업에 못 갔어요.

문 : 샤오훙은 어제 왜

학교 수업을 못 갔는가?

A 병이 나서 B 상하이에 가서

C 모른다

단어 请问 qǐngwèn 圐 말씀 좀 여쭙겠습 니다 | 妈妈 māma 圀 엄마, 어머니 | 谁 shéi 떼 누구 | 老师 lǎoshī 圀 선생님 | 昨天
zuótiān 圀 어제 | 来 lái 圐 오다 | 上课 shàngkè 圐 수업하다 | 有 yǒu 圐 있다 | 什么 shénme 떼 무엇 | 事情 shìqing 圀 일 |
对不起 duìbuqǐ 圐 미안합니다 | 生病 shēngbìng 圐 병이 나다 | 所以 suǒyǐ 쥅 그래서 | 没 méi 凐 ~않다 | 去 qù 圐 가다 |
学校 xuéxiào 圀 학교 | 为什么 wèishénme 왜, 어째서 | 上海 Shànghǎi 圀 상하이, 상해 | 知道 zhīdào 알다

해설 그녀는 샤오훙이 왜 안왔는지 묻는 선생님에게 아파서 못 갔다고 대답하였으므로 정답은 A다.

36 – 40

A

B

C

D

E

F

36

Yīnwéi jīntiān xià yǔ,
因为 今天 下雨,

suǒyǐ wǒmen bú qù wàimiàn le.
所以 我们 不去 外面 了。

C

오늘 비가와서

우리는 밖에 나가지 않았습니다.

 단어 因为 yīnwèi 접 왜냐하면 | 今天 jīntiān 명 오늘 | 下雨 xiàyǔ 동 비가 오다(내리다) | 所以 suǒyǐ 접 그래서 | 我们 wǒmen 대
우리(들) | 去 qù 동 가다 | 外面 wàimiàn 명 바깥

해설 비오는 창밖을 바라보고 있는 사진이 내용과 가장 관련 있으므로 C가 정답이다.

37

Jīntiān shì wǒ érzi de shēngrì,
今天 是我儿子的 生日,

wǒ wèi tā mǎile hǎochī de dàngāo.
我 为他买了好吃 的 蛋糕。

A

오늘은 제 아들 생일이어서

저는 그를 위해 맛있는 케이크를 샀습니다.

단어 今天 jīntiān 명 오늘 | 儿子 érzi 명 아들 | 生日 shēngrì 명 생일 | 为 wèi 개 ~에게, ~을 위하여 | 买 mǎi 동 사다 | 好吃 hǎochī
형 맛있다 | 蛋糕 dàngāo 명 케이크

해설 지문에 있는 케이크를 직접 묘사한 사진 A가 정답이지만 혹시 '蛋糕(케이크)' 단어를 모르더라도 '아들의 생일'과 관련된 사진을 보
기 중에서 고르면 사진 A만이 적합하다는 것을 알 수 있다.

38

Zhè jiàn yīfu bǐ nà jiàn piàoliang.
这 件 衣服 比 那 件 漂亮。　　　E　　이 옷은 저 옷보다 예쁩니다.

단어 这 zhè 떼 이것 | 件 jiàn 영 건, 개 | 衣服 yīfu 명 옷 | 比 bǐ 개 ~보다 | 那 nà 떼 그, 저 | 漂亮 piàoliang 형 예쁘다, 아름답다, 보기 좋다

해설 옷을 비교하는 내용으로 보아 상점에서 옷을 고르고 있는 여자 사진인 E가 가장 적합하다.

39

Wǒ xià ge xīngqī yǒu kǎoshì,
我 下个 星期 有 考试,　　나는 다음 주에 시험이 있어서

wǒ yào zuòhǎo zhǔnbèi.
我 要 做好 准备。　　D　　준비를 잘 하려고 합니다.

단어 下个星期 xià ge xīngqī 다음 주 | 有 yǒu 동 있다 | 考试 kǎoshì 명 시험 | 要 yào 조동 ~할 것이다 | 做 zuò 동 하다 | 准备 zhǔnbèi 명 준비

해설 시험 준비를 한다고 하였으므로 공부하고 있는 사진 D가 정답이다.

40

Jīnnián Běijīng xiàguo xuě ma?
今年 北京 下过 雪 吗?　　B　　올해 베이징에는 눈이 온 적이 있나요?

단어 今年 jīnnián 명 올해 | 北京 Běijīng 고유 베이징, 북경 | 下雪 xià xuě 눈이 내리다 | 过 guo 조 ~한 적이 있다

해설 눈이 왔는지에 대해서 물었으므로 자전거에 쌓인 눈이 묘사된 사진 B가 정답이다.

독해 阅读 제2부분

41 – 45

piányi	qùnián	rènshi
A 便宜	B 去年	C 认识
yìsi	kāishǐ	zhe
D 意思	E 开始	F 着

A 싸다	B 작년	C 알다
D 뜻	E 시작하다	F ~한 채로

단어 去年 qùnián 명 작년 | 认识 rènshi 동 알다, 인식하다 | 意思 yìsi 명 의미, 뜻 | 开始 kāishǐ 동 시작하다 | 着 zhe 조 ~한 채로

41

Diànyǐng dōu yǐjing kāishǐ le,
电影 都 已经 (E 开始) 了,　　영화는 이미 (E 시작됐)습니다,

dànshì bàba hái méiyǒu lái.
但是 爸爸 还 没有 来。　　하지만 아빠는 아직 안 오셨습니다.

단어 电影 diànyǐng 圐 영화 | 都 dōu 凰 이미, 벌써 | 已经 yǐjing 凰 이미 | 但是 dànshì 圙 그러나 | 爸爸 bàba 圐 아빠, 아버지 | 还 hái 凰 아직도 | 没有 méiyǒu 凰 아직~않다 | 来 lái 圄 오다

해설 빈칸이 부사 '已经' 뒤 술어 자리에 있으므로 주어인 '电影(영화)'과 의미상으로 어울리는 술어를 찾으면 된다. 따라서 정답은 E다.

42

Nánrén bù dǒng fúwùyuán shuōhuà de
男人 不 懂 服务员 说话 的
yìsi.
（ D 意思 ）。

남자는 종업원이 말하는 (D 의미)를

이해하지 못합니다.

단어 男人 nánrén 圐 남자 | 懂 dǒng 圄 이해하다 | 服务员 fúwùyuán 圐 종업원 | 说话 shuōhuà 圄 말하다

해설 '不懂(이해하지 못하다)'의 목적어로 쓰일 수 있는 명사를 찾으면 보기 중 D가 정답이다.

43

Wǒ rènshi tā
我 （ C 认识 ）他,
tā shì wǒ péngyou de Hànyǔ lǎoshī.
他 是 我 朋友 的 汉语 老师。

저는 그를 (C 압니다),

그는 제 친구의 중국어 선생님입니다.

단어 朋友 péngyou 圐 친구 | 汉语 Hànyǔ 圐 중국어 | 老师 lǎoshī 圐 선생님

해설 빈칸이 '我' 주어 뒤, 목적어 앞이므로 빈칸에 들어갈 단어의 품사는 동사이다. 의미상으로도 맞는 동사를 찾으면 정답은 C다.

44

Dàjiā yìqǐ děngzhe lǎoshī lái shàngkè.
大家 一起 等（ F 着 ）老师 来 上课。

모두 같이 선생님이 수업하러 오시길 기다리고 (F 있습니다).

단어 大家 dàjiā 圙 모두 | 一起 yìqǐ 凰 같이 | 等 děng 圄 기다리다 | 老师 lǎoshī 圐 선생님 | 来 lái 圄 오다 | 上课 shàngkè 圄 수업하다

해설 '着'는 술어 뒤에 쓰여 동작의 지속을 나타낸다. 따라서 정답은 F다.

Tip
▶동작(상태)의 지속

☞ 동작의 지속은 어떤 동작이나 상태가 계속 지속되고 있다는 뜻이다.

'동사 + 着'를 사용하여 나타낸다.

주어　술어　목적어

예 外面 下 着 雪。 Wàimiàn xiàzhe xuě. 밖에 눈이 내리고 있습니다.
　명사 동사 조사 명사

45

Nǐ qùnián qùguo Běijīng le,
你 （ B 去年 ）去过 北京 了,
zěnme jīnnián hái yào qù?
怎么 今年 还 要 去?

당신은 (B 작년)에 베이징 갔었는데,

왜 올해 또 가려고 해요?

단어 去 qù 동 가다 | 过 guo 조 ~한 적이 있다 | 北京 Běijīng 고유 베이징, 북경 | 怎么 zěnme 대 어떻게, 왜 | 还 hái 부 또 | 要 yào 조동 ~할 것이다, ~하려고 하다

해설 빈칸 뒤에 과거의 경험을 나타내는 '过'를 근거로 과거 시점을 나타내는 B가 정답이다.

 독해 제3부분

46

Yóuyǒng shì hěn hǎo de yùndòng,
游泳　是 很 好 的 运动,

yīnggāi měi tiān dōu yóuyǒng.
应该 每 天 都 游泳。

　　Yóuyǒng duì shēntǐ hǎo.
★ 游泳　对 身体 好。　(√)

수영은 좋은 운동입니다,

매일 수영을 해야만 합니다.

★ 수영은 몸에 좋다.　(√)

단어 游泳 yóuyǒng 명 수영 | 很 hěn 부 매우, 대단히 | 好 hǎo 형 좋다 | 运动 yùndòng 명 운동 | 应该 yīnggāi 조동 ~해야 한다, ~하는 것이 마땅하다 | 每天 měi tiān 매일, 날마다 | 都 dōu 부 전부, 모두 | 游泳 yóuyǒng 동 수영하다 | 对 duì 개 ~에 대해(서), ~에 대하여 | 身体 shēntǐ 명 건강

해설 수영은 매우 좋은 운동이라고 하였으므로 몸에 좋다는 내용과 일맥상통한다. 따라서 정답은 √다.

47

Měi ge xīngqī gēge dōu yào qù dǎ lánqiú,
每 个 星期 哥哥 都 要 去 打 篮球,

xiūxi de shíjiān yě bù xiūxi.
休息 的 时间 也 不 休息。

　　Gēge bù xǐhuan dǎ lánqiú.
★ 哥哥 不 喜欢 打 篮球。　(×)

매주 형(오빠)은 농구를 하러 갑니다,

휴식시간에도 쉬지 않습니다.

★ 형(오빠)은 농구를 좋아하지 않는다.　(×)

단어 每个 měige 매 | 星期 xīngqī 명 주, 요일 | 哥哥 gēge 명 형, 오빠 | 都 dōu 부 모두 | 要 yào 조동 ~하려고 하다 | 去 qù 동 가다 | 打篮球 dǎ lánqiú 농구하다 | 休息 xiūxi 동 휴식하다 | 时间 shíjiān 명 시간 | 也 yě 부 ~도 | 喜欢 xǐhuan 동 좋아하다

해설 휴식시간에도 쉬지 않고 농구를 한다고 하였으므로 농구를 매우 좋아함을 유추 할 수 있다. 따라서 정답은 X다.

143

48

Xuéxiào lí huǒchēzhàn hěn jìn,
学校 离 火车站 很 近,

xiàle chē zài zuò shí fēnzhōng gōnggòng qìchē
下了车 再坐 十 分钟 公共 汽车

jiù dào le.
就 到 了。

학교는 기차역에서 <u>가깝습니다</u>,

차에서 내려 다시 10분만 버스타고 가면

바로 도착합니다.

Xuéxiào lí huǒchēzhàn hěn yuǎn.
★ 学校 离 火车站 很 远。 (×)

★ 학교는 기차역에서 멀다. (×)

단어 **学校** xuéxiào 몡 학교 | **离** lí 꿰 ~에서 | **火车站** huǒchēzhàn 몡 기차역 | **很** hěn 뷔 매우, 대단히 | **近** jìn 혱 가깝다 | **下车** xiàchē 툉 하차하다 | **再** zài 뷔 재차, 또 | **坐** zuò 툉 (교통수단을) 타다 | **十** shí 준 10, 열 | **分钟** fēnzhōng 몡 분 | **公共汽车** gōnggòng qìchē 몡 버스 | **就** jiù 뷔 곧, 바로 | **到** dào 툉 도달하다 | **远** yuǎn 혱 멀다

해설 학교는 기차역에서 매우 가깝다고 하였으므로 두 문장은 일치하지 않는다. 따라서 정답은 X다.

49

Shàng cì de gēchàng bǐsài wǒ déle dì-yī.
上 次 的 歌唱 比赛 我 得了 第一。

지난 노래 대회에서 저는 일등을 했습니다.

Tā chànggē hěn hǎo.
★ 她 唱歌 很 好。 (✓)

★ 그녀는 노래를 잘한다. (✓)

단어 **上次** shàng cì 몡 지난번 | **歌唱** gēchàng 툉 노래하다 | **比赛** bǐsài 몡 대회, 시합 | **得** dé 툉 얻다 | **第一** dì-yī 제1, 첫째 | **很** hěn 뷔 매우, 대단히 | **好** hǎo 혱 좋다

해설 노래 대회에서 일등을 하였다고 하였으므로 노래를 잘한다는 것을 알 수 있다. 따라서 정답은 ✓다.

50

Wǒ měi tiān qǐchuáng dōu hěn zǎo,
我 每天 起床 都 很 早,

fēnzhōng jiù chū mén le.
5 分钟 就 出 门 了。

저는 매일 <u>일찍 일어납니다</u>,

5분이면 바로 외출합니다.

Tā qǐchuáng hěn wǎn.
★ 他 起床 很 晚。 (×)

★ 그는 늦게 일어난다. (×)

단어 **每天** měi tiān 매일, 날마다 | **起床** qǐchuáng 툉 일어나다 | **都** dōu 뷔 전부, 모두 | **很** hěn 뷔 매우, 대단히 | **早** zǎo 혱 일찍다 | **分钟** fēnzhōng 몡 분 | **就** jiù 뷔 곧, 바로 | **出门** chūmén 툉 외출하다, 나가다 | **晚** wǎn 혱 늦다

해설 아침마다 일찍 일어난다고 하였으므로 정답은 X다.

51 – 55

Wǒ míngtiān xiàwǔ qù gōngsī.
A 我 明天 下午 去公司。

A 저는 내일 오후에 회사를 갑니다.

Yīshēng zěnme shuō?
B 医生 怎么 说?

B 의사가 뭐라고 했나요?

Cháng shíjiān kàn shū shǐ wǒ de yǎnjing hěn lèi.
C 长 时间看 书 使我的眼睛 很累。

C 긴 시간 동안 책을 보면 눈이 피곤합니다.

Qù yàodiàn mǎi yào ba.
D 去 药店 买 药 吧。

D 약국 가서 약을 사세요.

Zuótiān wǒ qù shāngdiàn mǎi dōngxi le.
E 昨天 我去 商店 买 东西了。

E 어제 저는 상점에 가서 물건을 사러 갔습니다.

Tā zài jiā xiūxi.
F 他 在家 休息。

F 그는 집에서 쉬고있습니다.

단어 明天 míngtiān 명 내일 | 下午 xiàwǔ 명 오후 | 去 qù 동 가다 | 公司 gōngsī 명 회사, 직장 | 医生 yīshēng 명 의사 | 怎么 zěnme 대 어떻게 | 说 shuō 동 말하다 | 长 cháng 형 길다 | 时间 shíjiān 명 시간 | 看 kàn 동 보다 | 书 shū 명 책 | 使 shǐ 동 (~에게) ~시키다, ~하게 하다 | 眼睛 yǎnjing 명 눈 | 很 hěn 부 매우, 대단히 | 累 lèi 형 지치다 | 去 qù 동 가다 | 药店 yàodiàn 명 약국 | 买 mǎi 동 사다 | 药 yào 명 약 | 昨天 zuótiān 명 어제 | 买 mǎi 동 사다 | 了 le 조 ~했다 | 商店 shāngdiàn 명 상점, 판매점 | 东西 dōngxi 명 것, 물건

51

Zuótiān wǒ dǎ diànhuà gěi nǐ,
昨天 我打 电话 给你,

nǐ bú zài jiā.
你 不在 家。

어제 당신에게 전화를 걸었었는데

[E] 당신이 집에 없었습니다.

단어 昨天 zuótiān 명 어제 | 打电话 dǎ diànhuà 전화를 걸다 | 给 gěi 개 ~에게 | 在 zài 동 ~에 있다 | 家 jiā 명 집

해설 어제 전화했는데 집에 없었다고 한 내용과 어제 했었던 일에 대해 언급하고 있는 E가 가장 의미상 연관이 있다.

52

Wǒ juéde zìjǐ bìng le.
我 觉得自己病 了。

[D] 제가 병이 난 것 같습니다.

단어 觉得 juéde 동 ~라고 느끼다 | 自己 zìjǐ 대 자기, 자신 | 病 bìng 동 병나다, 앓다

해설 병이 난 것 같다는 문장과 보기 D의 약을 사라고 제안하는 문장이 서로 의미상으로 연관이 있으므로 정답은 D다.

53

Tā shuō wǒ chī yào jiù kěyǐ le,
他 说 我 吃 药 就 可以 了,
yào duō xiūxi xiūxi.
要 多 休息 休息。

B

그가 말하길 저는 약 먹으면 곧 괜찮아진데요,
많이 쉬라고 했어요.

단어 说 shuō 통 말하다 | 吃 chī 통 먹다 | 药 yào 명 약 | 就 jiù 부 곧, 바로 | 可以 kěyǐ 조동 ~할 수 있다, 가능하다 | 要 yào 조동 ~해야 한다 | 多 duō 형 많다 | 休息 xiūxi 통 휴식을 취하다

해설 약 먹고 많이 쉬라고 말하고 있는 주체자 '의사'가 들어간 B가 정답이다.

54

Yàobù fàngxià shū, zuò xiē yùndòng?
要不 放下 书, 做 些 运动?

C

아니면 책을 내려 놓고, 운동을 좀 할래요?

단어 要不 yàobù 접 그렇지 않으면, 안 그러면 | 放下 fàngxià 내려놓다 | 书 shū 명 책 | 做 zuò 통 하다 | 些 xiē 양 조금 | 运动 yùndòng 명 운동

해설 책이 공통적으로 언급된 C가 정답이다.

55

Nǐ shénme shíhou huí gōngsī?
你 什么 时候 回 公司?

A

당신은 언제 회사로 돌아가나요?

단어 什么时候 shénme shíhou 언제 | 回 huí 통 되돌아 가다(오다) | 公司 gōngsī 명 회사

해설 언제 회사로 돌아가는지 물었으므로 구체적인 시간이 나와 있는 A가 정답이다.

56 – 60

Tā zǒu de hěn kuài.
A 他 走 得 很 快。

Māma jīntiān chuānle hóngsè de yīfu.
B 妈妈 今天 穿了 红色 的 衣服。

Xièxie nǐ de bāngzhù, ràng wǒ huídào jiā li.
C 谢谢 你的 帮助, 让 我 回到 家里。

Wǒmen yìqǐ qù pǎobù.
D 我们 一起 去 跑步。

Nǐ ài hē kāfēi ma?
E 你 爱 喝 咖啡 吗?

A 그는 빠르게 걷네요.

B 엄마는 오늘 빨간색 옷을 입으셨습니다.

C 도와주셔서 감사해요, 저를 집에 데려다 주셔서요.

D 우리 같이 달리기하러 가요.

E 당신은 커피 마시는 것을 좋아하나요?

단어 走 zǒu 통 걷다 | 得 de 조 동사나 형용사 뒤에 쓰여 결과나 정도를 나타내는 보어와연결시킴 | 很 hěn 부 매우, 대단히 | 快 kuài 형 빠르다 | 妈妈 māma 명 엄마, 어머니 | 今天 jīntiān 명 오늘 | 穿 chuān 통 입다 | 红色 hóngsè 명 붉은색, 빨강 | 衣服 yīfu 명 옷 | 谢谢 xièxie 통 감사합니다, 고맙습니다 | 帮助 bāngzhù 명 도움 | 让 rang 통 ~하게 하다, ~하도록 시키다 | 回 huí 통 되돌아 가다 | 到 dào 개 ~에, ~까지 | 家 jiā 명 집 | 里 li 명 안 | 一起 yìqǐ 부 같이, 함께 | 去 qù 통 가다 | 跑步 pǎobù 통 달리다 | 什么 shénme 대 무엇 | 爱 ài 통 좋아하다 | 喝 hē 통 마시다 | 咖啡 kāfēi 명 커피

56

Wǒ bú shì hěn ài hē.
我 不 是 很 爱 喝。 ⬚E 저는 그다지 <u>마시는 것</u>을 좋아하지 않습니다.

단어 很 hěn 및 매우, 대단히 | 爱 ài 동 좋아하다 | 喝 hē 동 마시다

해설 마시는 대상이 언급된 E가 정답이다.

57

Bú kèqi, zhè shì yīnggāi de.
不 客气, 这 是 应该 的。 ⬚C 천만에요, 이것은 당연한 일인걸요.

단어 不客气 bú kèqi 천만에요 | 这 zhè 대 이것 | 应该 yīnggāi 동 ~해야 한다, ~하는 것이 마땅하다

해설 '不客气 (천만에요)'는 상대방의 감사표현에 대해 대답하는 관용어이므로 정답은 C다.

58

Kěnéng shì yào qù zhǔnbèi kǎoshì le.
可能 是要 去 准备 考试 了。 ⬚A 아마도 시험 준비하러 가는 것 같아요.

단어 可能 kěnéng 조동 아마도 ~일 것이다 | 要 yào 조동 ~할 것이다 | 去 qù 동 가다 | 准备 zhǔnbèi 동 준비하다 | 考试 kǎoshì 명 시험

해설 시험을 준비하러 가는 것 같다고 추측을 하는 문장이므로 시험을 준비하러 가기 위해 할 수 있는 동작, 즉 빨리 걷고 있다고 이야기 하는 A가 정답이다.

59

Míngtiān zǎoshang zǎo diǎn qǐchuáng,
明天 早上 早 点 起床, 내일 아침 일찍 일어나세요,
wǒ qù jiào nǐ.
我 去 叫 你。 ⬚D 제가 가서 당신을 부를께요.

단어 明天 míngtiān 명 내일 | 早上 zǎoshang 명 아침 | 早 zǎo 형 일찍 | 点 diǎn 양 약간, 조금 | 起床 qǐchuáng 동 일어나다 | 去 qù 동 가다 | 叫 jiào 동 부르다

해설 내일 아침 일찍 일어나야하는 이유가 언급된 D가 정답이다.

60

Shì de, suǒyǐ kàn shàngqù hěn piàoliang.
是 的, 所以 看 上去 很 漂亮。 ⬚B 맞아요, 그래서 보기에 아주 예쁩니다.

단어 所以 suǒyǐ 접 그래서 | 看上去 kàn shàngqù 보아하니 ~하다 | 很 hěn 및 매우, 대단히 | 漂亮 piàoliang 형 예쁘다

해설 예뻐 보인다고 칭찬을 하는 문장이므로 칭찬하는 대상이 언급된 B가 정답이다.

외국어 출판 40년의 신뢰
외국어 전문 출판 그룹
동양북스가 만드는 책은 다릅니다.

40년의 쉼 없는 노력과 도전으로 책 만들기에 최선을 다해온 동양북스는
오늘도 미래의 가치에 투자하고 있습니다.
대한민국의 내일을 생각하는 도전 정신과 믿음으로 최선을 다하겠습니다.

📖 동양북스

📖 동양북스 추천 교재

일본어 교재의 최강자, 동양북스 추천 교재

회화 코스북

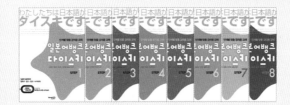

일본어뱅크 다이스키
STEP 1·2·3·4·5·6·7·8

일본어뱅크
좋아요 일본어 1·2·3

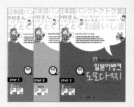

일본어뱅크 도모다찌
STEP 1·2·3

분야서

일본어뱅크
NEW 스타일 일본어 문법

일본어뱅크
일본어 작문 초급

일본어뱅크
사진과 함께하는
일본 문화

일본어뱅크
항공 서비스 일본어

가장 쉬운 독학
일본어 현지회화

수험서

일취월장 JPT
독해·청해

일취월장 JPT
실전 모의고사 500·700

일단 합격하고 오겠습니다
JLPT 일본어능력시험
N1·N2·N3·N4·N5

일단 합격하고 오겠습니다
JLPT 일본어능력시험
실전모의고사 N1·N2·N3·N4/5

단어·한자

특허받은
일본어 한자 암기박사

일본어 상용한자 2136
이거 하나면 끝!

일본어뱅크
New 스타일 일본어 한자 1·2

가장 쉬운 독학
일본어 단어장

일단 합격하고 오겠습니다
JLPT 일본어능력시험
단어장 N1·N2·N3